LES FEMMES

DU

NOUVEAU-MONDE

OUVRAGES

DE XAVIER EYMA

PARUS DANS LA COLLECTION MICHEL LÉVY

LES PEAUX NOIRES . . . . 1 vol.

LES PEAUX ROUGES . . . . 1 —

LE ROI DES TROPIQUES . . . . 1 —

LES FEMMES DU NOUVEAU-MONDE . . . . 1 —

LE TRONE D'ARGENT . . . . 1 —

AVENTURIERS ET CORSAIRES . . . . 1 —

F. AUREAU. — IMP. DE LAGNY.

LES FEMMES

DU

NOUVEAU-MONDE

PAR

XAVIER EYMA

> Il est malaisé que je n'aie dit devant vous ce que j'ai dit en toutes les bonnes compagnies de la cour, que je ne trouvais que deux belles choses au monde, les femmes et les roses, et deux bons morceaux, les femmes et les melons.
>
> MALHERBE. — *Lettre à Racan.*

> Toutes choses, à la vérité, sont admirables en elles ; et Dieu qui s'est repenti d'avoir fait l'homme, ne s'est jamais repenti d'avoir fait la femme.
>
> MALHERBE. — *Lettre à de Balzac.*

PARIS
CALMANN LÉVY, ÉDITEUR
ANCIENNE MAISON MICHEL LÉVY FRÈRES
3, RUE AUBER, 3

1888

A MES SŒURS.

X. E.

LES FEMMES
DU
NOUVEAU-MONDE

I

PREMIÈRES IMPRESSIONS

I

Il n'y a pas de pays dont on parle autant, en France, que l'Amérique du nord, et je dois ajouter : pas de pays sur le compte duquel on commette plus d'erreurs et sur le compte duquel on se fasse plus d'illusions, sous le rapport des mœurs et sous le rapport de la politique.

Je reconnais bien que tout semble concourir à favoriser ces erreurs et ces illusions. De loin et surtout au point de vue où le critique européen se place pour apprécier un peuple qu'il faut surprendre dans le secret de ses mœurs, et des institutions qu'il faut étudier dans le milieu de leur influence pour s'en faire une idée exacte, ainsi, l'on s'expose à voir la tyrannie, le despotisme, l'horrible même, au lieu de cette liberté et de cette grandeur dont les Américains du nord sont si fiers.

Un écrivain, devenu homme d'État, et qui a sondé de

près les institutions politiques de l'Union, M. de Tocqueville, dans un livre dont le succès fut retentissant, a tiré des conclusions souvent très-fausses, malgré l'exactitude rigoureuse de ses points de départ. La cause des erreurs dont M. de Tocqueville s'est rendu responsable, vient d'une sorte de parti pris chez lui, de comparer les institutions américaines aux institutions constitutionnelles qui florissaient en France au moment où il a accompli son voyage.

Que si l'on veut, en effet, transporter les idées européennes, les idées de notre vieille et admirable civilisation dans ces pays et au milieu de ce peuple, les points de vue changent si complétement qu'il est difficile de ne pas tomber en plein abîme d'erreurs.

Le défaut que je reproche à M. de Tocqueville est devenu commun à presque tous les écrivains qui traitent les questions américaines dans la presse française.

Aussi ai-je toujours éprouvé un vif sentiment d'intérêt, de curiosité et de crainte toutes les fois que j'ai ouvert un livre relatif à l'Amérique du nord. Oui, je dis un sentiment de crainte, à cause du parti pris chez un grand nombre d'écrivains et de voyageurs de ne rapporter des États-Unis que des jugements d'une sévérité excessive, injuste, et presque tous marqués au coin de l'inexpérience et de l'ignorance du pays.

L'Européen qui traverse cette société, ces institutions, ces mœurs nouvelles pour lui, éprouve, dès les premiers pas, deux impressions : l'éblouissement et l'étonnement. Rien, en effet, ne ressemble, en Amérique, aux incidents de notre existence habituelle; ni dans la vie publique, ni dans les détails de la vie intime, ni même dans les relations d'homme à homme. J'en conviens, on est dépaysé. C'est là, positivement, le premier résultat de la première journée; et quiconque ne sait pas s'y dégager de son enveloppe européenne est exposé, aux États-Unis, à marcher de surprise en surprise, de déboire en déboire. Il faut renoncer à la prétention de retrouver là-bas ce qu'on a laissé chez soi; il faut y chercher, au contraire, précisément ce que l'on ne possède ni à Paris ni à Londres. Autrement, à quoi sert de se déplacer? à quoi sert de voyager? Le but des voyages n'est-il pas de rencontrer des hommes et des paysages nouveaux, des mœurs nouvelles? Mais la comparaison est la morale de tout voyage, je le sais. Ce travail de l'esprit ou de la plume implique naturellement le droit de critique. Les sots et les indifférents peuvent seuls rentrer dans leurs foyers sans rapporter des traces et des empreintes de leur séjour sur un sol étranger.

Ce droit d'observation, de comparaison, de critique, se peut exercer de diverses manières : avec intelligence, impartialité ou de parti pris; avec un esprit libre de préjugés, ardent à l'étude, accessible à toutes les impressions, ou bien sous l'influence de rancunes préconçues, de jugements inflexiblement arrêtés, dans des conditions d'étroitesse qui ne laissent ouverte chez l'observateur que la petite porte par où passent les petites choses, les petits détails personnels, les petites colères. L'égoïsme est le pire bagage avec lequel un voyageur puisse se mettre en campagne. Il allonge la route, il assombrit le plus beau ciel. C'est l'éteignoir de l'observation.

Déjà, dans ma pensée, j'avais attribué, en grande partie, à ce sentiment détestable les diatribes souvent insensées que j'ai lues dans quelques ouvrages sur l'Amérique du Nord. J'en ai trouvé la confirmation dans le fait suivant rapporté par M. Ampère (1), au sujet du livre si

(1) Promenade en Amérique, 2 vol.

fameux de madame Trollope, lequel a fait école... de calomnies à l'endroit des États-Unis :

« Madame Trollope, à qui, dit-on, une situation, qui n'était point égale à son esprit et à son caractère, n'aurait pas ouvert précisément les meilleures maisons, a fait sur l'Amérique un livre outrageant qui a charmé en Europe les vanités aristocratiques au service desquelles elle se trouvait assez singulièrement enrôlée. » M. Ampère ajoute en note : « Je serais désolé de manquer de respect à madame Trollope, qui est une dame très-respectable ; mais il est certain qu'elle était venue à Cincinnati établir un bazar de modes qui ne réussit point, et qu'elle ne vit presque personne. C'est ce que dit tout le monde en Amérique, et ce que confirme le capitaine Marryat lui-même, très-peu favorable aux États-Unis. »

J'oserais presque affirmer que tous les livres systématiquement hostiles à l'Amérique du nord, politiques ou autres, ont une cause identique. Dans ce nombre, je citerai entre autres un volume encore récent, dû à la plume d'une femme, et où, sous des observations justes dans leur sévérité, on constate cent injustices et plus d'outrages encore.

C'est là une circonstance particulière que je veux signaler en passant, que, à plusieurs années de distance, les deux plus violentes diatribes qui aient été publiées sur la société américaine, toutes réserves faites sur le mérite disproportionné des deux ouvrages, soient dues à deux femmes. Oui, c'est là un fait étrange pour quiconque sait le respect profond que l'on prodigue aux femmes dans ces pays si cruellement outragés par deux Européennes. J'insiste un peu sur cette particularité, parce qu'il est généralement accrédité que les femmes possèdent un sentiment très-vif à saisir et à analyser le côté saillant des mœurs, et que leurs jugements portent un cachet de fine observation dont les hommes ne sont pas toujours capables. Oui, cela est vrai ; mais à la condition cependant, et en voilà la preuve, qu'aucun nuage d'amour-propre blessé, d'orgueil, de susceptibilité ou de convenance de position, ne viendra se placer entre le regard de la femme et la société qu'elle étudie, jusqu'à changer le point d'optique. Il y a assez à blâmer et à critiquer, je le reconnais, sans avoir besoin de recourir à la calomnie.

Tandis que deux femmes, dont l'une était en délicatesse notoire avec le monde américain, usent leur langue et leur plume de commères contre la société, les mœurs, les institutions des États-Unis, trois hommes d'une intelligence très-élevée, très-distinguée, très-large, MM. Alexis de Tocqueville, Michel Chevalier, J.-J. Ampère, vengent ce pays en publiant des livres sérieux appelés à faire autorité en politique, en philosophie, en économie politique. Ce contraste est aisé à comprendre et à expliquer. Les trois écrivains que je viens de nommer voulaient voir et ont vu en Amérique des choses plus grandes que celles qui donnent matière à des froissements d'amour-propre. Ils n'y allaient ni pour vendre des chapeaux, ni pour faire parade de toilette et d'esprit; ils ne s'exposaient conséquemment à aucun de ces petits mécomptes qui produisent de mauvais petits livres. Ils allaient étudier un pays dont le développement donne le vertige à le suivre; un pays élevé aujourd'hui au rang des premières puissances du monde, où la population augmente chaque année dans des proportions colossales, où l'activité commerciale et industrielle atteint des limites prodigieuses.

Ce pays, en définitive, est un des foyers de la civilisation, où il est toujours curieux de voir sous l'empire de quelles lois s'y contractent les mariages entre la politique, la philosophie, la religion, la liberté, qui sont les grands problèmes de l'humanité, et dont tous les peuples cherchent la solution; les uns par la force et la patience des idées, les autres par les révolutions.

Ce spectacle, magnifique à contempler en y mêlant l'étude des mœurs aussi bien que l'étude des faits, frappe les esprits sérieux; et, s'il n'est pas exact de dire, au retour d'un tel pèlerinage : que tout est pour le mieux dans l'Amérique du nord, on en revient du moins avec cette conviction que, dans cette société encore en travail sur quelques points, toutes les idées solennelles qui agitent le cœur des hommes et le cœur des nations y ont trouvé des représentants dignes d'elles. Quand on sait réfléchir, quand on a le jugement juste et impartial, quand on sait lire un peu dans ce beau livre de la vie d'un peuple, on rapporte des États-Unis des ouvrages comme *la Démocratie en Amérique*, les *Lettres sur l'Amérique du Nord*, la *Promenade en Amérique*, trois succès désormais inséparables.

M. Ampère, pour arriver au même but que ses deux prédécesseurs, a pris son sujet sous une autre forme. M. de Tocqueville a étudié l'Amérique politique et sociale, M. Michel Chevalier l'a envisagée plus particulièrement au point de vue du mouvement des affaires, de l'activité commerciale, du génie industriel. M. Ampère a constaté la vérité de leurs assertions : il a assisté à cet émouvant spectacle, de la démocratie pratiquée dans son essence et sur une vaste échelle, de l'industrie et du commerce livrés à l'initiative des particuliers. En cela, son ouvrage, sans être précisément le commentaire de ceux de MM. de Tocqueville et Michel Chevalier, en est comme le corollaire ; je ne crains pas de dire qu'il en est un peu la critique : non pas que M. Ampère nie ou réfute même les impressions de ses deux devanciers ; mais, moins passionné à l'étude spéciale où chacun d'eux s'est attaché, il a tout naturellement saisi des imperfections et des inconvénients de pratique que ceux-ci devaient nécessairement laisser échapper. C'est dire que M. Ampère, qui a traversé l'Amérique en philosophe, en poëte, en érudit, même un peu en philologue, beaucoup plus qu'en politique et en économiste, a pénétré dans une foule de détails de la vie publique et familière, où il a senti tous les défauts de cette démocratie souveraine, de cette société un peu aventureuse. S'en plaint-il ? non pas. Il a trop l'intelligence des grands résultats que produit, dans ce pays, cette liberté qui coudoie en même temps le despotisme et la licence en frayant quelquefois avec eux, pour ne faire pas très-bon marché de certains abus qu'on s'étonne, à juste droit, de trouver sous la plume de quelques écrivains comme résultats uniques.

Le caractère principal du livre de M. Ampère est d'effleurer tout ce qui relève de l'agitation des passions sur ce vaste théâtre, du mouvement et du choc des idées, des théories et des faits. Il a le don de peindre d'un trait ce qu'il veut peindre ; il tire le profil merveilleusement, profil d'hommes, profil de paysages, profil de mœurs. Le trait est vif, bien accentué, complet ; il donne plus que la ressemblance physique s'il s'agit d'un homme, il le fait tout vivant ; le paysage, on l'accrocherait volontiers à la muraille ; une phrase vaut dix pages quand elle entreprend de poser la solution d'une question philosophique, sociale ou politique.

Je juge de ce livre au point de vue des préjugés, des erreurs et des injustices qui ont si grand cours en France contre l'Amérique, injustices, erreurs et préjugés que M. Ampère tient à cœur de détruire.

Pour mon compte personnel, lorsque ce livre parut, je sus gré à l'auteur de la *Promenade en Amérique* de l'avoir écrit en faveur d'un pays que j'ai le droit d'aimer et d'admirer souvent, parce que je le connais. Il en sera de même de tous ceux qui voudront le parcourir, dégagés des fausses impressions de commères rancuneuses, d'ambitieux déçus, de spéculateurs avariés.

M. Ampère a donc parcouru les États-Unis dans les conditions de liberté d'esprit où il convient que soit un juge, préoccupé avant tout de la justice qu'il doit rendre. Il ne s'est point défendu du saisissement et de l'émotion qui frappent le voyageur en posant le pied sur un sol où tout est nouveau et inattendu pour l'Européen, soit qu'il parcoure le domaine des faits moraux, soit qu'il s'attache aux impressions extérieures. Chaque pas que l'on fait aux États-Unis amène un sujet d'étude et d'observations. A chaque pas, l'esprit étonné s'arrête, contemple et médite; de même que sur ces terres privilégiées que le génie de l'homme a enrichies des trésors de l'art et où la main du Temps a semé des ruines sublimes, le voyageur fait une halte pieuse devant chaque monument et chaque débris, pour rêver et remonter avec eux le courant des âges ; mais avec cette différence que, en Amérique, on chercherait en vain l'histoire ailleurs que dans les livres, c'est-à-dire burinée sur des pierres couvertes de mousse, ou immortalisée par les chefs-d'œuvre de l'art. Dans les vieilles sociétés, ce sont les souvenirs qui enchantent et captivent le voyageur; dans le Nouveau-Monde, ce sont les résultats immenses du présent, que l'on constate, ce sont les mystères et les espérances de l'avenir que l'on interroge.

Un de mes amis des États-Unis avait l'habitude, toutes les fois qu'il rencontrait sur sa route un hôtel portant le nom d'un des grands hommes de l'Amérique, d'y aller loger de préférence.

— J'en fais vanité, me disait-il, car nous autres gens du Nouveau-Monde, nous sommes un peu ingrats, et ce n'est pas bien. Le Nouveau-Monde est comme ces coquettes surannées, qui s'imaginent qu'on ne sait pas leur âge parce qu'elles cachent leurs rides; il ne veut pas vieillir. Confiant dans son nom, il oublie qu'il a déjà quatre cents ans dans l'histoire. Il semble s'attacher à faire disparaître du sol tout ce qui pourrait rappeler sa naissance, espérant qu'ainsi il paraîtra toujours nouveau et découvert d'hier : ce qui semble une excuse naturelle à ses imperfections.

En revanche, les Américains du nord professent un culte à toute épreuve pour tout ce qui rappelle la date de leur indépendance. Le nom de Washington est pour ainsi dire canonisé chez eux, et il ne surgit pas de terre un hameau qui ne soit aussitôt placé sous le patronage de ce grand homme.

Ne voulant compter dans le monde que du jour où les premiers coups de fusil ont été tirés à Lexington, en reniant la période de leur oppression, ils se révoltent même contre leur origine.

Voici un exemple bien frappant du contraste de ces deux sentiments :

Mon premier soin, en arrivant à Philadelphie, avait été de demander qu'on me conduisît en pèlerinage à la maison de Penn, cette première pierre de la riche cité qui se développait devant moi. Quel fut mon étonnement, je pourrais dire ma douleur, de voir cette maison presque en ruines, délabrée, rapiécée et occupée par un cabaret de bas étage! C'était déjà beaucoup même, à ce qu'on me fît pressentir, qu'elle fût encore sur pied. Et si elle n'a point été démolie, elle ne le doit qu'au hasard de ne s'être pas trouvée située dans la partie fashionable de Philadelphie.

Mais, en revanche, on conserve dans cette même ville, avec une dévotion profonde que je suis loin de blâmer, le *State-house*, ou maison d'État. C'est là que fut signé et acclamé l'acte de l'Indépendance.

Les Américains ont conservé, avec non moins de respect, la vieille cloche qui rassembla le peuple au moment où on lut la déclaration de l'Indépendance. On y a gravé cette inscription :

« *Proclame la liberté à toute la terre et à tous les peuples.* »

II

Arrivé aux termes d'une exploration, même étrangère à la politique, malgré soi souvent, on a tenté de tout sonder aux États-Unis ; on a essayé de parcourir, de la base au sommet, l'édifice social à l'abri duquel vit, s'agite et grandit chaque jour un peuple qui ne compte encore qu'un peu plus d'un demi-siècle d'existence parmi les nations ; on a demandé ainsi à chaque chose le secret de cet essor, si rapide qu'il éblouit.

Mais il faut se défier de la vivacité des impressions que l'on ressent aux États-Unis ; elles sont assez trompeuses, à cause de cette vivacité même. C'est le piége où sont tombés tant d'écrivains, même de bonne foi.

Il y a une chose indispensable pour le voyageur qui veut tirer un profit réel de son séjour dans ce pays. Avant de rien observer, de rien noter de tous ces détails qui se présentent à lui, il doit se laisser, en manière de préface, initier à l'étude des mœurs et des institutions.

Cette éducation première, cet *a b c* du voyage est nécessaire, par cette raison que les mœurs, les habitudes, les races d'hommes elles-mêmes changent, de la manière la plus absolue, d'un État à l'autre, je puis presque dire d'une ville à une autre ville.

On peut donc vivre dix ans à New-York sans avoir la moindre idée des mœurs politiques et sociales du Sud ou de l'Ouest, et réciproquement. Quiconque conclut, aux États-Unis, du particulier au général, s'expose à porter des jugements téméraires. C'est l'habitude, malheureusement, de la plupart des écrivains français, qui, s'étant trouvés bien ou mal dans un coin des États-Unis, ont cru avoir tout vu et tout noté de cet observatoire étroit et auquel il manque la première condition pour être un observatoire : l'horizon.

Rien donc de plus simple, de plus compliqué en même temps que tout ce qui frappe aux États-Unis. S'il vous arrive de voir faux dès le début, vous pouvez tirer les conséquences les plus fausses de tout ce que vous voyez, entendez, observez. Il vous faut un guide sûr, sans compter le bon sens, sous peine de vous fourvoyer sans rémission.

Supposez, pour un instant, que vous ayez affaire, par exemple, à un de ces fumeurs impitoyables qui ne mettent rien au-dessus de leur cigare. Pour peu que vous le rencontriez à la sortie de Philadelphie ou de Boston et que vous l'interrogiez sur les États-Unis, il vous répondra, à coup sûr, que c'est le pays de l'arbitraire.

Je ne parle plus par supposition, je raconte un fait.

Je me trouvais précisément un jour avec un de ces

hommes-là. Il me parut profondément désillusionné, et regrettait de la France même le gendarme qui l'avait arrêté au milieu d'une émeute contre le gouvernement.

— Quel grand malheur vous est-il donc advenu, mon cher Monsieur? lui demandai-je.

— Figurez-vous, me dit-il, que j'arrive à Philadelphie un dimanche. J'ai la fantaisie de courir un peu la ville, sans autre mauvais dessein que de faire connaissance avec les rues et les monuments. J'allume un cigare à l'hôtel et je m'apprête à sortir. Tous les regards s'arrêtent sur moi avec étonnement, et semblent dire : Voilà un être bien audacieux! Je sors; mais à peine avais-je fait quelques pas dans la rue, que je suis accosté par un individu qui, d'un ton fort poli, j'en conviens, me dit : « Monsieur, on ne fume pas dans les rues de Philadelphie le dimanche. » Je craignis, au premier moment, d'avoir mal compris, n'étant pas très-familier avec la langue anglaise. Je saluai pour rendre la politesse, et je voulus continuer ma route; mais mon interlocuteur m'arrêta par le bras, et me réitéra l'ordre d'avoir à éteindre mon cigare, parce qu'on ne fumait pas dans les rues le dimanche. Je rentrai furieux à l'hôtel, et je ne quittai plus ma chambre de la journée. Je partis le lendemain pour Boston; j'éprouvai, comme à Philadelphie, le besoin de visiter la ville, et je sortis, le cigare à la bouche, selon mon habitude. Je n'avais pas posé le pied dans la rue, qu'un homme de police m'aborda, non moins poliment qu'à Philadelphie, et me tint ce langage :

— Monsieur, veuillez jeter votre cigare, on ne fume pas dans les rues de Boston.

— Pardon, lui dis-je; si je connais bien mon calendrier, ce n'est pas dimanche aujourd'hui.

— Vous avez raison, c'est aujourd'hui mardi.

— Eh bien?

— Eh bien! qu'y a-t-il de commun entre le jour de la semaine où nous sommes et ce que je vous dis?

— A Philadelphie, répondis-je, un monsieur, qui a rempli près de moi le même office que vous en ce moment, m'a bien positivement dit, et par deux fois, qu'on ne fumait pas dans les rues le dimanche.

— A Philadelphie, c'est possible, cela ne me regarde pas; mais à Boston, Monsieur, on ne fume dans les rues à aucun jour de la semaine, et à aucune heure du jour. Comme vous êtes étranger, je me contenterai de l'avertissement; mais si vous persistez, je serai obligé de vous traiter comme si vous étiez un naturel du pays.

— Que feriez-vous?

— Je vous ferais condamner à cinq dollars d'amende. »

— Décidément mon cigare me fût revenu trop cher, s'écria le fumeur au comble de l'exaspération, et vous avouerez que c'est une tyrannie qui n'a pas de nom.

Il partit de là, naturellement, pour prendre fait et cause contre les institutions et les mœurs de l'Union qu'il traitait de barbares sur tous les points.

Ces petits froissements, dont je viens de citer un exemple, se renouvellent sans cesse dans les mœurs des États-Unis, aussi bien dans la vie publique que dans la vie privée. Mais où donc le pays qui n'ait pas ses exigences locales auxquelles il faille se soumettre absolument? Aussi bien devrait-on déclarer le sol de l'Union inhabitable à cause de la rigidité de l'observation du dimanche.

A Baltimore, voulant profiter de ce jour de repos pour mettre en ordre quelques notes de mon portefeuille de voyage, je sonnai le domestique de l'hôtel. Sur ma demande de me monter tout ce qu'il fallait pour écrire, le nègre fit un signe de tête négatif; puis, comme j'insistais, il me répondit nettement qu'il ne pouvait se permettre, un dimanche, de me mettre entre les mains des instruments de travail.

Il n'y a que trois professions qui s'exercent librement le dimanche aux États-Unis : celle de barbier, celle de *barroom-keeper* (débitant de liqueurs), et celle de cuisinier. Et encore dans certaines villes, comme à Philadelphie par exemple, ville essentiellement religieuse, mange-t-on toujours les restes de la veille, sauf les pommes de terre qu'il est permis de faire bouillir même le dimanche, mais à la condition que ce soit d'aussi grand matin que possible.

Cette observation du septième jour est si rigoureusement suivie, que les Américains remettent au lendemain leurs voyages les plus pressés, leurs affaires les plus urgentes. Pas de fêtes publiques ce jour-là. Si l'on pouvait retarder les décès et les naissances qui arrivent le dimanche, on le ferait à coup sûr.

III

Le premier soin en posant le pied sur le sol des États-Unis est donc de se pénétrer de l'esprit américain. Il n'est pas inutile peut-être que j'essaye d'expliquer ce qu'on entend par ces mots. La définition que j'en vais donner se rapporte plus particulièrement aux mœurs politiques du pays, qu'aux mœurs privées; mais il sera aisé de comprendre comment les unes se reflètent et influent sur les autres.

La société, aux États-Unis d'Amérique, est essentiellement morcelée; elle se compose d'éléments ouvertement contradictoires, et qui tendent pourtant vers un but unique, sans apparence qu'aucun lien les rapproche.

Là est l'attrait et aussi la surprise dans les études auxquelles on se livre sur les États-Unis. Là est également le péril pour qui ne se rend pas compte, à l'avance, sur quels points il faut exiger que la société entière soit solidaire, sur quels autres points il convient de scinder cette responsabilité.

Celui qui ne sait pas faire à chacun sa part d'action et qui, toujours et en tout, opère sur l'ensemble de ce vaste territoire, court risque de faillir à l'impartialité. Car alors, dans cette synthèse de la société américaine, si je puis m'exprimer ainsi, on est exposé à rencontrer autant d'ombres que de lumières, la faiblesse la plus coupable à côté d'une vigueur extraordinaire, plus d'instabilité que d'ordre et de régularité, moins de calme réel que de fiévreuses agitations.

Ainsi s'explique combien de voyageurs rapportent des impressions différentes et des jugements complétement opposés sur ce pays où il se fait, dans les idées et dans les choses, un mouvement si rapide et si continuel qu'on a besoin d'un retour sur soi-même pour le bien comprendre.

Il y a d'abord deux phénomènes bien distincts à constater immédiatement aux États-Unis : le degré de maturité où sont parvenus quelques États, et l'enfantement laborieux auquel sont encore en proie beaucoup d'entre eux.

Dans les uns, tous les éléments d'ordre et de stabilité qui assurent le jeu libre et facile des institutions apparaissent avec éclat ; dans les autres, on est affligé quelquefois du triste spectacle des tiraillements intérieurs. On s'étonne de l'inintelligence profonde qui y règne des grands intérêts sociaux, et de l'abus qu'on y fait des principes qui constituent la paix, garantissent la prospérité, assurent la moralité.

On s'explique aisément, dès lors, l'erreur que s'exposent à commettre ceux qui, persistant à voir dans la société américaine un tout indivisible, en prennent texte pour punir les uns des fautes des autres, et pour les confondre tous dans un même anathème.

Non! autant on se sent porté à vouer toute son admiration à ceux des États de l'Union qui marchent dans la lumière, autant les seconds pourraient inspirer de mépris pour les institutions démocratiques et de sérieuses terreurs pour la morale, dont les plus vulgaires principes sont outrageusement méconnus.

C'est donc dans l'appréciation véritable de la constitution de la société aux États-Unis que repose le sentiment d'impartialité que l'on doit réclamer en faveur d'elle.

Ceux qui agissent autrement ignorent qu'il n'existe point aux États-Unis, comme dans la vieille Europe, de centres responsables d'où rayonne tout, le bien et le mal; de têtes qui pensent et font mouvoir les bras obéissants; de cœur d'où part le sang pour aller porter la vie dans toutes les parties du corps; que, autant il y a d'États, ou mieux autant il existe de communes sur le sol de l'Union, autant on compte de centres, autant de têtes, autant de cœurs; que chacun de ces États, chacune de ces communes a seul, et demande à avoir seul la responsabilité de ses actes, de ses progrès, du bien-être qu'il se crée.

Comment raisonnablement établir, alors, de solidarité?

Comment raisonnablement l'exiger?

Elle n'est écrite nulle part cette solidarité; on ne saurait trop dire si le besoin en existe dans la portion même la plus raisonnable des masses, malgré l'excessive vivacité du sentiment d'orgueil national, et malgré la confiance que le peuple américain affecte dans la mission divine qu'il dit avoir reçue, de faire pousser sur ce vaste sol l'arbre du bon sens et les fleurs de la raison.

Bien que le mot d'ordre général ne parte d'aucun centre commun, tous ceux qui ont été spectateurs du grand mouvement dont les États-Unis sont le théâtre quotidien, peuvent attester qu'il y a dans l'air de ce pays une influence providentielle.

Comment nier cette influence quand on voit ces nuées d'émigrants, qui, sortis de tous les coins du globe, s'abattent chaque année sur les rivages de l'Atlantique, se façonner si promptement aux mœurs, aux lois de leur nouvelle patrie, et s'inoculer, presque d'un jour à l'autre, l'expérience de la liberté et la pratique de la démocratie?

Quant à ceux qui s'enfoncent dans les déserts, qui vont grossir le nombre des populations déjà turbulentes et fonder pour ainsi dire le désordre aux lieux où régnait la solitude, ceux-là sont un défi continuel jeté à cette puissante domination de l'esprit américain.

Mais au milieu même des troubles et de l'instabilité qu'on surprend dans certains États, il reste une consolation et une espérance, c'est de penser que tout cela n'est qu'une question de temps et de patience. Et quand on a sous les yeux l'exemple de tant de cures réalisées comme par enchantement, on est fondé à avoir dans l'avenir une confiance illimitée. L'agitation dans les portions de la société le moins bien constituées, aux États-Unis, n'est donc, presque toujours, qu'un fait passager et accidentel. Quelque forte que soit l'oscillation, il ne vient en doute à personne que l'équillibre ne se rétablisse bientôt.

Il suffit de porter ses regards à quelques pas en arrière, de se rappeler que sept provinces de l'Amérique ont été le berceau de la liberté et de la démocratie dans cette partie du globe; il suffit de compter le nombre des conquêtes glorieuses que l'esprit américain a faites depuis cinquante ans, de se souvenir de l'histoire de la veille, en quelque sorte, pour ne point s'effrayer de ce bruit, de ces ténèbres, de ce chaos d'où la lumière est toute prête à jaillir.

La Providence, à qui nous devons attribuer dans ce fait un rôle puissant, a créé ce pays pour les hommes qui l'habitent, et les hommes pour le pays qu'ils exploitent.

Certainement, ses desseins étaient bien marqués quand elle dotait le Nouveau-Monde de ces fleuves grands comme des mers, et que l'on peut comparer aux veines qui font circuler le sang par tout le corps.

En effet, pourquoi là plutôt qu'ailleurs trouve-t-on, par exemple, un Mississipi navigable sur un cours de près de trois mille milles? Pourquoi les contours innombrables de ce fleuve géant? Pourquoi de larges et profondes rivières comme l'Ohio et le Missouri, et qui viennent à sa rencontre, ouvrant à l'est et à l'ouest de nouvelles voies immenses.

Pourquoi ce réseau de fleuves et de rivières se ramifiant sur tous les points, et si nombreux que l'œil a peine à suivre leurs sinuosités sur la carte?

Pourquoi ces lacs, véritables océans, mariant leurs eaux à celles de toutes ces rivières et de tous ces fleuves?

Pourquoi? sinon pour indiquer au génie de l'homme que partout où il voudra pénétrer la route lui est aisée; sinon pour lui prescrire d'accomplir ce pèlerinage de la civilisation, en lui interdisant tout prétexte d'impuissance.

N'est-ce pas là un beau défi et une magnifique tentation lancés à la hardiesse de l'homme! L'esprit du peuple américain a accepté ce défi et s'est jeté dans cette tentation avec un audacieux courage.

Si, d'une part, la facilité des communications a prêté, aux États-Unis, un grand secours à l'œuvre de la civilisation; d'une autre part, le goût et le besoin de l'émigration, qui sont le caractère distinctif de ce peuple, y contribuent, chaque jour, avec une activité merveilleuse.

En effet, il ne s'ouvre pas à la spéculation, à l'ambition un champ nouveau que, dans un temps donné, de tous les coins de l'Union, ne s'organisent de nombreuses émigrations. L'Américain abandonne avec une facilité inouïe la maison où il est né et, où il a été heureux, les villes les plus attrayantes, un milieu de luxe, de plaisir, de civilisation, pour aller bravement planter sa tente au fond d'une forêt, en pleine société désorganisée. Sa femme, ses enfants le suivent avec une docilité exemplaire, sans murmure, sans regret.

C'est ce qui explique les résultats que je signalais plus haut; c'est ce qui explique aussi cette mobilité, ce jeu si facile qu'on observe dans les fortunes privées. En se déplaçant ainsi, l'Américain sait bien ce qu'il quitte, il sait également ce qu'il va chercher. Son caractère froid, calculateur, positif a tout prévu, tout combiné. Il n'ignore pas qu'il laisse le calme pour la tempête, la prospérité et la civilisation la plus avancée pour tomber au milieu du désordre quelquefois. Il lui importe peu : il a dans ses propres forces une confiance telle qu'il sait bien que sa présence seule et son exemple ramèneront le calme à la place de la tempête, qu'il assoiera la prospérité sur les ruines et la misère, et qu'il étouffera le désordre sous l'influence du travail.

II

LES TROIS RACES BLANCHES

I

Sous cette dénomination vague d'*Américains*, il est généralement convenu, aujourd'hui, qu'on entend parler toujours des citoyens de la république des États-Unis.

Les indigènes et les habitants des autres contrées du Nouveau-Monde prennent le nom de leur pays natal. Un natif du Pérou, par exemple, sera un *Péruvien* dans le langage adopté ; tel autre sera *Brésilien*, celui-ci *Chilien*, celui-là *Mexicain;* mais on ne s'avisera jamais d'appeler l'un d'eux *Américain*.

De même quand un voyageur dit : Je pars pour l'Amérique, il est bien entendu pour tout le monde que ce voyageur va aux États-Unis. Il ne vient à l'idée de personne de supposer qu'il aille ni au Pérou, ni au Chili, ni au Mexique, ni au Brésil, ni à la Martinique. S'il en était ainsi, ce voyageur désignerait particulièrement celui de ces pays américains où il se rend.

C'est exactement comme si l'on faisait du Français le type général des habitants de l'Europe, et qu'en parlant de lui, on dise un *Européen*, et que la France fût l'Europe tout entière au détriment de la Belgique et du Belge, de l'Angleterre et de l'Anglais, de l'Espagne et de l'Espagnol.

Cette habitude existe non pas seulement dans le langage vulgaire et courant de ce côté-ci de l'Atlantique, mais aussi dans le style officiel aux États-Unis comme dans les autres pays de l'Amérique du nord et de l'Amérique méridionale.

Y a-t-il une raison à cela?

L'*Américain* l'affirme, et son orgueil national lui fournit toutes sortes de raisons spécieuses pour le démontrer. Entre les meilleures il met en avant celle-ci:

— Les États-Unis, me disait un jour un Américain, ont été la première nation libre du Nouveau-Monde, où ils ont inauguré une politique et une société nouvelles qui ont valu aux citoyens de l'Union le nom de *peuple* américain, par opposition aux autres populations du continent qui n'avaient point encore conquis ce titre; puis, par ellipse de langage, on a dit l'*Américain* pour désigner le seul citoyen libre de l'Amérique, comme on a appelé *nécessairement* Amérique la seule contrée libre et affranchie du joug de l'Europe.

Nous avons, nous, continua l'Américain, adopté ces dénominations par gloire pour nos conquêtes politiques; le reste de l'Amérique les a acceptées comme une protestation contre le joug qui pesait sur elles, et comme un argument favorable à leurs révolutions de l'avenir. Ce qui, pour ces pays, revenait à dire : « Nous ne sommes pas l'Amérique, puisque nous sommes sous la domination de l'Europe; nous ne sommes pas des Américains, puisque nous sommes des Espagnols, des Portugais, des Hollandais, des Anglais, des Français, des Russes, des Danois, etc. La véritable Amérique est celle qui est affranchie de l'Europe, les vrais Américains sont libres.»

— Mais, demandai-je à ce subtil raisonneur, puisque le reste du continent a suivi l'exemple des États-Unis, d'où vient que vous seuls soyez encore les Américains de l'Amérique, et que l'Amérique soit toute dans votre pays ?

— Pour le vulgaire, me répondit-il, c'est une habitude. Une expression adoptée n'a-t-elle pas cours aussi longtemps qu'elle n'est pas démonétisée ? Ne l'use-t-on pas jusqu'à la corde ?

— Soit ! mais pour le monde officiel, pour vos hommes d'État, pour votre gouvernement à vous, comme pour les hommes d'État et pour les gouvernements des autres pays américains ?

— Ah ! s'écria-t-il, nous sommes des chefs de famille ; le nom générique nous appartient donc de droit. Le monde, en parlant de nous, nous appelle les Américains et notre pays l'Amérique, désignant les autres États par des dénominations spéciales, par les mêmes raisons qui obligent un particulier d'ajouter à votre nom votre prénom, ou de le faire suivre du mot *junior* pour vous distinguer de votre père.

Toutes les explications que vous donneront les Américains des États-Unis sur cette habitude généralement accréditée tourneront dans le cercle de ce raisonnement échafaudé sur la pointe d'une aiguille, à moins qu'ils dédaignent de discuter et se contentent de vous répondre par la bouche de Corneille :

Rome n'est pas dans Rome, elle est toute où je suis.

L'Américain (puisque Américain il y a définitivement), si fier et si ambitieux de prendre à son profit et de se voir donner en public, à la face du monde, ce titre générique, et de résumer à lui seul l'Amérique tout entière, établit cependant des distinctions très-marquées dans les membres de sa propre famille. Mais ce sont là, si on peut le dire, des détails d'intérieur qui ne dépassent pas le seuil de la maison.

Le citoyen des États-Unis est exclusivement Américain par rapport aux indigènes du Mexique, du Pérou, du Chili, du Brésil et autres contrées américaines; mais chez lui il se divise en trois types bien tranchés, opposés les uns aux autres par le caractère, par les mœurs, par les habitudes morales, comme par les conditions physiques d'existence, d'attitude et d'éducation. Chaque membre de ces trois familles se fait gloire d'y parvenir et accepte, sans réclamation, la dénomination spéciale qui lui est donnée.

Ces trois types, ou, pour parler plus exactement peut-être, ces trois races d'hommes, sont :

Le *Yankee*, qui a fait souche dans les provinces composant jadis la Nouvelle-Angleterre ;

Le *Virginien*, c'est-à-dire l'indigène des latitudes du sud ;

Le *Westman*, ce hardi défricheur des États de l'ouest, et dont le *Kentuckien* a été, pendant longtemps, l'expression la plus complète.

Chacun d'eux a exercé une influence particulière et a laissé son empreinte originelle sur la portion du pays qu'il habite. Il en résulte que trois jugements également vrais, également faux, peuvent être portés sur les Américains par ceux qui n'auront vu, étudié ou rencontré qu'un seul de ces trois types isolément.

Quelqu'un vous dira : « Les Américains sont le peuple le plus ennuyeux et le plus guindé qui se puisse imaginer. »

Un autre vous répondra, au contraire : « C'est une nation civilisée, éclairée, élégante, fastueuse. »

Un troisième pourra ajouter : « Je n'ai jamais rencontré de sauvages pareils à ces gens-là : grossiers, violents, mal élevés, fiers jusqu'à l'insolence, etc., » selon qu'il s'agira d'un *Yankee*, d'un *Virginien* ou d'un *Westman*.

On peut s'étonner même comment ces trois éléments si disparates peuvent se combiner, pour aider au mouvement de la machine sociale et politique des États-Unis. C'est là le secret de l'organisation de ce pays. Il est vrai de dire, en passant, que le système de la fédération et surtout le système communal poussé au point extrême où l'ont conduit les Américains autorisent ces antipathiques agrégations, et font que dans tous les détails de la vie intérieure de ce peuple les aspérités de mœurs et de caractères ne se nuisent pas entre elles, et s'effacent devant les manifestations d'ensemble.

En voici une preuve :

Les créoles de la Louisiane ont formé longtemps un type disparu aujourd'hui ; c'est un flot confondu et perdu dans les vagues du grand océan de la famille américaine. Espagnols et surtout Français d'origine, ils ont résisté pendant de longues années à l'envahissement de l'esprit américain proprement dit. Leur ville de la Nouvelle-Orléans a conservé son ancien nom d'abord, puis un quartier, ou plutôt un district entier est resté spécialement affecté aux Français. Les antiques rues ont gardé leurs premières dénominations de : rue Royale, rue de Condé, rue de Chartres, rue de Conti, rue d'Orléans, etc., etc. La langue primitive a continué d'y être la langue des salons, des journaux, des assemblées publiques, des tribunaux. Toute fusion avec les nouveaux possesseurs du pays retirés dans un quartier nouveau a été repoussée comme impossible et impraticable. Ce qui a permis de dire que, si les États-Unis achetèrent le sol de la Louisiane, ils durent faire l'assaut des préjugés créoles et littéralement conquérir les habitants. Aujourd'hui encore, que cette œuvre de fusion est presque entièrement accomplie par l'adoption d'une commune langue, par l'union des familles, par les rapports sociaux, il n'est pas rare d'entendre, et j'ai entendu maintes fois les anciens créoles s'écrier :

— Nous ne sommes pas Américains, nous autres, nous sommes *créoles*.

Puis, telle ou telle circonstance plus ou moins solennelle, plus ou moins grave, effaçait tout à coup cette nuance délicate, et les mêmes hommes revendiquaient avec orgueil leur titre d'Américain et s'en faisaient une gloire.

Mais, je le répète, le type créole n'a jamais rayonné au delà d'un cercle très-limité où il a exercé, par exemple, une influence très-positive, sous le rapport de l'urbanité, de la politesse exquise, des idées chevaleresques et généreuses; il a été un reflet de l'ancienne société française. Confondus à l'improviste dans la famille américaine, les créoles ont été absorbés et ont subi le sort des races conquises. Ils ne sont pas restés exclusivement créoles, quoi qu'ils disent quelquefois, ils sont devenus Américains par la force des choses et par la domination de celui des trois grands types américains qui vint s'asseoir à leurs foyers. Ils ont eu seulement cet avantage que tout ce qu'il existait de charme et d'attrait dans leurs mœurs, dans leurs idées, dans leur cœur et dans leur esprit, en passant au service de leurs nouveaux hôtes, a donné à la Nouvelle-Orléans un aspect tout à fait particulier, et assuré à cette ville une prédominance sociale, dans le sens que nous y attachons, incontestable sur toutes les autres parties des États-Unis.

II

Le *Yankee* (l'étymologie de ce mot est dans l'appellation que les Indiens avaient donnée aux premiers émigrants, — *ya-no-kees*, — hommes taciturnes), le Yankee, dis-je, a conservé tous les caractères de son origine et de l'éducation de ses pères, du moule dans lequel a été fondu le pays où abordèrent les *pèlerins*, ces austères colonisateurs qui ne cherchaient dans le Nouveau-Monde qu'une terre où ils pussent exercer en paix leurs pratiques religieuses. Ils appartenaient, on le sait, à la secte des puritains, chassés de la Grande-Bretagne par Jacques Ier.

Les *pèlerins*, en s'établissant dans la Nouvelle-Angleterre, s'inquiétèrent tout d'abord de fonder une société conforme à leur pensée religieuse, indépendante et libre, mais en même temps sévèrement soumise à toute loi qui devait garantir son indépendance et sa liberté. Ils posèrent le travail comme le but de leur entreprise, et firent de l'instruction la base de leurs institutions. Ils avaient en vue deux résultats : prouver qu'ils n'étaient point, comme on disait dans leur patrie, « des brigands, » et donner à leurs colonies assez de développement pour y attirer le plus grand nombre possible d'émigrants et de prosélytes. Mais, redoutant en même temps que la présence des nouveaux venus ne portât quelque atteinte ou quelque trouble à leur société, ils y soumirent la vie privée comme la vie publique aux règles les plus dures, en exagérant l'austérité de tous les principes. La Nouvelle-Angleterre devint une sorte de monastère.

Les colons de cette contrée prirent dès lors et conservèrent ce caractère réservé qui distingue encore aujourd'hui le Yankee. Le Yankee est donc essentiellement l'Américain froid, défiant, guindé d'esprit et d'allure, peu communicatif, réfléchi, *taciturne*, calculateur à l'excès. Il a peu d'élans sympathiques; rarement il laisse dominer sa tête par son cœur, pas plus en politique qu'en affaires, non plus que dans les actes de la vie privée.

Toute sa conduite d'aujourd'hui est la conséquence du point de départ de son installation en Amérique, où il s'est considéré comme une sorte de missionnaire religieux, politique, industriel, commercial. Dès que la population de la Nouvelle-Angleterre se fut un peu accrue, le sol peu riche de cette contrée n'offrant d'ailleurs que des ressources bornées, les fils des pèlerins se mirent en campagne à la recherche de terres plus fécondes. Partout ils apportèrent avec eux la même austérité de mœurs, qu'ils firent déteindre sur toute l'Amérique pendant longtemps, mais dont les populations nouvelles s'affranchirent toutes les fois qu'elles ne furent plus sous la domination directe des hommes du Nord.

Par cela même qu'il devait se trouver réduit à ses propres forces, le Yankee devint merveilleusement industrieux. Robinson dans son île ne s'est jamais mieux tiré d'affaire que le Yankee dans les occasions difficiles où il s'est vu aux prises avec la nature; perdu ou enfoncé au milieu de forêts sans bornes, en face de fleuves aux rives invisibles, en présence d'ennemis redoutables. Son mérite était d'autant plus grand, qu'il se créait ces combats. C'était un Robinson volontaire.

Il a ouvert, sur toutes les parties de l'Amérique, les grandes écluses de l'émigration; il a donné l'élan aux colonisations lointaines, sur ce vaste territoire où l'on peut entreprendre de véritables voyages de long cours. Le Yankee, ai-je dit, s'est considéré comme un missionnaire en Amérique ; il a ajouté à ce titre celui de *père* de ce monde gigantesque. Ç'a été une double raison pour qu'il crût de son devoir de payer d'exemple en tout. Ce qu'il fit donc par calcul d'abord, devint peu à peu une pente naturelle de son caractère ; il est resté souverainement supérieur aux autres populations dans toutes les choses pratiques.

Ainsi, dans la Nouvelle-Angleterre, le système de l'instruction publique est développé sur une si large échelle, qu'on n'y rencontre pas un seul individu ne sachant lire et écrire ; les Yankees ont la réputation d'être les négociants les plus consommés du monde, les spéculateurs les plus adroits, les marins les plus habiles. En tous cas, c'est à eux qu'on doit presque toutes les grandes inventions en mécanique qui rendent le travail si facile et si lucratif aux États-Unis. M. Michel Chevalier a très-exactement défini le Yankee : « la fourmi travailleuse » de l'Amérique.

Cet ensemble de qualités et de mérites a naturellement son côté d'ombres et de ténèbres.

Au moment de l'opposition des colonies aux prétentions de la mère patrie, le Yankee donna le premier l'exemple de la résistance et de l'abnégation ; mais quand les Virginiens, plus chaleureux et plus enthousiastes, poussèrent les choses un peu plus loin, le Yankee recula. Il avait marqué une limite à son opposition, il se souciait peu de la dépasser. Successivement, tous les événements qui placèrent les États-Unis dans une situation hostile envers l'Angleterre trouvèrent peu de sympathie chez le Yankee, et aujourd'hui encore, il n'est pas bien sûr que le Yankee, tout fier qu'il est de son indépendance et de son titre de peuple libre, ne regrette pas au fond l'ancien régime colonial. Ce que l'on reproche donc en Amérique au Yankee, c'est de manquer d'enthousiasme et de chaleur nationale : il est vrai qu'il s'est montré toujours sévère et impitoyable à toutes les tentatives folles, à toutes les paroles inconsidérées qui ont de temps en temps fait apparition au milieu de la politique américaine.

Et puisque j'ai parlé du rôle du Yankee dans la politique, j'ajouterai comme trait assez caractéristique que, dans la liste déjà assez longue des présidents de l'Union, il n'a fourni que DEUX présidents, qui n'ont fait qu'un seul terme de quatre ans chacun (John Adams et son fils Quincy Adams), tandis que tous les autres ont été des Virginiens ou des *Westmen*, et presque tous ont été réélus. C'est là une preuve incontestable du peu de sympathie politique dont jouit le Yankee en Amérique.

Tout se ressent beaucoup chez le Yankee de ces dispositions de son caractère. Par exemple, il possède dans *son pays*, qu'il affecte toujours d'appeler la Nouvelle-Angleterre, de très-belles villes et très-spacieuses ; eh bien ! elles sont froides, uniformes, compassées, monotones. On n'y rencontre nulle part ce bruit, ce mouvement, cet entrain qui révèlent la présence du plaisir et des distractions. Le spectacle lui est antipathique. Il condamne tous jeux d'une manière absolue, même les jeux les moins condamnables ; il ne fait d'exception qu'en faveur du jeu de quilles. On peut apprécier jusqu'à quel point il pousse ce rigorisme, quand on saura qu'une des Législatures des États du nord infligea un blâme officiel au président Quincy Adams pour avoir fait installer un billard dans l'hôtel de la présidence.

Autre trait. Il existe dans le Massachusetts une petite ville industrielle nommée Lowell, fondée par actions, où les manufactures sont régies par des règlements si sévères, qu'on pourrait croire que ce sont là des couvents bien plutôt que des fabriques. Les jeunes ouvrières qui en composent le personnel vivent en commun, sous la surveillance d'une matrone chargée de les coucher à heure fixe, de les conduire aux offices, etc. Ce n'est pas là ce que j'entends critiquer; il n'est jamais mal d'introduire et même d'imposer un peu de moralité dans les agglomérations d'ouvriers; mais ce qui mérite d'être signalé, c'est ce fait raconté par M. Michel Chevalier, dans un très-intéressant travail sur Lowell, qu'un individu qui s'était permis de faire danser les jeunes ouvrières avait été condamné à une très-forte amende, sous ce prétexte *yankee* que la danse est un fléau et une cause de désordre.

L'extérieur du Yankee se ressent de son moral sévère; il est négligé dans sa toilette, ou du moins il y apporte une simplicité rigide qui indique le mépris qu'il professe pour tout ce qui est luxe, apparat, étalage. Jamais un bijou ne brille sur lui. Je ne sais pas à quelle époque de leur vie les Yankees se font faire des vêtements neufs, mais je n'en ai jamais rencontré un seul autrement qu'en habit râpé ou de mode antédiluvienne.

Le Yankee n'est jamais oisif, il a horreur de l'inoccupation.

Quand il ne tient pas une plume ou un crayon à la main pour aligner des chiffres, il est armé d'un canif ou d'un couteau, avec lequel il taille un morceau de bois duquel il parvient toujours à faire sortir une petite coque de navire. C'est là sa suprême distraction.

De tout ce qui précède, il n'est pas permis de conclure autre chose, sinon que le Yankee est de prime-abord peu sympathique.

Il a besoin d'être connu à fond pour être apprécié, jamais comme un être divertissant, par exemple; mais comme un homme capable de toutes les choses pratiques, propres à créer un pays, et à le pousser dans des voies de prospérité inouïe.

Les villes du pays des Yankees ont emprunté naturellement quelque chose à l'esprit méthodique et froid de leurs fondateurs.

La plus belle de ces villes, Philadelphie, offre à première vue, aux regards et à l'esprit, des sujets intéressants d'étude : de larges rues bien bâties, de nombreux monuments, de riches maisons d'habitation, de charmants squares bien disposés, un mouvement de population toujours croissant, un courant d'affaires important, quelques souvenirs historiques, les échos incessants que rend cette enclume de l'intelligence qu'on appelle la presse, les produits de l'esprit et de la science; en un mot, tous les bruits physiques, toutes les agitations intellectuelles concourent à faire de Piladelphie une riche et puissante cité.

Si l'on y rencontre matière à satisfaire la curiosité flâneuse d'un touriste, on ne peut nier cependant que c'est là une ville à l'aspect roide, compassé, maussade, ennuyeux; il semble que les passions s'y glacent sur le marbre des monuments, sauf les passions religieuses qui y sont violentes comme des incendies, et dévorent la plus belle part des cœurs et des intelligences. Cette raideur apparente de la ville tient précisément à ce que l'esprit de secte y est poussé jusqu'à l'intolérance, qu'il exerce son influence sur toutes les classes de la population en la tenant dans une sorte de servage. Vous en avez la preuve matérielle et palpable dans le grand nombre de quakers et de quakeresses que vous rencontrez par les rues en grand costume de leur secte.

Si vous voulez étudier le véritable esprit yankee, c'est Boston qu'il faut choisir pour centre de vos observations, parce que là cet esprit se montre dans toute sa pureté nationale. Plus vous remontez dans le nord des États-Unis, plus vous rencontrez le type *yankee* dans son originalité; mais à Boston, il gagne à se développer au milieu du foyer toujours ardent des luttes intellectuelles. Boston est le soleil des États-Unis. C'est là que s'opèrent quotidiennement tous les grands mouvements littéraires qui agitent les intelligences.

Si Philadelphie a les apparences d'un grand monastère de religieux, Boston a bien l'air d'une vaste académie, et tous les citoyens semblent des académiciens et des docteurs en *us*; ils ont un peu, il faut le reconnaître, la roideur, le pédantisme du professeur.

Les Bostoniens sont très-fiers, et à bien des titres ils ont raison, de leur ville aux Trois-Collines, comme ils appellent Boston.

A Boston, comme à Philadelphie, comme à New-York, comme dans toutes les villes des États-Unis, d'ailleurs, les églises sont l'espèce de monument qu'on rencontre le plus fréquemment; il n'est pas de rue qui n'en compte trois ou quatre, soit édifiées, soit en construction : autant qu'il y a de sectes en train de se constituer. Le mot de M. de Talleyrand est vrai. « J'ai rencontré aux États-Unis, disait-il, trente-six religions et un seul ragoût. » Le ragoût n'a pas progressé; mais les religions ont multiplié.

Parmi cette quantité prodigieuse d'églises, on en remarque à peine trois ou quatre qui, comme architecture, méritent qu'on les cite.

Il se passe, au sujet des églises et des sectes aux États-Unis, des choses qui paraîtraient étranges et donneraient une idée bouffonne de l'esprit religieux des Américains, si l'on ne savait ce peuple essentiellement convaincu en ces sortes de matières.

Ainsi, vous ouvrez un journal et vous lisez, entre une annonce pour une vente de chevaux et une autre relative à l'arrivée d'une cargaison de sangsues, des avis de cette nature : « On demande pour la secte de... qui vient de se fonder, un prédicateur. Les candidats devront justifier qu'ils possèdent, outre l'éducation indispensable pour cette fonction, une voix sonore et bien timbrée. Les émoluments sont convenables. Fournir de bons répondants. — S'adresser, etc., etc. »

Voici deux traits caractéristiques des mœurs religieuses et spéculatrices des Américains.

Un des temples les plus fréquentés de Boston, le *Tremont-Temple* avait été, il y avait à peine quelques années, le théâtre le plus vaste et le plus couru de Boston ; mais la fortune l'avait tout à coup abandonné. Il s'était trouvé alors par la ville une secte religieuse en grande prospérité, et qui, moyennant 50,000 dollars (250,000 fr.) en avait fait l'acquisition. Du jour au lendemain, sans plus de cérémonie qu'un acte notarié, une quittance et un coup de pinceau, la destination de cette salle avait changé.

On me conduisit à un autre bâtiment tout nouvellement construit en style gothique, avec de larges fenêtres en ogives sur la façade, et un péristyle qui se donnait des airs d'un portail de cathédrale.

C'était un théâtre, le HOWARD ATHENÆUM. La spéculation opérée sur le *Tremont-Temple* avait été assez lucrative pour donner à réfléchir aux architectes et aux directeurs de cette salle. Aussi le propriétaire de l'*Howard Athenæum* avait-il pris ses mesures de façon à en tirer un parti excellent, au cas où l'entreprise dramatique ne réussirait pas. L'édifice avait été construit de telle sorte qu'il pût être facilement transformé en église, en satisfaisant à la fois l'œil et les convenances. Qui sait si, retournant un jour à Boston, je ne trouverai pas une chaire de prédicateur sur cette scène où j'ai vu un acrobate danser sur la corde?

O destinée des théâtres et des églises américaines!...

III

Le *Virginien* est l'antipode du Yankee. C'est l'Américain par excellence pour ceux qui le connaissent bien. Il a d'abord toutes les qualités extérieures qui manquent au Yankee. Il est expansif, causeur, spirituel, luxueux, dépensier, disposé à l'oisiveté, et ne manque pas de laisser percer de petites velléités d'aristocratie, quoique la démocratie ait son foyer le plus ardent dans les États du sud.

Ce n'est pas celui-là qui probibe le jeu ni la danse! Il aime les plaisirs bruyants, le monde, les bals, les fêtes. Les loteries abondent dans les États du sud, le jeu y dévore les fortunes.

Le *Virginien* est sympathique, chaud de cœur, enthousiaste, serviable, hospitalier jusqu'à la vanité. Il n'aime les demi-mesures en rien, il a même une tendance marquée à l'exagération.

Au moment de la révolution de l'Indépendance, il pressa le dénoûment en s'associant chaleureusement d'abord aux démonstrations pacifiques du Massachusetts, puis, en poussant à prendre les armes. Pendant que dans le Nord on s'en tenait encore à une opposition légale, les Virginiens voyaient déjà plus loin, et posaient les jalons d'une opposition moins tempérée et moins modeste.

En politique, il se trouvera nettement défini par ce passage des mémoires de Jefferson, la plus illustre physionomie de ce second type américain.

« En 1769, dit-il, je devins membre de la législature par le choix du comté que j'habite, et je continuai à en faire partie jusqu'au moment où elle fut close par la révolution. Je fis dans cette assemblée une proposition en faveur de l'autorisation d'émanciper les esclaves, mais elle fut rejetée; et effectivement, sous le gouvernement royal, il n'y avait de succès à espérer pour aucune tentative libérale. Nos esprits étaient circonscrits dans de trop étroites limites par cette opinion devenue habituelle, qu'il était de notre devoir de nous subordonner à la mère patrie en tout ce qui tenait au gouvernement, de diriger tous nos travaux dans le sens de ses intérêts, et de conserver même contre toute autre religion que la sienne une intolérance fanatique. Les obstacles, de la part de nos représentants, tenaient à l'habitude et au découragement, nullement à la réflexion et à la conviction! L'expérience prouva bientôt que leurs esprits pouvaient s'affranchir au premier appel de leur attention. »

C'est bien là, en effet, le côté saillant du caractère virginien, peu entêté dans ses idées, n'en ayant jamais de positivement préconçues, et se laissant facilement entraîner au « premier appel de leur attention. » Ce n'est pas à dire que ce caractère soit mobile jusqu'à la faiblesse; mais il est, si j'osais me servir de ce mot, aisément *endoctrinable*. Toutefois, le Virginien a un grand bon sens qui tempère son facile enthousiasme, et un sentiment si exact des choses justes et pratiques, qu'il sait résister aux mauvaises tentations.

Pendant longtemps le *Virginien* s'entendit particulièrement du citoyen de la Virginie. Ce ne fut que par l'annexion successive des territoires et des États voisins que ce type, plus fait que celui de la Nouvelle-Angleterre pour séduire les populations du sud et s'adapter à leur caractère, gagna du terrain, et, trouvant des affinités très-marquées avec les natures créoles par exemple, il s'y fortifia et s'étendit considérablement. Il perdit peu à peu, cependant, du sérieux qu'il avait su conserver, car il eut affaire souvent à des populations aventurières, et ce chaud enthousiasme qui était son essence se gâta par certains côtés, en prenant goût aux aventures.

Quoi qu'il en soit, le type *virginien* est devenu le type dominant aux États-Unis.

La Virginie proprement dite a fourni un grand nombre d'homme d'État distingués. Il suffit de citer les Washington, les Jefferson, les Monroë, les Madison, les Patrick-Henry, les Lee, les Caw, etc., etc.

IV

Quoique l'Ouest ait été peuplé d'abord par les *Yankees*, les populations qui sont venues se joindre aux premiers défricheurs ont pris celui des types qui convenait le mieux à leur existence tourmentée, active, guerroyante, libre. Elles ont choisi le type virginien, dont le *Westman* est l'exagération. Il en a tous les bons côtés, moins l'urbanité, moins le raffinement, moins le luxe et l'attrait sympathique de la première rencontre. Les grandes et excellentes qualités de l'homme de l'Ouest sont cachées sous une enveloppe rude et grossière même. Cela s'explique de soi.

L'Ouest s'est formé de l'agglomération d'individus partis isolément de tous les coins de l'Union, qui se sont rencontrés par hasard en groupes de dix, puis de vingt, puis de cent, puis de mille, au fur et à mesure qu'ils s'ouvraient des routes à travers d'immenses forêts, se racontant leurs travaux surhumains, leurs luttes contre la nature, leurs combats contre les Indiens; se communiquant les difficultés qu'il restait à vaincre, les espérances à fonder sur l'avenir, et, finalement, s'associant pour bâtir, défricher et constituer ce monde inculte qu'ils venaient de conquérir. Tous ces hommes avaient passé par des épreuves cruelles. Ayant vécu de la vie des sauvages, ils avaient comme perdu le souvenir de la civilisation. Leur corps était brisé aux fatigues de toutes sortes; leur esprit s'était dépoli à ce genre d'existence. Il ne leur restait plus assez de temps à vivre pour refaire leur éducation oubliée. Tous ceux qu'ils appelèrent au partage des richesses de ces nouvelles contrées furent bien obligés de se plier à ces mœurs étranges; car eux aussi furent condamnés à passer par les mêmes épreuves, par les mêmes travaux, par les mêmes luttes.

Il s'ensuivit une agglomération d'êtres à part, toujours armés pour leur défense personnelle, allant à l'église le mousquet sur l'épaule, le pistolet et le poignard à la ceinture. On eût dit une colonie militaire, moins la discipline. Là chacun se faisait justice soi-même à coups de fusil, de pistolet ou de poignard. A table, à la messe, dans les rues, sur un mot, pour la moindre discussion, un homme tombait, deux hommes quelquefois, frappés par un voisin et par un adversaire, et les querelles personnelles devenaient des batailles.

Ces faits ne remontent pas bien loin, à peine à quinze ans du jour où nous sommes. On se battait à pied, à cheval, la lance au poing, au fusil, partout où l'on se rencontrait, sans que les témoins eussent d'autres devoirs à remplir que de constater la mort des deux combattants; et souvent les témoins eux-mêmes changeaient de rôle, et de simples spectateurs devenaient acteurs dans ces scènes déplorables.

Il se passa longtemps avant que ces habitudes excentriques, nées de la nécessité, perdissent de leur exagération, sans pour cela disparaître entièrement. En attendant, les États de l'ouest se constituaient : des villes splendides se bâtissaient, les populations augmentaient avec une rapidité extraordinaire. Mais, encore aujourd'hui, l'homme de l'Ouest est resté sous bien des rapports, ce qu'il a été jadis; il est sans gêne, rude, grossier, indépendant, fier de son individualité, et pourtant familier à l'excès. On a défini le *Kentuckien*, qui a été longtemps le type de ce sauvage mi-civilisé : *half-horse, half-alligator* (moitié cheval, moitié crocodile), quelque chose de monstrueux enfin, un être presque surnaturel.

Le sentiment de l'égalité, chez l'homme de l'Ouest, est poussé aux dernières limites. Les plus policés d'entre les *Westmen*, ceux que l'éducation, et une éducation très-élevée quelquefois, semblerait devoir garantir de ces exagérations, sont les premiers à s'en glorifier et à mettre en pratique ce principe excessif.

Le général Jackson, qui est resté pendant toute sa vie le véritable *Westman*, alors même qu'il était revêtu des plus hautes fonctions, ne se faisait aucun scrupule d'aller trinquer dans les cabarets avec les gens de la plus basse classe ; Henry Clay passait volontiers ses heures de loisir dans les cafés, buvant, causant, politiquant avec le premier venu. Il disait un jour en plein sénat, dans un discours d'ailleurs fort éloquent, comme tous ceux qui tombaient de ses puissantes lèvres : « Moi, je vis de porc salé et de choux! » C'était la vérité; mais cette vérité ainsi proclamée avait un but, celui de flatter ses concitoyens et de faire de la popularité par l'égalité, même devant le chou et le porc salé.

L'homme de l'Ouest est, comme on se l'imagine bien,

peu soigneux dans sa mise; mais ce n'est pas de la même manière que le Yankee. Il dédaigne l'habit noir de drap fin, râpé et hors de mode; il s'habille comme les fermiers, de drap épais, et ses vêtements ont toujours les formes les plus commodes. Il porte de gros souliers ferrés; sa cravate, quand il en a une, est nouée à la diable ou ne l'est pas du tout, chapeau de paille ou de feutre à larges bords; voilà quelle est sa tenue. Il va partout fumant et *chiquant*, alternativement ou simultanément.

En passant dans la rue il ne vous demandera pas du feu pour allumer son cigare; il vous prendra le vôtre sans façon aux lèvres, fera son affaire et vous le rendra sans même vous remercier, il n'en a pas le temps. Par exemple, s'il s'aperçoit que vous fumez un mauvais cigare, il le jettera et vous en offrira deux ou trois des siens, s'il les juge meilleurs, et n'exigera pas non plus que vous le remerciiez. Ce trait dit assez quel est le fond du cœur du *Westman*. Il est en effet généreux à l'excès, grand dans son hospitalité, dévoué jusqu'à la mort, obligeant sans calcul. Vous arrivez à lui avec une lettre d'introduction, pure formule de politesse; il n'hésitera pas à mettre à votre service jusqu'à sa bourse, et cela sans compter, ne s'inquiétant même pas si vous êtes en mesure de lui rendre ses avances.

— Si c'est un honnête homme, dit le *Westman* en parlant de son obligé, il me restituera la somme prêtée tôt ou tard; si c'est un filou, mettons qu'il ait glissé la main dans ma poche et qu'il m'ait volé, et n'en parlons plus. Les regrets et les remords seront pour lui et non das pour moi.

V

Tels sont les trois types d'hommes qui composent et divisent la société américaine aux États-Unis. On ne peut plus s'étonner, après cela, que les opinions formulées par les voyageurs sur cette société soient si diverses et souvent si opposées. Il est arrivé, en effet, que beaucoup d'entre eux se sont contentés de l'examen de l'un de ces types, le premier rencontré, et qu'ils aient pris la partie pour le tout.

On sait l'anecdote de cet Anglais débarquant à Calais et formulant un jugement si téméraire sur les femmes françaises, à propos des cheveux roux de la fille de l'auberge où il était logé. C'est à peu près de même ici. Eh! mon Dieu! n'est-ce pas plutôt l'histoire de tous les jugements humains sur toutes les choses de ce monde?

— Ayez soin, recommandait un père à ses enfants, quand vous vous trouverez en présence de personnes qui vous voient pour la première fois, de ne montrer que les côtés excellents de votre cœur et de votre esprit. On vous jugera toujours sous cette première impression.

Ce père était prévoyant et connaissait les hommes.

Les quatre ou cinq cent mille individus qui, chaque année, vont grossir la population des États-Unis, subissent invariablement l'influence du type américain au milieu duquel ils élisent domicile. J'ai déjà dit avec quelle facilité les nouveaux immigrants, quelle que soit leur origine, à quelque secte, à quelque opinion qu'ils appartiennent, se familiarisent avec les idées et les mœurs américaines, politiques et sociales. Cette assimilation se fait avec une égale rapidité en ce qui touche le caractère et les habitudes du type dominant la contrée où ils s'établissent. Il est curieux de voir comment Français, Allemands, Anglais, après deux ou trois mois de séjour aux États-Unis, se font vite *Yankees*, *Virginiens*, ou *Westmen!* C'est à ne plus les reconnaître ni les uns ni les autres. Mais je dois faire remarquer une chose, c'est que, malgré les différences très-grandes qui se manifestent dans les relations extérieures entre les trois races d'hommes se partageant la société américaine, il y a au fond une unité parfaite entre elles en ce qui concerne le but où elles tendent. A des moments donnés, Yankees, Virginiens et Westmen sont avant tout Américains, et c'est là ce qui concourt le plus à donner de la force et de la sécurité à la nationalité et aux institutions des États-Unis.

III

UNE NICHÉE DE VÉNUS

I

Toutes les femmes qui peuplent le paradis de ce monde n'ont point été fondues dans le même moule par le Créateur.

En Europe, déjà, les types varient beaucoup d'un pays à l'autre, du nord au midi. Ils sont bien autrement tranchés en Amérique.

Dans le Nouveau-Monde, il y a d'abord trois espèces mères qui chacune, sur le degré de l'échelle où elle se trouve placée, a des mœurs, des habitudes, une langue, des allures, un esprit et pour ainsi dire une âme essentiellement différents.

Ces trois espèces se distinguent par trois couleurs : le blanc, le rouge, le noir.

Les intervalles sont remplis par des nuances imperceptibles.

A ces symptômes extérieurs, il faut ajouter l'origine de la race, qui influe sur le type, suivant le point de l'Amérique où on va le chercher.

Les femmes créoles de nos Antilles françaises, par

exemple, ont une réputation de beauté que je n'ai pas besoin d'établir.

Ce n'est pas que cette beauté soit précisément irréprochable, au point de vue de l'art.

Dans la structure de leur tête, il y aurait beaucoup à reprendre : des pommettes saillantes se développant au détriment de la partie inférieure du visage, qui paraît ainsi amaigri et écourté ; un œil très-recouvert par l'os frontal extrêmement protubérant ; une légère dépression à la région des tempes, sont autant de défectuosités apparentes, contraires peut-être à la rigoureuse pureté des lignes que l'artiste pourrait exiger.

Mais l'œil est large, bien fendu, grand, intelligent ; il est ombragé de cils longs et soyeux, et du fond de son orbite, il lance des regards pleins de flamme et de lumière ; le front est orné de cheveux admirablement beaux, fins, bien plantés ; les ailes des narines sont ardemment ouvertes, les lèvres donnent la volée à des sourires adorables, et qui leur sont tout à fait particuliers ; tous les détails du visage, enfin, analysés un par un, recèlent tant de grâces et pour ainsi dire de surprises, qu'on en demeure ébloui.

Si l'art trouve, comme je l'ai dit, à reprendre quelque chose dans la tête des créoles, il n'en saurait être de même pour les autres parties du corps.

Du cou à la pointe de ses pieds, petits, mignons, délicats, la créole est un chef-d'œuvre. Et l'on hésite encore sur ce qui doit l'emporter, dans cet ensemble parfait, de la rectitude des lignes, ou de ce charme indicible qui enveloppe la femme, comme dans les poëtes anciens les nuages enveloppaient les déesses.

Cette grâce indéfinissable se reflète sur tout son être, et fait que les défauts de la beauté matérielle s'oublient.

Si bien que l'on peut dire qu'il n'y a pas de créole qui ne captive. Il lui suffit pour cela de se montrer; il lui suffit d'un regard, d'un sourire, d'un tour de tête, d'une ondulation d'épaules pour jeter le trouble dans le cœur le plus froid

De même que, sous ces climats, les couleurs éclatantes des fleurs durent à peine un matin, ainsi la jeunesse, et par conséquent la beauté des créoles est éphémère. Toute trace en disparaît avec une extrême rapidité. Il est rare de retrouver chez les femmes d'un certain âge les indices de ce qu'elles furent à seize ans; et, pour me servir d'une expression qui blesse quelquefois les amours-propres féminins, elles ne se *conservent pas*. Mais en revanche, elles gardent éternellement cette douceur angélique, cette bonté d'âme, cette élévation de cœur et de sentiments qui sont leur plus précieux apanage.

Les créoles ont surtout une adorable nonchalance, se trahissant dans tout ce qui émane d'elles, même dans leur parler doux, lent et paresseux. L'on ne sait pas définir si ce parler est ainsi fait pour ne point fatiguer les lèvres qui articulent, ou pour fasciner les oreilles qui écoutent.

A voir ces femmes dans leur intérieur, on sent qu'elles sont nées pour avoir des esclaves. Pourtant elles sont plus esclaves que maîtresses de cette armée de serviteurs et de servantes qui les entourent, et cela pour s'épargner le souci du commandement, les préoccupations de la sévérité.

Moelleusement étendue dans un hamac ou couchée sur un lit de repos, une créole y passera volontiers une journée entière, la tête couverte d'un madras aux brillantes couleurs, ou d'un riche mouchoir de soie coquettement noué, le corps enveloppé dans une large robe, flottante de haut en bas, sans taille et d'étoffe légère. (Ce vêtement se nomme aux Antilles une *gaule.*) Mais dès l'après-midi, à l'heure où s'éteignent les ardeurs du soleil, a créole en appelle aux ressources de sa garde-robe, riche et variée comme le plumage des oiseaux ; alors l'élégance de ses toilettes ne le cède en rien à celle de nos Parisiennes les plus raffinées.

Jugez de tout ce que ce corps souple, harmonieux, doit ajouter de charmes, d'attraits et de grâces au vêtement qui le recouvre ! Aussi ne peut-on pas dire que les toilettes embellissent les créoles, mais que les créoles embellissent leurs toilettes. Elles y apportent toujours un goût exquis. Qu'il se présente un bal, une fête, un spectacle ; qu'il faille enfin livrer, comme cela se pratique dans les salons et dans les théâtres de Paris, des assauts de luxe, et faire étalage d'épaules et de poitrines, les créoles y montrent une supériorité merveilleuse. Et je laisse à deviner ce qu'une telle guerre peut produire de ravages avec de telles armes !

L'état politique actuel des colonies a apporté une telle perturbation dans les fortunes, que c'est à peine si, en dehors des besoins les plus stricts de l'existence, les femmes créoles sont à même de se passer la fantaisie de quelques-unes de ces dépenses indispensables à leur sexe.

Le luxe, l'éclat sont, en effet, la moitié de la vie des femmes dans tous les pays du monde. Souvent, c'est moins la splendeur des parures qui ajoute à leur beauté que la joie et l'orgueil de les posséder.

Les femmes sont rarement philosophes. Elles sont susceptibles de dévouement dans les grandes occasions ; mais elles manquent de résignation. Il n'y en a pas une sur cent qui ne gémisse en secret de ne pas porter de diamants.

Eh bien! les créoles, douées de toutes les qualités et aussi de tous les défauts de leurs sœurs des autres pays, en sont là aujourd'hui; et les privations de cette nature qu'elles endurent ont laissé sur leur visage et dans leur âme les traces d'une profonde mélancolie, qui se surprend dans toutes les positions de la vie. Aucune d'elles ne sait s'enorgueillir de la simplicité chétive de leur maison. Elles en ont très-gros cœur, et si elles se montrent résignées, c'est par affectation; l'humiliation perce à tout instant dans cette fausse abnégation.

Les créoles de toutes les autres parties de l'Amérique ont donc sur celles de nos Antilles françaises cet avantage, toujours immense pour toute femme, de la fortune et du bien-être matériel. Il réagit d'une manière sensible sur leur existence. Elles y gagnent une gaieté et un entrain d'esprit qui doublent leurs charmes.

Ces femmes, que je vous ai représentées si nonchalantes, sont pourtant pleines de courage, d'audace, de dévouement, d'énergie, de fierté virile, dès que les circonstances l'exigent. Quand il s'agit, par exemple, de l'honneur d'un mari ou d'un fils, aucun sacrifice ne leur coûte.

J'en ai vu qui attendaient l'issue d'un duel où était engagé tout ce qu'elles avaient de plus cher au monde, avec la plus mâle résignation. Et si la lâcheté pouvait se glisser dans le cœur d'un créole, elles sauraient l'y étouffer et y rallumer la bravoure. Ce sont presque des Romaines du bon temps.

Ce côté énergique de leur nature, qui semble contraire à leurs véritables instincts, aide encore à en faire un type particulier, en ce qu'il dénote chez ces femmes l'ardeur des extrêmes. Elles passent de la plus molle indolence à la plus violente énergie, et réciproquement, d'un bond, sans transition. Les sentiments modérés paraissent leur être antipathiques.

Le portrait que je viens de tracer n'est point applicable, dans tous ses détails, aux créoles de toutes les Antilles et de toutes les nations. Il n'est exactement vrai que pour celles des colonies françaises. Cette beauté, ce type physique si remarquable, vous ne le retrouvez plus à un aussi haut degré ni dans les îles anglaises, ni dans les îles espagnoles; c'est à peine s'il y en reste quelques traces.

Cette grâce voluptueuse et si pleine d'attraits est, chez les créoles anglaises, remplacée par une certaine lourdeur de formes qui manque totalement de distinction.

Les Espagnoles de Porto-Rico et de la Havane l'ont conservée; mais elle est gâtée par des traits de visage peu dignes, généralement, de la réputation de beauté populaire des filles de la Castille et de l'Andalousie.

J'entends cependant établir des exceptions dans l'une et dans l'autre catégorie.

Que si l'on rencontre quelques créoles françaises faisant tache dans le brillant cortége au milieu duquel elles marchent, il y a bien plus encore de créoles anglaises ou espagnoles qui, du ciel où trône toute beauté, jettent de splendides rayons.

Il semble cependant que les deux races extrêmes du nord et du midi, les plus accomplies dans leurs contrées primitives, aient été le moins faites pour fleurir sous ces climats exceptionnels.

II

Il est une seconde espèce de femmes dont il faut bien parler, car elle joue un grand rôle, même politique, dans le Nouveau-Monde : ce sont les mulâtresses ou filles de couleur. C'eût été grand dommage de les passer sous silence; car qui n'a vu de ces belles créatures que les quelques échantillons qu'on en rencontre dans les rues de Paris, et voudrait par là les juger, serait exposé à s'en faire une très-fausse opinion.

Pour connaître et apprécier ces femmes, il faut les voir particulièrement sous le climat ardent des Antilles. C'est leur centre, leur élément; le soleil brûlant des tropiques est seul digne de les échauffer. Le soleil de la France semble trop pâle; elles pâlissent sous ses feux mous et à peine tièdes.

Comme les différentes races blanches dont elles sont un reflet direct, les mulâtresses des îles françaises, anglaises, espagnoles, et des autres parties de l'Amérique, ne se ressemblent pas entre elles. Celles de la Martinique et de la Guadeloupe, par exemple, offrent un type remarquable.

Comme beauté physique, elles ont, au point de vue artiste, une incontestable supériorité sur les blanches. Ainsi que ces dernières, elles ont reçu en partage la grâce du corps, qui est le lot de toutes les femmes du tropique; et elles ont, en même temps, emprunté à la race noire d'où elles sont sorties une vigueur de formes que ne possèdent pas les créoles.

Une chose sert, ou plutôt servait admirablement ces

créatures, et pour faire valoir leur beauté, et pour l'aider à se développer, je veux parler du costume.

Ces femmes arrangent et portent avec un art tout exceptionnel le madras étincelant qui orne leur tête. Cette coiffure, haute de six à huit pouces, étranglée au niveau du crâne s'élargit dans la partie supérieure en forme d'éventail; elle est très-penchée sur l'avant, de manière à laisser à découvert tout l'arrière de la tête, en voilant presque entièrement le front jusqu'au ras des sourcils. Ce madras, assujetti aux cheveux par le moyen d'épingles, est surchargé de broches et de bijoux. On ne peut faire une plus sanglante injure à une mulâtresse que de lui arracher sa coiffure; elle est sacrée à ses yeux.

Une chemise de la batiste la plus fine, bordée d'une dentelle haute d'un doigt, cache à peine toute la partie supérieure du corps jusqu'à la ceinture. Ce vêtement, si l'on peut lui donner ce nom, très-lâche et très-flottant, retombe sur un des côtés et laisse complétement à découvert la moitié du dos, une épaule et l'origine du bras. Cette épaule nue, ce cou long, harmonieux et admirablement posé, des chairs vigoureuses, des contours modelés dans la perfection, sont de véritables chefs-d'œuvre.

Jusqu'à la ceinture la chemise est transparente; seulement vers le milieu, à la région de l'estomac, elle est richement brodée et présente comme une sorte de cuirasse. Dans l'intérieur, à travers la batiste presque à jour, on aperçoit une masse de fleurs de toute espèce dont ces femmes s'emplissent le corsage.

Les manches de la chemise s'arrêtent au coude qu'elles dépassent un peu, en s'échancrant à la saignée. Ces manches, plissées à très-petits plis, sont boutonnées à leur extrémité par des boutons en or massif de la grosseur d'une noix. Tout le reste du bras est donc nu; il est élégant, gracieux, finement modelé, les mouvements en sont extrêmement voluptueux; il se termine par une main effilée, délicate et souple qui a quelque chose de l'agilité et de la prestesse de la patte du singe.

Autour des reins d'une cambrure toute poétique, est nouée une jupe en étoffe dont le choix passerait, parmi les élégantes de Paris, pour être d'un mauvais goût outrageant. Ce sont, en effet, presque toujours des étoffes à ramages, à dessins larges et de couleurs criardes; mais, employées ainsi, elles ont un caractère d'originalité fort remarquable.

Pour les grandes toilettes, ces jupes sont en madras, ce qui leur donne une valeur considérable; d'autant plus qu'elles sont très-amples, très-longues, comme des robes à queue, et courtes par-devant. Les mulâtresses relèvent cette queue par un côté, en l'accrochant à leur ceinture, en sorte que la jupe, en se drapant autour du corps, laisse à nu toute une jambe, plus que la jambe. Si cette jambe, alerte et nerveuse, répond à la beauté du bras, il n'en est pas de même dans les rapports du pied à la main lequel est mal fait, quoique très-petit. Cela tient à ce que ces femmes ne portent de chaussures que par exception, auquel cas elles s'emprisonnent le pied à nu dans un soulier fin et décolleté.

Par-dessus la jupe, deux petites pochettes en toile de batiste, brodées ou élégamment travaillées, pendent à la hauteur des hanches; ces deux poches sont remplies de graines de toutes sortes, et ne servent guère à d'autre usage. Pour compléter cette toilette, il ne faut pas oublier les bijoux, qui sont toujours nombreux et volumineux : des boucles d'oreilles en or massif, extrêmement épaisses, et si lourdes quelquefois que leur seul poids déchire l'oreille, des colliers de grenat ou de corail, des broches, des épingles, etc.

Ce n'est pas exagérer que d'estimer un de ces costumes à plus de 6,000 fr.

Il y a une douzaine d'années encore, il était porté par toutes les femmes de couleur, même esclaves, et tant qu'elles n'étaient pas mariées ou ne se trouvaient pas dans une condition de fortune un peu sortable, auquel cas elles s'affublaient de robes, de chapeaux, de bas et de brodequins à l'européenne. Aujourd'hui, cette manie s'est emparée de toutes; le costume primitif, à peu d'exceptions près, n'était plus guère, il y a peu de temps encore, que le signe outrageant de l'esclavage; présentement, il a complétement disparu.

Dans les colonies anglaises ou espagnoles, on ne connaît point ce costume, et c'est grand dommage; car autant le madras et la jupe rehaussent la beauté des femmes de couleur, autant la toilette européenne leur est préjudiciable.

Regrettons ce travers au point de vue de l'art et de l'originalité, qui s'en va de partout, aussi bien dans le Nouveau-Monde que dans l'Ancien.

J'ai dit que les femmes de couleur jouaient un rôle important dans la vie politique des peuples de l'Amérique. Dans nos colonies françaises, elles avaient de tout temps été frappées de stigmate, et les préjugés n'ont pas épargné même celles d'entre elles qui, par leur éducation et par les qualités éminentes du cœur, s'étaient élevées au niveau des plus hautes positions sociales. Elles partageaient en cela la réprobation qui atteignait tout ce qui, aux colonies, ne pouvait justifier, avant tout, de la pureté de son origine *blanche*, hommes ou femmes. Depuis que tant de révolutions ont passé sur la société coloniale, les préjugés ont peu à peu disparu, sans s'être cependant complétement effacés. Injustes dans beaucoup de cas, ils n'ont pas plus épargné les exceptions que la généralité.

Si cependant, dans les Antilles françaises, il se fait chaque jour un adoucissement aux rigueurs du passé, dans les autres colonies, aux États-Unis, dans tous les pays à esclaves, la réprobation est toujours la même, et la réparation se fera longtemps attendre.

L'histoire suivante, dont j'ai connu tous les personnages, et dont les péripéties sont authentiques, donnera une idée exacte de ce côté de la vie coloniale.

Ce qui était vrai à la Martinique au moment où se passe ce récit, l'est encore aujourd'hui dans presque toute l'Amérique.

IV

CHRISTINE ET MÉALA

I

Ce que dans les Antilles, à la Martinique particulièrement, on appelle les grandes routes, ressemble fort, encore aujourd'hui, aux sentiers que les Caraïbes se frayaient à travers les bois et les hautes herbes. Disons mieux, il y a peu de grandes routes à la Martinique.

On a taillé, tant bien que mal, sur le bord des rochers géants qui dominent la mer, ou dans les flancs des montagnes, des espèces de chemins étroits qui les contournent et les enveloppent dans leurs replis, comme le ferait un serpent; ensorte que le voyageur a toujours, en cet espace à peine d'un mètre quelquefois, d'un côté un abîme, soit la mer, soit une de ces falaises dont les profondeurs sont un mystère pour l'œil humain, et, de l'autre, une muraille gigantesque de verdure ou de rochers noirs et brûlés par les ardeurs du soleil.

Un matin de l'année 1831, un jeune homme, parti pendant les dernières ombres de la nuit de son habitation, située près du bourg *le Prêcheur*, attendait, assis sur une large pierre, que le jour parût et éclairât la route qu'il devait prendre pour se rendre à la ville de Saint-Pierre. Il n'avait osé s'aventurer, pendant l'obscurité, dans le chemin étroit et dangereux qu'on nomme le *Gris-Boudin*. Et il avait eu raison.

Tracé sur la crête d'un rocher qui domine la mer à plus de deux cents pieds, ce sentier, dont le sol se ressent du voisinage du volcan de la Montagne-Pelée, est rocailleux, lézardé de crevasses et bien fait pour effrayer un étranger peu habitué encore à cette sorte de voyages. Or, le jeune homme dont nous parlons, quoique né à la Martinique, pouvait presque passer pour un étranger; car il avait, tout enfant, quitté la colonie pour aller faire son éducation en France, d'où il avait rapporté des idées bien opposées à celles qui agitaient la société créole.

Fils d'une des plus anciennes et des plus riches familles de race blanche de la colonie, il s'était trouvé, depuis trois semaines qu'il avait revu le pays natal, en lutte continuelle avec les opinions et les actes de ses compatriotes. Il y avait engagé sa vie, son honneur, son orgueil. Il avait accepté d'abord, avec un certain courage amer et plein de dédain, l'isolement de pensée, de cœur et de position sociale qu'on lui avait fait; puis peu à peu il était venu à en souffrir cruellement.

Ce jeune homme se nommait Armand de Puisgourdain.

Au moment où le jour qu'il attendait se leva, Armand assis, comme nous l'avons dit, sur une large pierre, les pieds enfoncés dans le sable fin et mouvant du rivage, écoutait, en se laissant aller à ses rêveries, le murmure mélancolique et monotone du flot qui venait en roulant jeter sur le bord de la mer, avec ses poétiques plaintes, l'âcre parfum qui s'exhale de son écume. La brise matinale, qui attend aussi le jour pour se lever, jouait avec la poussière blanche de la lame, et couvrait de son humide fraîcheur tous les objets d'alentour. Armand semblait ne s'en apercevoir pas, et cependant ses mains, ses cheveux, ses vêtements ruisselaient.

A dix pas de lui un jeune nègre, debout à la tête d'un cheval dont il avait entortillé les brides autour de sa main droite, dormait les deux bras et le visage appuyés sur le cou de l'animal, immobile comme si ses quatre pieds eussent été enterrés dans le sable.

Dès les premiers rayons du soleil, qui se reflétaient sur la nappe unie de l'Océan comme sur un miroir, firent sentir leur poids déjà lourd, même à cette heure, Armand de Puisgourdain leva subitement la tête, passa la main sur son front comme pour en chasser les nuages, cueillit quelques grappes du raisin sauvage qui croît aux bords de la mer, puis, appelant à haute voix :

— Allons ! Narcisse, en route ! dit-il.

Le jeune nègre, réveillé en sursaut, aida son maître à se mettre en selle ; se dirigeant ensuite vers la mer, il se courba, plongea le bout de ses doigts dans les flots, évitant que la lame touchât ses pieds, fit le signe de la croix, après quoi il s'enfonça dans l'eau jusqu'à la hauteur des cuisses, et fit quelques pas.

Jamais un nègre ne passe le long de la mer sans y tremper ses membres pour les rendre plus forts à supporter les routes qu'il fait toujours à pied, et jamais un nègre n'entre dans la mer sans s'être préalablement signé, ainsi que venait de le faire Narcisse. Il rejoignit en courant son maître, qui avait suivi le rivage au petit pas de son cheval, à la queue duquel le jeune esclave s'attacha.

A l'encrée du *Gris-Boudin*, Armand abandonna à ses propres instincts son cheval, meilleur juge que lui des difficultés du terrain et des moyens de les éviter.

Armand alluma un *bout-de-nègre* (sorte de cigare long de huit à dix pouces, et mince comme un tuyau de plume) et se laissa aller à des pensées visiblement pénibles, car, par moments, son corps tressaillait. Parvenu au point culminant de la route, il s'arrêta un instant pour plonger le regard sur cette immensité de la mer qui se déroulait devant lui, calme et unie comme un beau lac, et que les ondulations de la lame moiraient d'azur et de rouge sous les rayons du soleil, sous le souffle d'une brise légère et sous le reflet d'un ciel bleu comme les poëtes en voient dans leurs rêves.

Armand fit avancer son cheval jusque sur les limites de l'abîme qui le séparait de l'Océan. Une forêt d'arbres sauvages, dont les racines avaient pied à la base ou sur les flancs des rochers, et dont les cimes atteignaient le niveau du chemin, en cachait traîtreusement les profondeurs aux yeux. Le cheval se raidit sous l'éperon, et ses sabots de devant se calèrent contre deux pierres saillantes ; Narcisse lui-même poussa ce cri de terreur :

— Maître, que faites-vous ?

Armand respecta l'énergique refus du cheval, mais ne parut pas s'émouvoir des cris du jeune nègre, vers lequel il ne tourna même pas la tête. Une pensée de désespoir avait traversé son cœur, mais il l'avait aussitôt vaincue.

— Allons ! dit-il, mon sort, je le crains, sera de mourir en ce pays ; mais ce nègre et ce cheval ont raison, ce n'est pas de ma main que doit venir la mort, je l'attendrai ; car le devoir me commande de poursuivre mon œuvre impossible. Je serai broyé dans cet orage que les préjugés ont déchaîné contre moi ! A la grâce de Dieu !

Armand remit son cheval dans la route et continua sa marche.

Une heure après il entrait dans la ville de Saint-Pierre,

dont il traversa la grande rue d'un bout à l'autre pour gagner sa demeure, située à l'extrémité de la partie qu'on nomme le *Mouillage*, dans la rue de la Madeleine, devant laquelle s'étend la savàne des *Pères-Blancs*, charmante promenade que borde une rangée de tamariniers.

Pendant le trajet qu'il fit à travers la ville, Armand put s'apercevoir du peu de sympathie qu'il trouvait dans les hommes de sa classe et de sa couleur. Les uns détournaient la tête et feignaient de ne le point voir, les autres répondaient froidement à son salut; ceux-ci, les plus hardis et les plus courageux, le regardaient passer et semblaient le provoquer de l'œil et de l'attitude; ceux-là chuchotaient sur son passage, et l'épithète de *mulâtre* injurieusement accolée à son nom circulait de bouche en bouche. A peine deux ou trois amis, entraînés par la considération qui entourait son père, osaient tendre le bout des doigts à Armand; et encore le faisaient-ils honteusement.

— Essuyez donc vos mains, leur disait-on ensuite, vous avez du noir après.

Le jeune Puisgourdain, calme en apparence, le sourire sur les lèvres, mais la pâleur de la rage au front, traversait cette foule au petit pas de son cheval; sans affecter de la braver, il laissait voir clairement qu'il ne redoutait pas les froideurs ni les provocations des uns, en même temps qu'il dédaignait les sarcasmes des autres. En revanche, tout ce qui appartenait à la classe des *gens de couleur* montrait autour de sa personne un grand empressement sans familiarité. Les chapeaux s'abattaient respectueusement devant lui, des paroles d'encouragement et des actions de grâces montaient jusqu'à son oreille comme un encens populaire.

Mais Armand, qui n'avait jamais eu la pensée de se

faire chef de parti, qui n'avait point cherché cette popularité, et qui ne fondait rien sur elle, recevait avec une exquise politesse ces témoignages d'affection, mais ne les colorait d'aucun enthousiasme. Il faut le dire enfin, Armand hésitait entre la reconnaissance et un certain mépris pour cette partie de la population qui faisait de lui un dieu. Cette même population, à quelques exceptions près, et l'on y peut voir une anomalie bizarre qui témoigne de la puissance des préjugés et de la brutalité irréfléchie des passions dans un pays où il faut que, comme le soleil, tout brûle et tout consume, les idées et les faits, cette même population, dis-je, en l'honneur de laquelle de Puisgourdain avait amassé sur sa tête toutes les colères de la race blanche, avait pris à partie dans ses chansons, dans ses quolibets, une jeune fille de couleur, cause première de cette lutte d'un créole contre sa caste.

Les imprécations que, dans leur haine, les blancs lançaient contre Armand, les gens de couleur et les nègres, dans leur jalousie, en accablaient cette femme. C'est là un trait caractéristique de la société coloniale.

Pendant son séjour à Paris, Armand de Puisgourdain avait rencontré trois ou quatre fois, dans diverses maisons, deux jeunes filles du même âge, et d'une beauté dont l'éclat avait toujours fait grand bruit autour de lui dans les salons, où l'on se disputait un mot, un regard, un sourire d'elles.

Ces deux jeunes filles étaient, à cette époque-là, deux pensionnaires qui, prisonnières au même couvent, s'ébattaient au milieu des bals, aux jours de liberté, comme deux oiseaux échappés de leur cage. Elles étaient fort liées entre elles, et paraissaient même inséparables.

Quand Armand s'informa de leurs noms, on lui dit que la plus grande et la plus belle des deux était mademoiselle Méala Fournier, l'autre mademoiselle Christine Rabilhac. Ces deux noms lui étaient parfaitement inconnus ; mais Armand attribua son ignorance à l'endroit des familles de ses deux charmantes compatriotes, à son long exil du sol natal. Il avait en effet quitté la Martinique à l'âge de sept ans, et il en avait vingt-cinq. Armand voyagea trois ans avant de retourner à la Martinique ; il ne revit donc plus les deux jeunes filles, dont l'une, il faut le dire, avait laissé quelque trace dans son cœur. C'était la moins belle des deux, Christine, dont la grande légèreté d'esprit, le caractère enjoué et tout extérieur avait un attrait irrésistible.

Méala, plus calme, plus réfléchie, plus sérieuse, avait quelque chose de fatal dans la physionomie ; autant de grâces que sa compagne, mais moins de charmes ; plus de beauté, mais moins d'effusion. Christine séduisait à première impression ; Méala semblait faite pour une de ces passions sur lesquelles un homme est exposé à jouer son repos et sa vie.

Trois ans plus tard donc, Armand arriva à la Martinique. Une semaine après, il assistait à Saint-Pierre à un bal chez le commandant militaire de la colonie. Assez ordinairement les honneurs de pareilles fêtes sont pour les jeunes créoles qui reviennent de Paris, et sont supposés en rapporter quelque chose de cette fine fleur d'esprit, de galanterie, d'élégance et de manières que l'on est censé respirer avec l'air des rues et des salons de la capitale.

Armand embrassa d'un rapide coup d'œil le cercle de cent femmes qui faisaient une guirlande autour de l'appartement, et parmi lesquelles on n'eût pas pu en citer plus de trois ou quatre qui ne fussent, sinon jolies, au moins attrayantes. Son regard s'arrêta charmé en apercevant, à l'un des angles du salon, le visage riant et frais de mademoiselle Christine Rabilhac. Il accourut vers elle avec un empressement qui lui valut un cordial accueil, une amicale poignée de main et la plus prochaine contredanse.

Une des premières questions qu'Armand adressa à Christine fut celle-ci :

— Et mademoiselle Méala Fournier n'est-elle point ici ?

Christine rougit jusqu'au blanc des yeux, et d'une voix coupée par l'émotion, elle répondit brièvement :

— Non, Monsieur.

Armand s'abstint d'en demander davantage. La subite rougeur de Christine, son émotion, le frémissement imperceptible de colère qui l'avait trahie lui montraient bien qu'il y avait là un mystère; il n'avait pas la prétention de croire à un mouvement de jalousie de la part de la jeune fille. Ce mystère, il remit à plus tard pour l'approfondir. Armand quitta le bal en recevant une invitation de M. Rabilhac à un dîner qui avait lieu chez lui quatre jours plus tard. C'était évidemment à Christine qu'il devait cet honneur, M. de Puisgourdain père et M. Rabilhac n'ayant jamais eu aucune relation entre eux, ce qui s'expliquait par la position personnelle et spéciale de ces deux hommes.

Il n'est pas sans intérêt pour cette histoire de donner quelques détails à ce sujet.

M. de Puisgourdain, ancien procureur général, appartenait à une famille de vieux gentilshommes du Périgord établie à la Martinique à peu près depuis la fondation de la colonie. En sa double qualité de gentilhomme et de créole, il était d'une fierté excessive à l'endroit de son rang, et ne frayait que difficilement avec tout ce qui n'était pas noble ou créole depuis deux générations au moins.

Or, Rabilhac ne se trouvait dans aucune de ces deux catégories prévues par M. de Puisgourdain. Il était arrivé à la Martinique, depuis une vingtaine d'années, comme subrécargue à bord d'un petit brick de Marseille; puis il avait quitté la mer pour s'installer marchand de comestibles, de conserves et de salaisons. Industrieux, économe, habile en affaires, Rabilhac avait, comme la plupart des Provençaux établis dans les colonies, vu grandir peu à peu son commerce; de marchand il était devenu négociant, ce qui est, dans le pays, monter d'un grade.

Mais l'origine de Rabilhac pesait toujours sur lui; et, nonobstant une fortune considérable rapidement acquise, il n'était point parvenu à prendre place dans la société coloniale, si orgueilleuse à l'endroit des précédents. Il était de cette catégorie de gens qu'on y appelle des *petits blancs*, un milieu entre la race noire et de couleur, et la race blanche née sur le sol même. Rien n'avait favorisé Rabilhac.

Comme ces maréchaux dont l'empereur disait : « Quel malheur qu'ils se soient mariés n'étant que caporaux ! » notre homme avait eu le tort d'épouser, à son arrivée dans le pays, une femme du même acabit que lui, fille d'un autre petit marchand provençal. S'il avait attendu, ainsi que l'ont fait bien d'autres dans sa position, peut-être qu'en apportant la fortune dans une famille créole ruinée, il eût pu, après quelques répugnances vaincues, faire une trouée dans ce monde qui le repoussait. Mais Rabilhac s'était résigné, et il avait ajourné ses espérances en les asseyant sur sa fille qui, née créole, avec une fortune considérable en perspective, une éducation complète acquise en France, pourrait réparer un jour le dommage de sa position.

Rabilhac ne s'était pas trompé, et les malheurs qui avaient frappé la plupart des colons aidaient singulièrement ses projets. En effet, l'arrivée à la Martinique de mademoiselle Christine avait, comme par enchantement, changé en douce flatterie la réprobation dont la société coloniale avait jusque-là frappé le ci-devant marchand.

Christine était bien faite d'ailleurs pour opérer ce miracle. Elle avait imposé son père dans le monde, où Rabilhac était désormais tout aussi recherché que M. de Puisgourdain lui-même. Enfin, disons-le tout de suite, le Provençal avait mis le comble à ses espérances en rêvant une union entre sa fille et Armand, dont la famille était encore riche et occupait surtout un rang élevé dans le pays.

Voilà pourquoi Rabilhac avait engagé MM. de Puisgourdain à dîner. Armand avait accepté avec empressement à cause de Christine; l'ex-procureur général ne s'était pas trop fait prier en vue du même motif doublé d'un peu d'intérêt. Cette invitation faite en plein bal, devant deux cents personnes, avait été immédiatement interprétée, et la nouvelle d'un prochain et inévitable mariage entre Christine et Armand s'était répandue par toute la ville avec la rapidité de l'éclair.

Deux heures après, jusqu'au dernier négrillon de Saint-Pierre, tout le monde le savait, tout le monde en causait.

Le lendemain de la soirée du commandant militaire, Armand, monté sur un beau cheval américain, traversait l'une des rues du quartier de Saint-Pierre que l'on nomme *le Fort*, se rendant aux bords de la mer, promenade qu'il affectionnait singulièrement. Les évolutions de son cheval, le bruit de ses pas sur le pavé sonore des rues faisaient mettre aux fenêtres bien des curieux et bien des curieuses. En arrivant à l'extrémité de la rue de la *Consolation*, par laquelle il n'était point encore passé, rue presque déserte et qui aboutit à la campagne, en levant la tête vers une des maisons, il aperçut, à travers les jalousies du premier étage, le visage charmant d'une jeune fille qui se retira par un mouvement subit en reconnaissant le cavalier.

Armand sentit un frisson lui courir par tout le corps; il arrêta son cheval à la porte de cette maison et entra. Une vieille négresse, se levant lentement d'un coin de la pièce voisine où elle était accroupie plutôt que couchée, vint à lui. Armand lui jeta rapidement ces paroles :

— Dis à M. Fournier que c'est M. Armand de Puisgourdain qui désire lui parler.

La vieille négresse ouvrit de grands yeux, et un sourire de niaise stupéfaction erra sur ses lèvres

— N'y est-il pas, M. Fournier? continua Armand.

La négresse fit signe que non.

— Annonce-moi alors à madame Fournier.

Cette fois la négresse répondit :

— Il n'y a ni de monsieur, ni de madame Fournier ici, maître.

— Eh bien! prie mademoiselle Méala de me faire l'honneur de me recevoir, reprit Armand, dans l'esprit duquel les signes et les paroles de la vieille négresse avaient jeté presque une lueur.

— Me voilà, Monsieur! murmura une voix vibrante d'émotion.

Et Armand vit debout devant lui, pâle, tremblante, les yeux mouillés de larmes, la belle jeune fille des bals de Paris.

Sur un signe de Méala, la négresse sortit du salon. Armand tomba plutôt qu'il ne s'assit sur le canapé.

II

Il y eut entre eux un moment de silence, pendant lequel Armand examina attentivement la jeune fille, et cet examen confirma les doutes qui s'étaient glissés en lui. Comparé au teint de Christine et à celui des autres femmes blanches du pays, le teint de Méala avait quelque chose de bistré qui s'était effacé en France, mais qui, sous le brûlant ciel des Antilles, avait reparu dans toute sa vigueur naturelle. D'autres signes non moins caractéristiques révélaient d'une manière flagrante que Méala, si blanche qu'elle fût de peau, appartenait à la classe des femmes de couleur, titre qui leur est éternellement conservé si haut que remonte l'origine, si opposées que soient à cette désignation les traces extérieures.

Armand en avait assez appris, depuis une semaine qu'il se mouvait dans la société coloniale, pour se rendre compte de l'émotion qu'avait éprouvée Méala, des larmes qu'elle avait versées à sa vue, de l'embarras qu'elle ressentait en sa présence. Ce fut elle cependant qui, la première, rompit le silence.

— Je vous savais à la Martinique, Monsieur, dit-elle.

— Moi, j'ignorais être assez heureux pour vous rencontrer, Mademoiselle; et, si j'avais su que vous fussiez ici, croyez-le bien, j'aurais déjà eu l'honneur de venir vous présenter mes hommages.

— Voilà un langage, s'écria Méala en tendant la main à Armand avec un sourire triste, voilà un langage que je ne m'attendais pas à trouver dans la bouche d'un créole. Je vous en remercie sincèrement et du plus profond de mon cœur.

— En quoi peut-il vous étonner? N'êtes-vous point habituée...

— A m'entendre et à me voir respecter? Non, Monsieur. Les seules paroles de ma négresse Nanette ont dû vous apprendre que je ne suis point ici une femme comme les autres. Ma mère est morte en me donnant le jour, et je n'ai point de père, bien que mon père vive; le nom que je porte n'est ni le sien, ni le mien : c'est un nom d'emprunt. Je ne m'appelle plus ici mademoiselle Fournier, mais tout simplement Méala, la mulâtresse! Vous n'avez point encore assez vécu dans ce pays pour savoir ce que signifie cette épithète; mais moi qui, depuis six semaines, y souffre les tortures de l'enfer, j'ai appris ce que signifie ce titre de mulâtresse! Cela veut dire, Monsieur, que tout blanc qui passe devant ma porte a le droit de ne pas me saluer; que, s'il en entre un dans cette maison, c'est pour m'insulter et me traiter en courtisane; que toute femme blanche qui me rencontre dans la rue me toise du haut en bas et sourit de dédain, quand ce n'est pas de dépit!..

— C'est infâme! s'écria Armand en se levant par un mouvement d'indignation...

— Oh! plus encore, monsieur de Puisgourdain, reprit Méala; les gens de ma caste et de ma couleur, à peu d'exceptions près, me haïssent et sont jaloux de moi; les femmes me méprisent, et bientôt me calomnieront peut-être, parce que je ne suis pas comme un très-grand nombre d'entre elles, une fille dépravée; les hommes, parce qu'ils prétendent que j'affecte de m'élever et de me rapprocher des blancs. De quelque côté que je me retourne, je me heurte aux pointes aiguës du malheur!

— Mais cette éducation brillante que vous avez reçue

en France, cette intelligence, cette beauté du cœur et du visage, cette élévation de sentiments qui sont un lot superbe et que peu de gens ici possèdent au même degré que vous, n'ont-elles pu servir à vous faire respecter, admirer, aimer de tous ?

— Tout cela n'a servi qu'à aggraver ma situation. Si j'avais ressemblé aux autres filles de couleur de ce pays, les blancs m'eussent idolâtrée et leurs femmes protégée ; les gens de ma caste n'eussent pas fait attention à moi... C'est tout simple, je ne porterais ombrage à personne !... Mais vous-même, monsieur de Puisgourdain, à cette heure, votre cheval attend à ma porte, on sait que vous êtes ici...

— Eh bien ! qu'importe ?

— Dans un instant toute la ville comptera le nombre de minutes que vous avez passées chez moi, et...

— Je serai la cause d'une calomnie contre vous ! s'écria Armand.

— Ne vous inquiétez pas de moi, répondit Méala ; mais de vous...

— Et pourquoi ?

— Parce qu'on le dira à mademoiselle Christine Rabilhac ; et les méchantes langues s'y prendront de telle sorte, qu'on fera manquer peut-être votre mariage.

— Mon mariage ?

— On le dit arrêté avec Christine, et que le dîner des fiançailles a lieu dans trois jours.

— C'est vite disposer de moi sans mon consentement. Mais à propos, mademoiselle Méala, puisque vous venez de prononcer le nom de Christine, permettez-moi une question...

— Je la devine et j'y réponds. Mademoiselle Rabilhac et moi ne nous sommes vues, depuis mon arrivée ici, qu'une seule fois, le jour où elle m'a mise à la porte de chez elle...

— C'est impossible! s'écria Armand en frappant du pied la terre.

— C'est exact, pourtant, Monsieur.

— Mais vous étiez liées d'une étroite amitié à Paris.

— Une commune infortune nous avait réunies. Toutes deux nous avions été envoyées en France pour notre éducation; n'ayant ni l'une ni l'autre de famille à Paris, nous avions été recommandées à la supérieure du même couvent; quelques-unes de nos compagnes avaient intéressé leurs mères à notre cruel isolement, et ces mères nous faisaient, aux jours de vacances, sortir avec leurs filles. Compatriotes sans distinction de couleur ni d'origine à Paris, nous nous étions juré une de ces amitiés éternelles dont notre malheur commun avait resserré les liens. Christine partit la première pour la Martinique. A mon arrivée ici, deux heures après, je me rendis chez Christine, pour mon malheur... Il y avait à ce moment-là quelques visites en son salon. Je courus à elle les bras ouverts... elle me reçut froidement, en me priant de monter dans sa chambre, où elle me rejoindrait quand ses hôtes seraient partis.

— Quelle lâcheté!...

— La fille blanche ne pouvait recevoir chez elle la fille de couleur! Je ne revis plus Christine.

— Et depuis, elle ne fit rien qui pût l'excuser à vos yeux?

— Rien.

— Elle ne tenta pas de vous voir?...

— Jamais!

Pour Armand se trouvaient expliquées la froide réserve et la brève réponse de Christine lorsqu'il lui avait, la veille, au bal, parlé de Méala.

— C'est un monde stupide que cette société d'ici, s'écria Armand en se promenant à larges pas dans le salon. Et j'irais m'unir à une femme au cœur si lâche! à l'intelligence si étroite, à l'esprit si ingrat! Non! non!... Ainsi donc, ajouta-t-il en s'adressant à Méala, j'ai un ami, un camarade de collége, homme de couleur, qui est magistrat au Fort-Royal, je n'aurai pas le droit, quand je le verrai, comme je compte le faire dans deux ou trois jours, de le presser dans mes bras?...

— Vous êtes perdu si vous faites cela, murmura Méala.

— Je le ferai, répliqua froidement Armand, car j'ai le cœur reconnaissant, moi.

Puis, revenant s'asseoir aux côtés de Méala, il prit ses mains dans les siennes, et les baisant respectueusement:

— Méala, dit-il, vous n'avez alors ni ami, ni consolateur, ni frère en ce pays? Voulez-vous que je sois tout cela pour vous?

La jeune fille cacha sa tête dans ses deux mains un instant, puis se laissant glisser, elle tomba à genoux devant Armand, et murmura au milieu de sanglots ces mots à peine articulés :

— Merci! oh! merci!... Mais non, je ne veux pas, s'écria-t-elle tout à coup en se relevant; vous jouez ainsi votre avenir, votre nom, votre vie peut-être, et je ne le veux pas. Allez, partez, monsieur de Puisgourdain; je prierai pour vous, je vous serai éternellement reconnaissante, mais oubliez-moi...

Et avant qu'Armand eût pu la retenir, Méala s'était enfuie. En se retournant, il se trouva face à face avec un de ses amis, M. Léon de Châlons:

— Je vous cherchais, Armand, et vous ayant trouvé, je vous attendais.

— Et qui vous avait dit que je fusse ici?

— Votre cheval, parbleu! qui, depuis trois heures, est à la porte. Peste! mon cher, quand vous courez deux lièvres à la fois vous les choisissez de bonne race!

— Silence, Monsieur! répliqua Armand d'un ton tel que Léon n'osa articuler une parole de plus sur le sujet qu'il avait entrepris. Mais que me vouliez-vous?

— Je venais vous proposer une *Marseillaise*, ce jeu de l'enfer comme vous l'appelez, que vous aimez tant, et où vous perdez avec une si merveilleuse grâce.

— Je ne suis pas en train de jouer ce soir, je vous remercie.

Armand monta à cheval et regagna la rue de la Madeleine, pensif et rêveur. Il faisait nuit déjà.

Méala ne l'avait point trompé. La moitié de Saint-Pierre savait déjà où Armand avait passé sa soirée et le temps qu'il était demeuré chez la mulâtresse. Les uns par jalousie en cas d'un succès, les autres par envie contre sa double bonne fortune, avaient fait circuler cette nouvelle en la grossissant. MM. de Puisgourdain père et Rabilhac en avaient été des premiers informés; et tous deux, amicalement et sous forme de conseils, avaient fait de sérieuses représentations à Armand sur cette visite *scandaleuse*. A tous deux il répondit avec la dignité et le respect que lui commandaient leur position respective et la conscience qu'il avait d'avoir rempli un devoir. Restait une troisième personne avec laquelle il tenait à s'expliquer, c'était Christine.

Comme la double conversation dont nous venons de parler avait eu lieu chez M. Rabilhac, où Armand s'était trouvé entraîné au lieu de rentrer chez lui, il lui était facile de soulager promptement son cœur. Il s'approcha donc de Christine, et, s'asseyant à ses côtés :

— Mademoiselle, dit-il, hier je vous ai adressé une

question à laquelle vous n'avez répondu que vaguement.

— Laquelle ?

— Je me plais à croire, Mademoiselle, à espérer surtout, que les liens de l'amitié sont une chose sacrée pour vous ; j'ai l'habitude de juger les hommes, et les femmes aussi, selon le degré de chaleur avec lequel ils pratiquent la reconnaissance du cœur. Quand un homme ou une femme se rappelle ces affections de l'enfance qui ont fait luire tant de beaux jours sur la vie, j'en conçois la meilleure opinion ; quand, au contraire, on jette un voile de mépris sur ces souvenirs, j'avoue qu'à mon tour je paye par le mépris cet oubli.

— Mais, Monsieur, je ne vous comprends pas ! balbutia la jeune fille tout interdite.

— Vous allez me comprendre. Qu'avez-vous fait de mademoiselle Méala Fournier ? Comment l'avez-vous accueillie quand elle s'est présentée chez vous son amie d'enfance ?

— Mais, Monsieur...

— Est-il donc vrai que vous l'ayez chassée de votre maison après l'avoir bannie de votre cœur ?

Christine se leva toute tremblante.

— C'est une honte et une lâcheté, Mademoiselle, dont vous n'êtes pas coupable, j'en suis sûr... et...

Christine s'enfuit au fond du salon, où son père causait avec M. de Puisgourdain.

— C'est donc vrai ! murmura Armand, qui salua et sortit, laissant les trois spectateurs de cette scène stupéfaits.

III

Il va sans dire qu'une rupture, si directement provoquée, avait suivi cette conversation. Armand, en butte alors à des reproches sanglants de la part de son père, avait changé en haine profonde ce sentiment naissant qu'il éprouvait pour Christine; et son cœur, comme sa pensée se reportaient tout entiers, pleins d'ardeur et de puissantes aspirations vers Méala. Un amour profond et terrible était sorti de cette lutte. Armand s'était dirigé de bonne heure et à pied cette fois, afin que rien ne trahît sa présence, vers la rue de la *Consolation*. A peine avait-il franchi le seuil de la porte de la maison que Méala se présenta à lui.

— Je savais bien, dit-elle en lui tendant la main, que vous viendriez aujourd'hui.

— Méala, répondit Armand, acceptez-vous l'offre que je vous ai faite hier? Je viens vous demander d'ajouter à tous les titres que je réclame de vous un titre de plus.

— Lequel?

— Celui d'époux.

— Êtes-vous fou? s'écria la jeune fille. Non, non, jamais!

— Ne me trouvez-vous pas digne de vous.

— Grand Dieu! où pourrais-je donc rencontrer un cœur plus noble, une âme plus grande, un esprit plus élevé! Mais ne savez-vous pas que déjà, depuis hier au soir, votre nom accolé au mien fait les frais d'une chanson que l'on va chanter dans les rues? que vous ne pourrez faire un pas sans que ce refrain vienne vous assaillir? Ne savez-vous pas que votre père en mourra de douleur? Ne savez-vous pas que vos compatriotes vont vous maudire? que demain, ce soir, dans une heure peut-être, quelqu'un d'entre eux viendra vous demander raison de l'outrage que vous faites *à votre couleur?* Et vous voulez que moi je consente à vous entraîner dans l'abîme! Oh! je vous attendais ce matin, mais c'était pour vous dire de sang-froid, avec le calme de la raison : « Séparons-nous, Armand; ne nous revoyons jamais! Laissez-moi subir l'humiliation de ma condition, reprenez votre rang, rentrez dans le sein de votre caste. Trop de dangers pour vous, trop de malheurs pour moi nous éloignent l'un de l'autre... Adieu!... »

Armand arrêta Méala par le bras, et la forçant à se rasseoir :

— Méala, dit-il, hier au soir, en vous quittant, j'ai fait ployer sous le poids de la honte le front de mademoiselle Rabilhac. J'ai, ce matin, essuyé tous les amers reproches de mon père. J'ai cru en effet entendre le long du chemin un chant vague qui frappait mon oreille; je suis prêt à accepter le défi que m'apportera celui de mes compatriotes qui se croira outragé. Vous le voyez donc bien, les dangers que vous redoutez pour moi sont déjà venus et ne m'effrayent pas. Méala, ce n'est point seulement parce que je ressens pour vous, pour votre beauté, pour votre intelligence, un amour sincère et profond, mais c'est aussi parce que je veux venger une injustice qui m'indigne: c'est donc à moi de le faire, puisque personne. pas même celui qui vous a jetée dans ce monde, ne se lèvera pour dire à cette société si orgueilleuse de ses quartiers de noblesse : « Cette femme est grande par le cœur, grande par l'intelligence, grande par l'esprit, grande par la vertu et par l'honnêteté; elle est bien au moins l'égale de cette autre que vous respectez et honorez parce qu'elle a la peau blanche, bien qu'elle ne lui soit supérieure ni par la noblesse du sang ni par l'origine, bien qu'elle lui soit inférieure par l'âme et par les sentiments. » Oh! je sais à quoi je m'expose à venir braver ainsi en face des préjugés plus forts que les siècles, plus forts que les hommes! Tout le monde n'aurait pas ce courage ou cette imprudence; et, si je ne vous avais pas trouvée, vous, si digne d'être la rivale de qui que ce soit, mêlée à cette tempête et luttant contre une injure faite à votre cœur, peut-être aurais-je courbé la tête et gémi en silence; mais aujourd'hui je lève le front. Et quiconque osera franchir le seuil de cette porte sans s'humilier devant vous avec respect, celui-là payera cher cet outrage. Vous voyez, Méala, que ma résolution est bien prise, que je ne veux plus reculer. Parlez, prononcez-vous; si vous me croyez digne de vous, j'attendrai le bonheur d'un mot de votre bouche.

— Armand, répondit la jeune fille écrasée d'émotions, je vous le répète, je ne sache aucun homme en ce monde dans les mains duquel je mettrais ma destinée avec plus de confiance et d'orgueil que dans les vôtres. Mais, je vous le demande en grâce, vivez quelque temps d'abord dans cette société, défiez-vous d'un entraînement fatal peut-être...

— Vous exigez une épreuve, Méala? Trois mois vous suffiscnt-ils? Pendant ce délai, je vais réaliser la succession de ma mère, et nous partirons ensemble pour la France.

— Soit, Armand; mais jusque-là, au nom du ciel, pour vous, moins encore que pour moi, ne nous revoyons pas...

— Méala, je saurai ce que j'ai à faire. Adieu!

Quelques jours après, Armand, qui n'avait pas été long

temps à s'apercevoir de la froideur dont ses amis l'accablaient, se trouvait au milieu d'eux, discutant chaleureusement contre l'absurdité des préjugés, lorsque, la conversation changeant de cours, le nom de Méala fut prononcé avec celui d'autres femmes indignes de lui faire escorte.

— Messieurs, respect à ce nom, je vous prie! En le prononçant, vous touchez aux fibres de mon cœur!

— Parbleu! s'écria de Châlons, le nom d'une fille de couleur, votre maîtresse, est-il déshonoré de se trouver en compagnie des noms de nos maîtresses?

— Monsieur de Châlons, répliqua Armand, je vous somme de rétracter ces paroles.

— Vous voulez dire que vous désirez m'entendre les répéter?

— Je vous comprends, Monsieur; je vous comprends tous, Messieurs, vous qui n'intervenez pas dans cette discussion; c'est une provocation que vous cherchez...

— Mes témoins, les voici, répondit de Châlons en désignant deux jeunes créoles.

— Les miens, je ne les choisirai point parmi vous, Messieurs, car je ne vois, de votre part, aucune sympathie pour ma cause.

Tous les assistants restèrent muets, ce qui est rare en pareille circonstance aux colonies, et ce qui était bien significatif ici.

— Mais, reprit Armand, je saurai où en trouver.

Le lendemain, en effet, deux jeunes hommes de couleur, l'un magistrat, l'autre officier d'artillerie en congé à la Martinique, l'un et l'autre dignes d'occuper un rang honorable dans le monde colonial, mais rejetés à cause de leur couleur au ban de la société, furent chargés de régler les conditions de la rencontre. Quelque répugnance qu'éprouvassent les témoins de de Châlons à se trouver en contact avec ces deux hommes, il fallut bien en passer par là.

La veille du jour fixé pour la rencontre, une scène trop caractéristique des mœurs créoles se passa chez Armand, pour que je néglige de la rapporter. Vers minuit, son domestique vint lui dire qu'une vieille négresse désirait lui parler.

Cette femme était Nanette, la servante de Méala.

En entrant dans la chambre d'Armand, elle se jeta d'abord aux pieds du jeune homme et lui baisa les mains avec effusion.

— As-tu quelque message de Méala pour moi ?

— Oui, maître, ceci, répondit Nanette en lui remettant une lettre et une chaîne d'or à laquelle était attachée une petite croix.

La lettre était courte, mais tout le cœur de la jeune fille y avait débordé. Elle lui annonçait que cette chaîne, elle la portait en bracelet le jour où elle avait vu Armand, à Paris, pour la première fois. Armand baisa ce bijou et le plaça sur son cœur.

— Avez-vous pris vos précautions, maître, avant d'aller vous battre? demanda la vieille négresse.

— Quelles précautions, Nanette?

— Avez-vous un *quimboix?*

— Qu'est-ce que cela?

— Tenez, en voici un. J'ai été le chercher ce matin au Prêcheur, chez une sorcière, et je l'ai fait bénir par la sainte Vierge. Mettez-le sur votre corps, il vous préservera.

Ce *quimboix*, ou amulette, était tout simplement une graine du pays ramollie par un long séjour dans l'huile, et dans laquelle on avait enfoncé des têtes de clous en forme de croix. Les nègres ont la conviction sincère que ces *quimboix* garantissent de toute atteinte. J'en ai vu qui bravaient les dangers les plus terribles, assurés d'être gardés par cette protection surhumaine.

— Mon *quimboix,* répondit Armand, le voici.

Et il montra la croix et la chaîne d'or que lui avait envoyées Méala, qui, avec la superstition de l'amour, avait eu confiance aussi dans cet amulette.

Mais Nanette fit tant d'instances, en pleurant et en se roulant suppliante aux pieds d'Armand, qu'il dut lui promettre de se munir de son *quimboix.* Nanette partit en emportant une lettre pour Méala. C'étaient les dernières volontés et les dernières pensées de Puisgourdain.

L'heure du duel avait sonné. Ce duel ressembla à tous ceux qui, trop souvent, ont ensanglanté le sol de nos colonies. Les deux adversaires arrivèrent sur le terrain escortés d'une foule de curieux; des enfants, des femmes même s'y trouvaient. Cette rencontre pouvait avoir des suites fâcheuses et prendre les proportions d'une guerre civile; car cette fois les gens de couleur, reconnaissants envers Armand d'avoir pris la défense d'une femme de leur caste et d'avoir osé choisir ses deux témoins parmi les leurs, en faisaient presque une affaire politique. Ils étaient nombreux sur le terrain, et beaucoup d'entre eux étaient armés. Les résultats de la révolution de Juillet en France avaient jeté une certaine effervescence là-bas; et les partis y étaient en combustion. On n'attendait qu'une étincelle pour que l'incendie éclatât.

Les deux adversaires furent placés à vingt pas, armés chacun d'un fusil de chasse à deux coups. Ils étaient dos à dos, et, au commandement de feu, ils se retournèrent et lâchèrent la double détente de l'arme. Les quatre coups retentirent presque en même temps. Braves comme le sont tous les créoles, ils attendaient, debout, calmes, immobiles, que la fumée, en s'envolant, leur permît de voir le résultat. Les témoins s'étaient rapprochés. Les deux balles de M. de Châlons avaient traversé le chapeau de Puisgourdain; et de celles d'Armand, l'une avait coupé la manche de la chemise de son adversaire.

En France, les témoins eussent déclaré, sans doute, que l'honneur était satisfait. Mais aux colonies on est plus difficile que cela : on ne vient jamais inutilement sur le terrain. On ne se bat point pour percer des chapeaux et brûler des chemises, disent les créoles. Les témoins présentèrent à chacun des adversaires deux pistolets, leurs propres armes. On rapprocha la distance de cinq pas; deux coups de feu partirent en même temps et les deux autres se suivirent de très-près. M. de Châlons avait reçu une balle en pleine poitrine. Cinq minutes après il expirait entre les bras de ses amis.

Sorti vainqueur de ce malheureux combat, Armand se rendit immédiatement chez Méala; il trouva la maison close. Une voisine lui apprit que, dans la nuit, Méala était partie sans dire où elle allait, mais qu'on la soupçonnait de s'être dirigée sur le Fort-Royal. En arrivant chez lui, Armand trouva une lettre de la jeune fille annonçant sa résolution de rester séparée de lui pendant les trois mois d'épreuves qu'il avait lui-même fixés.

« Que vous succombiez dans ce duel ou en sortiez vainqueur, disait la lettre, je ne puis plus, mon ami, reparaître à Saint-Pierre où un triste sort me serait réservé. Nous nous retrouverons donc en France ou au ciel. »

La première pensée d'Armand, en lisant cette lettre,

avait été une pensée de rage et de désespoir, et il s'était écrié :

— Méala ne m'aime pas sincèrement! Il me semble qu'il eût été doux et beau pour elle de me recevoir vainqueur ou de me fermer les yeux. Allons! je dévoue ma vie à une cause où je ne trouverai pas même la récompense qui me serait due.

Armand partit alors pour le Prêcheur, où son père s'était retiré sur une de ses habitations. Il savait à l'avance la réception qui l'attendait. Ce n'était que par un dernier témoignage de respect, dont il voulait avoir la conscience, qu'il allait annoncer à M. de Puisgourdain que son fils était vivant.

— J'aurais mieux aimé vous savoir mort, lui avait répondu le vieux créole avec un stoïcisme de Spartiate, plutôt que déshonoré.

— Vous devez être satisfait, mon père, répliqua Armand, qui avait bien compris le double sens de la phrase; je suis vivant et j'ai fait mon devoir en homme de cœur et en créole, j'espère.

— Le déshonneur n'est point où vous voudriez le placer ici; vous êtes déshonoré, Armand, parce que vous vous êtes battu pour une fille de couleur.

— Je me suis battu pour l'honneur d'une femme outragée, mon père, sans distinguer à quelle caste elle appartient.

— Et vous n'avez pas eu honte de vous associer pour témoins deux hommes de couleur!

— Je n'aurais pas trouvé de temoins parmi les hommes de ma caste, puisqu'à leurs yeux ma cause était méprisable; et j'ai choisi deux hommes de cœur et de courage...

— Allons donc!

— Vous oubliez, Monsieur, que l'un d'eux suit la même carrière que vous, et l'autre celle que suivait votre père.

— Maintenant, Armand, vous comprenez que ce pays n'est plus habitable pour vous, et je n'y peux rester, moi qui tiens à y mourir, qu'à la condition que je romprai avec vous d'une manière éclatante.

— Mon père, vous mettez votre orgueil au-dessus de vos sentiments.

— Mon nom était pur et sans tache ; vous l'avez souillé. Je veux sauver mon nom, voilà tout.

— Je ne compte rester ici que le temps strictement nécessaire pour régler mes affaires ; après quoi je retournerai en France.

— Soit !

Cette réponse brève du vieillard coupa court à la conversation ; Armand salua son père et sortit.

Par convenance, il resta trois jours retiré sur l'autre habitation que M. de Puisgourdain possédait au Prêcheur. C'est de là qu'il revenait, lorsqu'au commencement de ce récit nous l'avons vu traverser la ville de Saint-Pierre.

IV

De graves événements s'étaient préparés dans l'ombre pendant ces trois jours ; et le duel entre Armand et de Châlons n'y était pas précisément étranger, ou du moins en avait hâté le dénoûment.

Les hommes de couleurs, admis récemment à la jouissance des droits civils dont ils avaient été jusqu'alors privés, ne trouvaient pas que la révolution de Juillet eût assez fait pour eux. Comme tous les partis qu'une première victoire alléche, ils réclamaient plus encore; ils réclamaient tout ce qu'ils avaient espéré, tout ce qu'ils avaient rêvé peut-être. Une insurrection était prête; elle éclata. Je ne veux point raconter ici ce dramatique épisode. Je n'en parle que pour le besoin de la cause de mon héros.

A l'heure où les premiers coups de feu éclatèrent dans la ville, Armand vit sa maison envahie par quelques-uns des principaux meneurs du parti qui venaient nettement lui offrir de se mettre à la tête de l'insurrection. Il tenta des efforts surhumains et fit des prodiges d'éloquence pour ramener ces hommes au calme, représentant l'avenir ouvert à leurs espérances, à leurs droits; leur démontrant la victoire assurée aux blancs et la perte indéfinie de cette première conquête que la révolution avait donnée aux gens de couleur. Durant deux heures, il lutta vainement contre leur exaltation. Sa maison ayant été signalée aussitôt comme étant le quartier général des principaux chefs, qu'on y avait vus tour à tour entrer, et les opinions qu'il avait affichées depuis son arrivée dans le pays ayant soulevé l'indignation des blancs, Armand vit bientôt la maison cernée par une compagnie des dragons de la milice et par la troupe.

Les hommes de couleur qui s'y trouvaient prisonniers songèrent à livrer un combat désespéré pendant lequel Armand, les bras croisés, impassible et calme, attendait qu'une balle de la rue vînt le frapper.

Le combat ne pouvait être long; les portes furent enfoncées rapidement, et, pendant que les envahisseurs faisaient irruption dans la maison, une jeune fille haletante, les cheveux en désordre, se précipitait au milieu d'eux, appelant Armand d'une voix lamentable. A ces cris qui déchirèrent son cœur, Armand s'élança. Au moment où Méala (car c'était elle) se jetait dans ses bras, un coup de feu atteignit le jeune créole à la tête. Il tomba ensanglanté.

— Ils l'ont tué! ils l'ont tué, les lâches! s'écria Méala.

Quand l'officier de la milice se présenta dans la pièce où gisait Armand tenant pressée sur sa poitrine la tête de Méala éplorée, le mourant se souleva péniblement et d'une voix encore pleine d'autorité :

— Monsieur, dit-il à l'officier, écoutez le serment que je fais avant de descendre dans la tombe : Je jure que cette jeune fille est un ange de bonté et de vertu... et...

Le sang l'étouffa, il poussa un cri guttural, ses membres se roidirent, il expira.

. . . .

Trois semaines après, une femme vêtue d'habits de deuil était agenouillée sur la pierre d'une tombe et priait saintement. Cette femme était Méala ; cette tombe était celle d'Armand de Puisgourdain.

Il commençait à faire nuit ; le cimetière était désert. Tout à coup cependant des pas furtifs et légers se firent entendre dans une allée, une jeune fille s'avança sur la pointe du pied jusqu'auprès de Méala et lui frappa sur l'épaule.

— Christine! s'écria la femme de couleur en se retournant.

— Oui, moi, qui viens te dire, Méala, que dans deux jours j'épouse un capitaine de frégate et que je pars le lendemain pour la France. Toi, tu restes ici, tu pourras prier sur cette pierre, prie pour nous deux! Et devant cette tombe, je te demande grâce, Méala! Ce n'est point moi qui suis coupable, ce sont les préjugés de la société. Tiens, voici ma main... la veux-tu?

— Voici mes bras ouverts, Christine...

Les deux jeunes filles s'embrassèrent en pleurant. Mais la voix de Rabillac s'étant fait entendre non loin de là, Christine se détacha de cette étreinte et s'enfuit, en envoyant de la main un cordial et tendre adieu à Méala, qui s'agenouilla de nouveau sur la tombe et reprit sa prière.

V

LES POSTILLONS D'ÉBÈNE, LES SERENOS

ET LES FLEUVES DE DIAMANTS

I

L'indolence, si familière et si chère aux femmes créoles de toutes les îles, est exagérée à l'excès par les Espagnoles de la Havane, au point de perdre de son charme. On ne peut s'en faire une idée.

C'est à peine si, avant quatre heures de l'après-midi, une Havanaise a daigné faire dix pas dans sa maison. Paresseusement arrondie, comme une chatte qui ronfle, dans un de ces fauteuils à bascule que, dans le pays, on nomme *berceuse*, ou couchée sur une natte, à peine vêtue, mais toujours soigneusement coiffée, avec des fleurs dans ses cheveux, pieds et jambes nus, elle rêve... à tout ce que peut rêver une femme oisive, pour qui la moindre occupation serait un supplice.

Le soir seulement elle s'habille avec un luxe inouï et se blottit dans un de ces fauteuils dont je viens de parler, et qu'elle fait traîner sur une fenêtre grillée en forme de rotonde qui lui sert de balcon. De là, elle regarde circuler les passants ; et comme les salons sont au niveau de la rue, elle arrête les *cavaliers* et cause avec eux. C'est ainsi même que les amoureux se font la cour en pleine *calle*. Chose étrange ! ces femmes, si élégamment vêtues que vous les croiriez toujours prêtes à partir pour le bal, ne sont jamais chaussées dans leur intérieur. Le soulier trop étroit est un genre de supplice que les Parisiennes s'infligent quelquefois; mais elles ont le courage au moins de le supporter. Les Havanaises l'ont exagéré bien mal à propos; car elles ont des pieds charmants, en vraies Espagnoles qu'elles sont. Aussi ne marchent-elles jamais ailleurs que sur les nattes de leurs appartements, et, comme je l'ai dit, c'est toujours pieds nus dans le jour, ou en pantoufles, tout au plus, l'après-midi. En aucun temps, en aucune saison, on ne rencontre une Havanaise dans les rues, si ce n'est en voiture. Ceci est littéral, aucune femme qui se respecte ne sort à pied.

C'est le contraire à Porto-Rico, où les femmes courent volontiers par les rues, voilées simplement d'une mantille ou d'une cape noire.

La Havanaise se chausse pour aller en voiture, mais c'est uniquement afin de pouvoir décemment poser sur le bord de sa *volante* son petit pied serré dans un étroit soulier de prunelle. Et qui pourrait, adroitement ou par hasard, scruter sous le pli tombant du bas de la robe, verrait, à plus d'un pied, ce soulier écrasé sous le talon et renversé en pantoufle. Aussi une Havanaise ne descend-elle jamais de sa *volante*. Si elle s'arrête devant un magasin de modes ou de nouveautés (et c'est là le but de toutes ses sorties), elle se fait apporter dans sa voiture les étoffes et les chiffons qu'elle veut choisir.

Si le soir elle se rend au café de la *Dominicaine* pour y prendre des glaces ou des sorbets, elle se fait servir dans sa voiture; et, rentrée chez elle, son premier soin, à la porte même de la maison, est de retirer bien vite ce malencontreux soulier qu'elle lance au bout de l'appartement. Cela fait, elle court se blottir dans sa *berceuse.*

La dépense des Havanaises pour leurs toilettes atteint à un chiffre énorme; elles n'ont à cet égard aucune idée d'économie. Elles sont esclaves des modes parisiennes particulièrement, et l'on pourrait à ce sujet raconter de fort plaisantes anecdotes. Rarement elles portent d'autre coiffure que l'écharpe de dentelle noire ou blanche, au théâtre, à l'église, sur la promenade de la Reine, qui est le *Bois de Boulogne* de la Havane, et où l'on compte les *volantes* par milliers, le soir, après le coucher du soleil.

Les *volantes* jouent un rôle si important dans la molle paresse des Havanaises, que je ne crois pas sans intérêt de vous dire quelques mots de ces voitures dont elles font un usage immodéré.

La bizarrerie de leur construction, le luxe de leurs ornements, le costume de ceux qui les conduisent et la façon dont ils sont conduits, font de ces véhicules un objet original et qui mérite bien un peu d'attention.

A première vue, rien de plus disgracieux qu'une *volante.* Vous allez en juger.

Figurez-vous d'abord un de nos cabriolets posé au centre de deux brancards droits, démesurément longs; deux roues d'une circonférence énorme, rejetées tout à fait à l'arrière, et dépassant de quelques pouces la capote du cabriolet; un cheval attelé à l'extrémité des brancards, et paraissant traîner tout autre chose que ce singulier équipage, dont toutes les parties semblent complétement étrangères les unes aux autres. Au moment où la voiture se met en mouvement, on est tenté de croire que le cheval s'en va tout seul, emportant à ses flancs les deux brancards qui y sont attachés, abandonnant, au milieu de la rue, la caisse de la voiture, qui semble, à son tour, s'inquiéter peu des deux roues fonctionnant à l'arrière comme deux pauvres délaissées. Du cheval au centre de l'équipage, il existe bien un espace de cinq à six pieds, et la distance est à peu près la même de l'arrière du cabriolet aux roues.

L'avantage que présente ce mode de construction est de deux sortes : d'abord, à cause de la dimension des roues, la voiture ne peut pas verser; en second lieu, si le cheval vient à s'abattre, la longueur des brancards portant à terre produit une inclinaison à peine sensible, et dont ne s'aperçoivent pas ceux qui sont assis au fond de la *volante*, où deux personnes prennent place, et quelquefois une troisième sur l'avant.

Ces voitures sont fort bien suspendues et très-moelleuses : on y est littéralement bercé. Les Havanaises ne pouvaient rien inventer de plus conforme à leurs habitudes. L'indiscrétion qu'elles apportent dans les dépenses de leurs toilettes se retrouve dans le luxe de leurs voitures. Avec les sommes qui se gaspillent seulement dans les ornements extérieurs d'une *volante*, nous pourrions, à Paris, nous procurer une demi-douzaine de belles et riches calèches.

On verra tout à l'heure pourquoi ce luxe.

Le marchepied de la *volante* est souvent en argent massif, en or ou en vermeil; les ressorts de la capote sont de même métal; et partout où il est possible, sur la caisse, sur le cuir, sur les harnais, sur les roues, sur les brancards, d'incruster de l'argent, de l'or ou du vermeil, on y en sème à profusion. Le cheval est littéralement chamarré, et porte généralement au poitrail, suspendu à la martingrale, un écusson de métal richement sculpté de la largeur de la main.

On entend venir de loin une *volante* au bruit de la gourmette du cheval. Cette gourmette, très-lâche, va, dans ses balancements, frapper contre le prolongement du mors, et produit ainsi un son pur qui ressemble au tintement d'une clochette. C'est une coquetterie de métier de la part du postillon que de savoir imprimer à la tête de sa monture un mouvement assez prononcé pour entretenir toujours ce balancement de la gourmette et son choc contre le mors.

Une voiture est pour les Havanaises un meuble, j'oserai dire un bijou. En effet, avant d'atteler la *volante*, ou après qu'elle est rentrée de ses courses, et qu'on l'a nettoyée avec un soin extrême, où la trouve-t-on ? Dans le salon, y occupant une place énorme.

Quand elle monte une maison, le premier objet dont une femme se préoccupe, c'est une *volante*, qu'elle achète presque en même temps que le lit dont elle a besoin pour se coucher, bien avant le canapé ou les *berceuses* dont elle ornera son salon. Jugez si elle y attache de l'importance pour lui accorder cette préférence !

Là où nos Parisiennes s'évertuent à mettre des chinoiseries, des porcelaines, des tasses imperceptibles, les Havanaises font traîner tout doucement une voiture ruisselante d'or et d'argent. Qu'on ait ou non la fortune nécessaire pour soutenir un train de chevaux, de domestiques, etc., on achète d'abord la *volante*, on la place dans le salon comme meuble de luxe, et puis, si on a besoin de sortir, on monte en voiture de louage.

Mais, comme les Havanaises sont possédées du démon de l'orgueil et de la vanité à un degré extrême, il s'ensuit que celles qui ne sont pas en position de se montrer dans leur propre équipage sur la PROMENADE DE LA REINE, préfèrent rester chez elles et ne jamais sortir; comme, d'une autre part, la paresse est l'essence de leur vie, cette séquestration ne leur coûte guère. Il leur reste la satisfaction de posséder une *volante* dans leur salon. Il y a des femmes à la Havane qui ne franchissent pas le seuil de leur maison deux fois l'an, si ce n'est peut-être pour aller à l'église. Nous les y retrouverons tout à l'heure.

Je ne puis pas parler des voitures de la Havane sans dire quelques mots des postillons qui les conduisent, car ce n'est pas le côté le moins pittoresque de l'équipage. D'abord, la *volante* n'est jamais attelée que d'un seul cheval; je ne crois pas avoir rencontré dans la ville plus de deux voitures qui fussent attelées en double, c'était une innovation.

Le postillon donc, monté en selle, est toujours un nègre; autant que possible, du noir le plus beau. Il porte une veste ronde, flottante sur les reins, ouverte devant, et brodée sur toutes les coutures; le collet, les parements, les passe-poils sont autant de galons d'or. Sa tête crépue est ornée d'un petit chapeau de feutre noir, relevé des bords, et entouré d'un cordon d'or au bout duquel pendent deux glands; quelquefois, le chapeau est remplacé par une casquette. Ce nègre est toujours ganté de noir, et tient à la main un fouet court, au manche ciselé. De longues guêtres en cuir noir verni lui descendent du milieu de la cuisse au cou-de-pied, sur lequel elles s'échancrent pour laisser voir la peau, qui rivalise de couleur avec le cuir. Le pied est chaussé d'un soulier fin sans talon, et auquel est noué un éperon court aux mollettes aiguës. Ces guêtres, s'ouvrant un peu en entonnoir au-dessus du genou, sont serrées le long de la jambe sur le côté extérieur par des boucles en argent, en or ou en vermeil, selon la qualité du métal dont sont faits les ornements de la voiture et du harnais.

Quand vous mettez le pied dans une voiture, à la Havane, il faut bien vous pénétrer d'une chose : c'est que si le postillon guide le cheval, vous, vous devez guider le postillon, qui fait profession de ne point connaître les rues de la ville. Ce n'est pas un parti pris de sa part, c'est la conséquence de l'usage adopté dans le pays, et de l'indolence naturelle au caractère du nègre ; il a profité de ce que cet usage avait de commode pour s'épargner la peine de réfléchir et de fatiguer son attention.

C'est donc vous qui conduisez le postillon, à l'aide de ces trois mots que vous lui criez du fond de la voiture :

— A DROITE !

— A GAUCHE !

— ARRÊTE !

Et lui, les traduit à sa monture à coups de fouet, à coups d'éperon ou par une vigoureuse secousse imprimée aux rênes. Je dis vigoureuse, parce qu'ordinairement on lui crie *arrête!* dans un moment inattendu ; et il faut bien qu'il fasse halte au commandement, alors même que la voiture est lancée à toute vitesse.

Quand vous montez en *volante,* le conducteur du cheval ne sait pas où il va, ou plutôt où vous allez. Dans quelque direction qu'il soit tourné, si vous ne lui donnez aucun ordre, il galopera en avant, jusqu'à ce que vous lui criiez *à droite* ou *à gauche.* Parti dans l'une de ces directions, il galopera encore tout droit jusqu'à ce que vous lui adressiez un nouveau commandement. A quoi bon alors qu'il s'inquiète de connaître les rues? Mais ce qui m'étonne, c'est que les Havanaises, si habiles à s'éviter tout souci, tout travail, toute préoccupation, se soient réservé cet ennui de se condamner à une continuelle attention, au lieu de le laisser aux postillons.

Serait-ce qu'elles ont été vaincues dans cette lutte de paresse par les nègres ?

J'avais bien été averti de cette nécessité qu'il y a pour l'étranger de connaître la ville de la Havane avant d'y être jamais venu ; mon embarras était donc extrême ; car je n'étais pas plus initié aux mystères des rues que n'importe quel postillon. Aussi évitai-je, à moins d'être accompagné, de monter en voiture.

Une fois cependant je dus le faire ; je pris bien mes précautions ; mais elles furent absolument inutiles, comme vous allez voir. Avant de m'asseoir dans la *volante*, j'expliquai bien au postillon que je me rendais à dîner chez le consul général de France.

— Sais-tu où demeure ce fonctionnaire ? lui demandai-je.

— Non, seigneur.

Il n'y avait rien d'étonnant à cela.

— Eh bien, lui dis-je, le consul de France demeure dans *la Calle del Inquisidor ;* sais-tu où est *la Calle del Inquisidor ?*

Le nègre leva au ciel ses grands yeux jaunes, parut réfléchir un moment, et me répondit en enfonçant l'éperon dans le flanc de son cheval :

— Certes, seigneur, je sais bien où cela est.

Au bout de cinq minutes, je commençai à m'apercevoir à certaines maisons, à certains monuments dont je me servais comme d'indices pour reconnaître habituellement mon chemin, je m'aperçus, dis-je, que je devais nécessairement tourner le dos à *la Calle del Inquisidor.* Je criai au postillon de faire halte : il obéit sans même retourner la tête vers moi, et m'arrêta devant la boutique d'un marchand de poissons.

— Où vas-tu donc? lui demandai-je.

— Là où voudra Votre Excellence, me répondit-il.

— Je t'ai dit que j'allais à *la Calle del Inquisidor*.

— N'y sommes-nous pas? fit le postillon avec un admirable sang-froid.

Un honnête passant, à qui je m'adressai, lui expliqua qu'il se trouvait en effet à l'opposé de son but; mon damné postillon fit tourner bride à son cheval et partit au galop tout droit devant lui. Je commençai à m'y reconnaître, je lui criai fort à propos de prendre à gauche; une fois cela fait, je n'étais plus en état que de compliquer ma position. Le nègre allait toujours au grand galop devant lui. J'avisai heureusement un écusson aux armes d'Angleterre : c'était la demeure du consul de cette nation. Je m'adressai au premier visage britannique qui se présenta à moi, en le suppliant, s'il connaissait les rues de la Havane, de me rendre le service éminent de venir s'asseoir à mes côtés et de me faire conduire chez le consul de France.

Si cette ressource m'avait manqué, je courrais encore, à l'heure qu'il est, à travers les rues de la Havane.

Je vous ai dépeint le luxe des *volantes* de bonne maison; mais il faut rendre cette justice aux voitures qui stationnent sur les places, qu'elles ont peu de chose à envier à nos plus mauvais cabriolets de Paris. Cheval et postillon ont leur pareil, pour la maigreur et la malpropreté, dans la rosse et le cocher qui font l'ornement de ces véhicules populaires. Mais au moins nos cochers ont-ils l'avantage de connaître les rues, et sont-ils assez hospitaliers envers les étrangers pour ne point les perdre dans Paris, et ne pas les exposer à manquer un bon dîner!

S'il est une chose qui doit coûter aux femmes de la Havanne, c'est l'accomplissement de leurs devoirs religieux dans les églises; et il faut que leur dévotion soit bien puissante pour qu'elles se résignent à endurer le supplice qui leur y est imposé.

D'abord elles sont obligées de s'habiller; ce n'est pas là ce qui les contrarie, au contraire ; mais elles sont condamnées à se chausser, et il faut bien faire douze ou quinze pas pour se rendre de la voiture dans l'église. Alors on s'aperçoit combien le peu d'habitude qu'elles ont de la marche, et l'affreuse torture du soulier qu'elles s'infligent leur enlève toute grâce dans la tournure et dans la taille ; elles semblent manquer complétement d'équilibre. Une fois entrées dans l'église, le soulier est bientôt écrasé en pantoufle, cela va sans dire ; mais alors commence un autre supplice. Il n'y a dans l'église ni chaises ni bancs, et l'usage rigoureux est que les femmes demeurent agenouillées durant tout le service divin ! Exiger pareille chose de toute femme, c'est demander le difficile; l'imposer à une Havanaise, c'est réclamer l'impossible ! Saurait-on, en effet, attendre rien de semblable de la part de ces nonchalantes et molles créatures habituées aux douceurs de la *berceuse* et de la natte? Aussi l'intérieur d'une église offre-t-il ce spectacle curieux d'une masse de femmes accroupies par terre et affaissées dans l'attitude où l'on représente les victimes d'une écrasante douleur.

II

Si j'ai jamais regretté sincèrement de ne pas savoir manier le crayon au moins médiocrement, c'est bien dans ce moment; car je perds une excellente occasion de vous offrir un croquis vraiment sérieux et original. Je vous eusse dessiné le portrait d'un *sereno* de la Havane, type martial, pittoresque et plein de caractère.

Mais au lieu de perdre du temps et du papier en regrets stériles, je vais essayer de racheter mon tort de ne m'être point fait artiste, ou d'avoir été paresseux dans ma jeunesse.

La première nuit que je passai à la Havane me fut très-désagréable pour plusieurs raisons.

D'abord, en entrant dans la chambre qui m'était destinée, j'y trouvai deux lits dressés; de l'un de ces deux lits, j'entendis une voix inconnue me souhaiter le bonsoir. C'était une voix mâle et quelque peu rauque; et, à travers la gaze de la *moustiquaire* qui enveloppait la couchette étroite et plate, je distinguai une face rouge et velue que je voyais pour la première fois.

J'avais éprouvé la même désagréable surprise à San-Juan de Porto-Rico. Dans les colonies espagnoles, il faut se condamner à partager sa chambre avec un compagnon, qu'il soit ou non de votre choix, qu'il vous plaise ou vous déplaise, que vous le connaissiez ou ne le connaissiez pas. Cette communauté de logement peut exposer à de très-graves inconvénients.

Comme je l'avais fait à Porto-Rico dans un cas pareil, je résolus de ne point fermer les yeux de la nuit, quitte le lendemain à payer un double prix pour avoir, à moi seul, la jouissance de mon appartement.

J'étais harassé par une traversée pénible de neuf jours et de neuf nuits que j'avais passés sur le pont du navire à la belle étoile, et ayant pour tout lit de plumes une simple toile à voile. Le sommeil, auquel je voulais éviter de succomber, me paraissait un danger imminen contre lequel je devais cependant me tenir en garde. Je m'évertuais à imaginer un moyen pour me tenir éveillé ; mes efforts étaient superflus, et je sentais mes yeux s'appesantir, lorsque les quatre-vingts horloges des églises et des couvents qui inondent la ville vinrent à mon secours en se mettant en branle, pour annoncer aux pauvres mortels que le temps avait fait un pas de plus dans l'espace.

Alors commença un vacarme dont on ne peut se faire une idée. Chaque horloge étant munie d'un orchestre complet et formidable, le timbre sonore et vibrant des cloches apporta à mon oreille, des quatre points cardinaux, une succession non interrompue de carillons étourdissants.

Et comme ces orchestres ne sont point parfaitement d'accord entre eux; qu'il n'en est pas deux qui jouent le même air, si je puis m'exprimer ainsi, et que, n'obéissant au bâton de commandement d'aucun chef, ils se dirigent à leur guise, s'ébranlent ou s'arrêtent selon leur caprice, il en résulte une musique des plus discordantes et des plus fantastiques, qui se prolonge indéfiniment.

Au milieu de ce tumulte, et comme pour en compléter la confusion, s'élevaient des voix humaines chantant, sur un ton lent, monotone et grave, une sorte de chanson dont le sens et les paroles se perdaient dans le brouhaha général.

C'étaient les voix des *serenos* annonçant aux habitants endormis l'heure qui venait de sonner.

— Pour peu que cela se renouvelle ainsi à chacune des heures de la nuit, pensai-je, j'ai la certitude à présent de ne pas fermer l'œil jusqu'à demain.

Je fus plus favorisé encore que je ne l'espérais; car, de demi-heure en demi-heure, l'orchestre des horloges et la voix des *serenos* recommençaient leur infernal concert.

Je m'estimais heureux alors d'avoir besoin de ne pas dormir. Mais mon camarade de chambre, qui ne se trouvait peut-être pas dans le même cas que moi, bondit vivement dans son lit, et, en termes fort énergiques, que vous me permettrez de ne pas traduire, il envoya au diable du même coup les *serenos*, les cloches, les couvents, dont elles couronnent le faîte, et ceux qui habitent les couvents.

— Voilà une musique qui ne paraît pas de votre goût? lui dis-je en voyant ses deux yeux braqués sur moi.

— Tiens! ces maudites cloches vous ont éveillé aussi, seigneur cavalier ?

— Elles n'ont pas eu cette peine, répondis-je; j'ai une manie qui m'est particulière, c'est de ne pas dormir la nuit.

— Moi, j'ai la mauvaise habitude de ne pouvoir plus me rendormir une fois éveillé. Cela étant, puisque nous voilà tous deux les yeux ouverts, fumons quelques cigarettes et causons un peu.

Ce que mon homme appelait causer, était tout bonnement prendre à lui seul la parole pour ne la plus quitter. Je la lui laissai pendant une grande heure.

Je serais fâché pour mes lecteurs d'essayer de le suivre dans tous les écarts de son imagination, dans tous les bonds de sa faconde. De sujet en sujet, il arriva à me parler du général Tacon, le régénérateur, ou pour mieux dire le fondateur de la Havane et de l'île de Cuba.

— Au fait, me dit-il, c'est à lui qu'on doit l'organisation des *serenos;* et quoique j'aie maudit tout à l'heure leur insupportable chanson, il faut bien reconnaître que c'est une admirable institution, et qui rend des services éminents à la Havane. Lors de l'arrivée ici du gouverneur Tacon, continua-t-il, la ville était un repaire de brigands et d'assassins. On y volait, on y tuait toute la nuit, en plein jour même.

Plus d'une señora, nonchalamment assise devant son balcon, a vu d'adroits voleurs lui dérober ses bijoux, son écharpe, à la face du soleil et des passants. Pour peu qu'elle fût un peu absorbée dans la contemplation de quelque beau cavalier posté vis-à-vis de la maison, la chose était on ne peut plus aisée.

La nuit, les crimes étaient si fréquents et les coupables si mystérieux, qu'on ne pouvait plus douter qu'ils se trouvassent parmi les *serenos* chargés de la garde de la ville. Tacon, qui était un homme d'énergique résolution, commença par doubler, tripler, quadrupler même le nombre des *serenos*, les arma jusqu'aux dents, puis décréta qu'à partir du jour même, tout *sereno* dans la circonscription des rues duquel un crime, un vol, un assassinat ou un délit quelconque se commettrait, en serait responsable, et que si, dans les vingt-quatre heures, le coupable n'était point découvert, le *sereno* serait pendu.

La mesure produisit son effet.

Comme Tacon ne promettait rien qu'il ne tînt, et ne décrétait aucune ordonnance qui ne s'exécutât, il se trouva que quelques *serenos* servirent d'exemple et furent bien réellement pendus.

La ville se purgea peu à peu, et aujourd'hui vous y êtes en parfaite sécurité. Vous pouvez sillonner les rues de la Havane en tous sens, à quelque heure de la nuit que ce soit, sans crainte de mauvaise rencontre.

A travers les carillons, les vociférations des *serenos* et une multitude d'histoires interminables de mon compagnon de chambre, le soleil arriva. Mon homme s'habilla, prit son petit paquet sous son bras, et, allumant sa cigarette à la mienne :

— Adieu, seigneur cavalier, me dit-il, je repars pour la campagne. Comme je suppose que, ne dormant pas la nuit, vous devez prendre votre revanche pendant le jour, je vous laisse. Bon sommeil!

Je pris en effet ma revanche.

Le soir venu, je me trouvais sur la magnifique place d'Armes, devant le palais de S. E. le gouverneur. Le régiment des *serenos* venait de s'y rassembler pour de là se répandre par brigades dans les divers quartiers de la ville, et enfin s'éparpiller dans les rues. Je fus frappé de l'imposant aspect de ces hommes, presque tous d'une belle stature. Il faisait encore jour; j'entrai à la *Dominicaine*, — magnifique café, ainsi appelé parce qu'il touche à un couvent de dominicains, — et qui est le rendez-vous de toute la *fashion* de la Havane.

Quelques instants après, je me mis en route pour la splendide promenade de la Reine, située dans la nouvelle ville bâtie par Tacon, et qui porte son nom. L'obscurité, si prompte à venir aux Antilles, était complète. Au premier coin de rue que je tournai, je m'arrêtai pour admirer le *sereno* qui se trouvait en faction.

Cet homme se tenait immobile comme une statue, en attendant le coup de neuf heures pour commencer sa ronde. A sa main gauche pendait une lanterne; sa main droite était appuyée sur une longue pique qu'il tenait par le milieu à la longueur du bras; pour armes encore, il avait un sabre-poignard, et à sa ceinture une paire de pistolets. Il portait en bandoulière un manteau gris, roulé par-dessus une veste d'étoffe sombre et boutonnée de haut en bas. Sa tête était couverte d'un large chapeau noir relevé par un bord.

La haute taille du *sereno*, sa belle et mâle figure, son épaisse moustache grise retroussée aux coins de la lèvre, sa longue *royale*, ses cheveux ras, son teint basané, ajoutaient singulièrement au pittoresque de son costume simple et véritablement guerrier.

A chaque coin de rue, j'en trouvai un : à chaque fois, c'était un nouveau sujet d'admiration. Ce qui est vraiment surprenant, c'est l'immobilité complète que ces hommes conservent tant que l'heure de la locomotion n'a pas sonné pour eux. Vous pouvez les examiner pendant un quart d'heure sans apercevoir un seul mouvement, ni dans la tête, ni dans les bras, ni dans les pieds.

La soirée était si belle et si digne du merveilleux climat des colonies, qu'assis au milieu des touffes de fleurs qui parfument la promenade, je m'y oubliai assez avant dans la nuit. Il fallut cependant, quoiqu'à regret, regagner mon logis. La course était longue; j'avais suivi, pour arriver à la promenade de la Reine, le flot des voitures qui s'y rendaient; mais, hélas! il n'en restait plus une seule; je courais donc grand risque de m'égarer en chemin; ce qui ne manqua pas.

C'est alors que j'appris par expérience comme la police est bien et sévèrement faite par les *serenos.*

A peine enfourné dans la première rue, je m'aperçus que je n'étais point dans la bonne route. Mon hésitation, le soin que je mettais à m'orienter sur quelques maisons, les efforts que je faisais pour lire à la lueur des becs de gaz le nom de la rue, attirèrent naturellement l'attention d'un *sereno* qui passait près de moi en ce moment. J'allai bravement à lui pour qu'il m'enseignât mon chemin; mais il ne m'en laissa pas le temps, et me prévint un peu rudement, en me portant la main au collet.

— Que cherchez-vous? me demanda-t-il.

— Mon chemin.

— Qui êtes-vous?

— Un étranger, arrivé seulement d'hier.

— Bien sûr?

— Bien sûr.

— Où est votre passe-port?

— Chez moi.

— Où demeurez-vous?

— Rue de la Havane.

— A quel hôtel?

— Chez M. Duval.

Il me lâcha alors, leva sa lanterne à la hauteur de mon visage, et, après m'avoir examiné :

— Marchez devant moi, me dit-il.

J'entendis distinctement le bruit d'un pistolet qu'il armait. Je n'étais guère rassuré.

Au détour d'une rue, nous rencontrâmes un autre *sereno*. Le premier qui m'avait conduit me remit entre les mains de son camarade, auquel il répéta mot pour mot notre conversation, c'est-à-dire mes réponses, ce qui était l'essentiel. Le second *sereno* me remit entre les mains d'un troisième; celui-ci me confia à un quatrième, toujours se répétant l'un à l'autre les renseignements que j'avais donnés au premier.

Je passai ainsi de *sereno* en *sereno* jusqu'à ce que, me trouvant à l'entrée de ma rue, je voulus remercier poliment mon dernier conducteur et lui éviter la peine de venir jusqu'à ma porte. Il ne tint pas compte de cette attention de ma part, m'accompagna jusqu'à l'hôtel, sonna lui-même, demanda M. Duval, et sur l'assurance donnée par celui-ci que je demeurais réellement chez lui, mon *sereno* me tira un coup de chapeau et se prit à chanter l'heure qui sonnait, car les cloches commençaient à faire entendre leurs carillons.

Ce M. Tacon était, comme vous voyez, un fameux organisateur de police, et les traditions sont restées après lui.

Les *serenos* ne se montrent sensibles et faibles qu'en un seul cas, pour lequel ils transigent volontiers avec la sévérité de la consigne nocturne : c'est quand il s'agit de ces rendez-vous sous les croisées, où les amoureux baisent à travers les barreaux de la fenêtre la main blanche de leurs maîtresses, dérobent à leurs noirs cheveux les fleurs qui en sont la parure perpétuelle, et se livrent à ces doux épanchements de l'âme qui suffisent, pendant un temps, à faire le bonheur ! Les *serenos* veillent sur ces amours forcément innocentes avec le même soin qu'ils gardent la ville. Et plus d'un a vu quelqu'une de ces mains blanches, encore tout émue d'un baiser, lui tendre, à travers les grilles, une bourse bien garnie.

Ah! le silence des *serenos* est bien indispensable, et s'ils voulaient faire des révélations, ils auraient de bien curieux mystères à dévoiler! Mais la discrétion semble être une de leurs vertus : je ne sais s'ils la tiennent également du gouverneur Tacon.

III

Dans un pays où l'on compte les fortunes particulières par millions, où l'on rencontre plus de voitures que de piétons par les rues, où les femmes sont coquettes, dépensières, luxueuses, où l'on aime le plaisir jusqu'à la frénésie, où tout le monde se dit ou se fait gentilhomme, il devait nécessairement y avoir un théâtre : aussi y en a-t-il trois. Mais le plus beau, le plus riche, celui que favorise et patronne le fashion de la Havane, est le théâtre

Tacon, du nom de leur ancien gouverneur, le régénérateur de la société et l'organisateur des *serenos*.

J'eus le courage, le lendemain de mon arrivée, de refuser les avances si amicales et si françaises de notre consul général, M. Mollien, dont je garderai toujours un souvenir plein de reconnaissance, et cela pour accepter une invitation chez un étranger, qui, le soir, devait me conduire au théâtre.

Je me rendis donc au dîner que m'avait offert S. E. le comte de La V..., dîner dont je vous épargne la description ; puis, après le repas, le comte et moi montâmes en *volante*, seuls, laissant la comtesse et sa fille, desquelles je me disposais à prendre congé, à mon grand regret.

— Vous reverrez ces dames, me fit observer le comte, elles nous rejoindront au théâtre.

— Pourquoi ne pas les attendre ? demandai-je.

— A quoi bon ?

— Mais pour avoir l'honneur de les accompagner.

— Ce n'est pas l'usage ici, me répondit le comte.

Pourquoi n'est-ce pas l'usage, me demanderez-vous ? Je vous répondrai que cela vient probablement d'une cause purement matérielle, et qui n'entache en rien la galanterie des Havanais. Cet usage est né de la forme et de l'espèce des voitures dont on se sert à la Havane, et qui ne contiennent pas, ainsi que je vous l'ai dit, plus de deux personnes ; en sorte qu'ordinairement les femmes vont seules en voiture, et les hommes aussi, chacun de leur côté ; on se retrouve ensuite au rendez-vous. C'est là une habitude dispendieuse, en ce qu'elle force nécessairement à avoir plusieurs véhicules ; qu'importe ?

Nous suivîmes au grand trot du postillon la longue rue de l'*Obispo*, qui conduit à l'une des portes de la ville ; nous franchîmes les fortifications, puis arrivâmes dans une magnifique avenue, sorte de boulevards nommés promenade de la Reine. C'est là toute une nouvelle ville, connue sous le nom de quartier Tacon. Tournant à droite, la *volante* du comte de V... se mit à la file des voitures, et quelques instants après nous étions à la porte du théâtre, riche édifice, dont l'extérieur cependant ne répond pas à la beauté de la salle. Une grande grille ouvre sur la promenade, et en la franchissant on se trouve sous de vastes arcades à jour. Là, profusion de marbre, profusion de statues, profusion d'ornements. Le vrai sentiment de l'art n'a pas toujours présidé à cette répartition; mais on est forcé d'y reconnaître un certain air de grandeur, de richesse et d'orgueilleuse exubérance qui, relativement, pourrait peut-être passer pour du goût.

Ces arcades étaient encombrées d'hommes massés en groupes nombreux. Je crus un moment que les portes du théâtre n'étaient pas encore ouvertes, et que nous étions obligés d'attendre là que l'heure eût sonné pour donner entrée à tout ce monde. Je fus bientôt plus surpris encore, en voyant quelques hommes descendre de leur voiture, monter le péristyle, s'enfoncer dans les couloirs de la salle, et disparaître; puis, de temps en temps, quelques-uns de ceux qui attendaient comme nous se détachaient des groupes, et avançaient la tête dans une des directions de la promenade, comme pour épier s'ils n'apercevaient pas venir quelque voiture ou quelque visage de connaissance à travers le nuage de poussière que soulevaient les *volantes* accourant de tous les côtés. Il était évident que tous ces hommes, dont quelques-uns m'avaient été désignés comme les plus riches particuliers de la Havane, avaient leurs loges ou leurs places louées, et qu'ils n'étaient point là pour faire *queue*. Il y avait donc un mystère à éclaircir, ou un *usage* à connaître. Je me hasardai à questionner mon amphitryon.

— On voyage pour s'instruire, comte, dis-je à M. de V..., et, pour s'instruire, il faut se faire expliquer ce qu'on ne comprend pas.

— C'est sagement pensé; mais sur lequel des objets qui nous entourent en ce moment voulez-vous vous instruire? que ne comprenez-vous pas? que faut-il vous expliquer?

— Dites-moi, Excellence, je vous prie, ce que nous faisons ici?

— Parbleu ! nous attendons.

— Je m'en aperçois bien depuis une grande demi-heure que nous y sommes; mais qui ou quoi attendons-nous?

— La comtesse et ma fille.

— Et tous ces messieurs, qu'attendent-ils, eux?

— Des dames aussi : qui sa mère ou sa sœur, qui sa femme ou sa maîtresse.

— Ah! Et ne pourraient-ils attendre aussi bien sur la promenade, où il fait moins chaud qu'ici, ou bien dans leurs loges, où ils auraient au moins des siéges pour s'asseoir?

— Et qui donc offrirait la main à ces dames pour descendre de voiture? qui les conduirait à leurs loges? qui veillerait à ce qu'on ne les insultât pas? si les pères, les fils, les maris ou les amants ne se trouvaient pas à leur poste?

— Si c'est l'usage, seigneur comte, je n'ai rien à répondre. Mais, cependant, cette réflexion, croyez-le bien, ne me touche en rien, car je suis en trop bonne compagnie pour que les heures me paraissent longues; mais, cependant, il me semble que ces messieurs auraient pu renvoyer leurs voitures assez à temps pour que ces dames aient pu être arrivées; j'en aperçois beaucoup d'entre eux qui sont entrés ici au même moment que nous, et...

— Renvoyer leurs voitures! fit le comte de l'air le plus comique du monde. Venez donc...

Puis, après avoir jeté un coup d'œil dans la direction par laquelle devait arriver la *volante* de la comtesse, il me conduisit par le bras, et me fit voir une foule de voitures vides qui se promenaient le long de l'avenue ou qui stationnaient aux abords du théâtre.

— Voilà, me dit-il, les voitures de tous ces messieurs! Renvoyer sa voiture! reprit-il, mais ce serait faire croire qu'on n'en a qu'une seule; on la garde au contraire ici, afin de bien prouver le contraire. Tant qu'il y aura un œil sous ces arcades, les postillons ne s'en iront pas.

— Soit; mais alors pourquoi ces dames se font-elles à ce point attendre? Les vôtres, par exemple, comte, étaient en toilette quand nous sommes partis; qui les empêchait de monter en voiture immédiatement après nous, et d'arriver ici à peu près en même temps?

— Les femmes, mon cher hôte, seraient désolées, en descendant de voiture, de ne pas trouver sous ces voûtes la ville entière de la Havane. Plus elles tardent à venir, plus grande est la foule qui s'accumule ici. En suivant de près leurs maris, ou en arrivant en même temps qu'eux, elles éviteraient cet encombrement que recherche leur coquetterie.

J'avais le mot du mystère et de l'usage!

En effet, peu d'instants s'écoulèrent avant que je visse arrêter une, puis deux, puis trois volantes, d'où descendirent des femmes voilées ou encapuchonnées, juste assez pour qu'on vît ce qu'elles avaient de plus charmant à laisser voir.

Aussitôt qu'arrivait une voiture, deux ou trois hommes se précipitaient au marchepied, offraient leur bras et disparaissaient dans la salle. J'avoue que ce ne fut pas sans une certaine satisfaction que j'aperçus la volante de la comtesse de V...

Nous entrâmes dans la salle, qui est une des plus belles, des plus vastes, des plus riches et des plus élégantes du monde. Le même luxe extérieur s'y trouve reproduit. Luxe de tentures, luxe de tapisseries, luxe de lumières. Les loges, autour desquelles on peut circuler aisément, sont pour ainsi dire suspendues dans la salle; rien qui paraisse les soutenir que de légères colonnettes, qui y ont été ajoutées tout exprès, à l'époque où Fanny Essler vint faire à la Havane et dans l'Amérique une si belle moisson de dollars et d'onces. La foule était si nombreuse, qu'on a fait, à cette époque, des recettes de près de CENT MILLE FRANCS par soirée; et dans l'intérêt de la sûreté publique, on fut obligé d'étayer les loges et les galeries au moyen de petites colonnettes placées à distance, et qui ne déparent pas la magnificence du coup d'œil.

Je vous ai assez dit quelle est la passion des toilettes chez les Havanaises, pour n'avoir pas besoin de répéter que l'aspect de la salle avait quelque chose d'éblouissant.

L'assaut de *volantes* qui venait de se livrer à la porte se continuait, d'une loge à l'autre, à coups de diamants, de dentelles et de fleurs. Il n'est pas possible de chanter, à la Havane, le fameux refrain si connu: *Et toujours la nature embellit la beauté*. Les femmes ne l'admettraient pas!

VI

AMÉRICAINES ET CRÉOLES

I

Il existe aux États-Unis deux races de femmes en présence : les anciennes créoles de la Louisiane d'origine française, et les Américaines proprement dites.

Les premières se montrent dans tout leur lustre à la Nouvelle-Orléans.

Le type n'est plus exactement le même que celui des créoles des Antilles, ou du moins les caractères sont moins indiqués. Autant les unes sont pâles et un peu hâlées, autant les Louisianaises sont fraîches, éclatantes, ont la peau fine, transparente et veloutée ; les pommettes des joues sont moins saillantes ; l'œil, tout aussi beau, est moins abrité sous l'os frontal ; enfin, le galbe du visage est, dans son ensemble, plus correct et plus pur. Mais ce même charme, cette même grâce, cette même exquise élégance se trouvent à un degré égal. Les Louisianaises ont de moins, peut-être, la nonchalance ; mais l'absence de cette paresse de corps leur retire un peu de ces voluptueuses ondulations qui sont la poésie des premières.

Dire que les Louisianaises sont plus exactement belles

que les créoles des Antilles, c'est faire d'elles un éloge pompeux. Il est difficile, en effet, de rencontrer en aucun pays des types de beauté aussi complets qu'à la Nouvelle-Orléans.

Aux charmes du corps, les Louisianaises joignent les grâces de l'esprit. Elles sont passionnées pour le plaisir, les bals, les spectacles; elles cherchent toutes les occasions de briller et de conquérir! Seraient-elles femmes sans cela?

Par leur nature, leur origine toute française, leur éducation particulière, elles forment en Amérique un type à part qui commence à se perdre cependant, par suite de l'envahissement des habitudes et des mœurs exclusivement américaines, et des unions qui se font depuis quelques années entre les deux races.

Il n'existe pas de meilleur moyen de se faire une idée de la société féminine à la Nouvelle-Orléans que d'aller au Théâtre-Français, un soir de représentation fashionable. Le coup d'œil est véritablement splendide.

Mais pour que l'on comprenne mieux l'effet produit par le spectacle de la salle la première fois que j'y assistai, il est important que j'explique la disposition intérieure du théâtre tel qu'il existait à cette époque.

De face et répondant aux stalles d'amphithéâtre de notre Académie de musique, se trouvent deux rangs de loges découvertes. Derrière, un rang de loges fermées et grillées. A droite et à gauche, encore un rang de loges ouvertes; sous l'appui du premier rang des loges d'amphithéâtre et de celles de côté, une galerie circulaire de stalles, et un rang de secondes loges; au-dessus, une seconde galerie; à la base, un parterre et un orchestre. Rien de bien particulier dans cette distribution, si ce n'est ceci, que tous nos théâtres de Paris pourraient envier : entre chaque rang des loges d'amphithéâtre, règne ce que je puis appeler un sentier rendant les abords des places très-faciles; entre les loges fermées et le premier rang de celles d'amphithéâtre, nouveau sentier extrêmement commode; enfin, derrière les loges ouvertes dè côté, un large couloir faisant partie intégrante de la salle, et dans lequel se tiennent debout sur un, deux ou trois rangs, selon que la salle est plus ou moins garnie, les maris, frères ou pères des dames, qui occupent, elles seules, les loges. Du couloir extérieur à la galerie règne, de chaque côté de l'amphithéâtre, un passage qui conduit à toutes les places de face.

Partout donc la circulation est aisée, commode, agréable; l'on ne risque point de déchirer les robes, ni d'écraser les pieds délicats.

Cette disposition heureuse de la salle est on ne peut plus favorable aux femmes, dont la beauté se déploie là dans tout son luxe et dans tout son éclat. Les hommes ont le bon goût dans ce pays de ne point assombrir, par leur voisinage, les gerbes de lumières qui s'échappent de chacune de ces loges. Les hommes s'y introduisent rarement; ils se tiennent dans les couloirs de droite et de gauche, se contentant de servir d'encadrement au splendide tableau dont les plus grands maîtres eussent voulu détacher le moins parfait des visages pour en faire un idéal. Mais les hommes se vengent volontiers pendant les entr'actes de leur abdication, et, grâce aux *voies de communication* si faciles dont j'ai parlé, et qui deviennent alors presque impraticables par l'encombrement, ils vont de place en place porter à chaque loge le tribut de leur admiration.

Comme en France, à la Nouvelle-Orléans on ne ménage pas les bouquets aux artistes, et comme chaque femme, sans exception, a le sien, on peut se faire une idée du déluge de fleurs qui inonde la scène aux jours d'enthousiasme. Je puis citer, à propos de fleurs, une anecdote dont j'ai été témoin, et qui prouve le cas sérieux que les femmes font de ces faveurs à la Nouvelle-Orléans.

Dans la guerre des États-Unis contre les Mexicains, un jeune officier d'une bravoure à toute épreuve, d'une intrépidité digne des temps héroïques, s'était révélé à son pays. Son nom était devenu des plus populaires de l'Amérique : c'était le colonel May. Il avait pour habitude d'aller à la *chasse aux généraux mexicains*, comme nous allons à la chasse aux perdrix. Il partait ordinairement à la tête d'une tentaine d'hommes, intrépides comme lui, comme lui insouciants de la vie, et il est arrivé plusieurs fois que de ces sortes d'expéditions il ne revint que deux personnes : le colonel May et un général mexicain quelconque, celui qui lui tombait sous la main; quant aux trente compagnons, ils restaient sur le terrain.

Le colonel May, pour se reposer de ses fatigues et de ses chasses aux généraux, était venu faire un tour à la Nouvelle-Orléans. Il lui prit un jour fantaisie de passer sa soirée au théâtre, et il s'était assis tranquillement dans une stalle d'orchestre.

Mais il n'y avait pas cinq minutes qu'il prêtait l'oreille aux belles mélodies de *la Lucie*, qu'il commença de s'apercevoir que ses voisins, au lieu d'écouter la musique de Donizetti, chuchotaient à voix basse et le montraient du doigt et des yeux. L'enthousiasme patriotique aux États-Unis est comme une traînée de poudre qui prend feu à la moindre étincelle. Ce n'étaient bientôt plus quatre ou cinq voisins qui chuchotaient ainsi, c'était tout l'orchestre, c'était tout le parterre; l'incendie gagnait les loges.

May s'en effraya, il voulut modestement s'esquiver, son voisin de droite le saisit par un bras, celui de gauche par un autre, celui de derrière lui posa deux larges mains sur les épaules, et le força à se rasseoir.

L'incendie faisait de plus rapides progrès encore. Le nom du jeune colonel, porté sur la flamme de cet enthousiasme, était arrivé jusqu'aux loges, et au moment où le vaillant officier se débattait pour fuir, les dames se levèrent spontanément, penchèrent leurs gracieux corps par-dessus les balustrades, allongèrent leurs bras, et lancèrent à la tête du triomphant colonel tout ce qu'elles avaient de bouquets. Quand ces bouquets furent épuisés, elles agitèrent leurs mouchoirs dans l'air et battirent des mains. L'orchestre, électrisé, abandonna bientôt la partition de Donizetti et entonna le chant patriotique « *Hail Columbia!* » Ce soir-là, il ne resta plus dans une seule main, à une seule ceinture, la plus petite fleur à offrir à la cantatrice favorite.

II

La société de la Nouvelle-Orléans présente un caractère assez particulier, en ce que ce pays ayant successivement appartenu à la France et à l'Espagne, avant de faire partie de l'Union américaine, les mœurs des deux premières nations y ont laissé quelques traces.

En ce qui concerne les femmes particulièrement, ces habitudes traditionnelles ont un côté poétique dont je ne puis m'empêcher de parler.

Entre parenthèse, je vous dirai qu'une des choses qui m'a le plus vivement frappé dans la Louisiane, ce sont les magnifiques forêts de magnoliers, qui font comme une ceinture embaumée à la Nouvelle-Orléans, forêts épaisses et mystérieuses, plantées d'arbres séculaires et gigantesques, dont les cimes portent comme panaches de splendides fleurs, larges comme un chapeau et blanches comme des lis.

Un jour j'errais sur les bords du lac Pontchartrain; mon compagnon de promenade abandonna tout à coup mon bras, courut ramasser un magnifique magnolia gisant sur le sol, et me l'apportant d'un air triomphant :

— Voici, dit-il, une fleur qui va peut-être nous révéler un délicieux secret!

Et il se prit à l'effeuiller en examinant tous les pétales un à un. Il m'initia alors au poétique emploi que les femmes font, quelquefois, de ces pétales pour y graver avec une épingle quelques-unes de ces correspondances mystérieuses que les yeux humains ne doivent pas lire!

Rien, en effet, ne se prête mieux qu'une fleur à ces charmants, mais quelquefois coupables épanchements! Il est si aisé à une femme, en tout temps, en tout lieu, de détacher une épingle de ses cheveux, si naturel de porter un bouquet à la main, si facile de le perdre en chemin, si innocent de ramasser en passant une fleur pour la sauver de la profanation des pieds! Plus de ces billets qu'il est souvent dangereux d'écrire, de conserver, de faire parvenir; plus de crainte de se trahir par ces taches d'encre au doigt que les Bartholos ont l'œil si fin pour découvrir! Dans tous les pays, les fleurs ont une gloire éphémère; à la Nouvelle-Orléans, elles acquièrent ainsi l'immortalité... d'un amour.

En fait de vestiges de mœurs espagnoles, vous retrouvez les sérénades sous les fenêtres; mais elles ont un caractère particulier, à savoir : elles ne sont qu'une galanterie officielle, faite de fiancé à fiancée. Ces sérénades se donnent publiquement, sans mystères; selon la fortune du galant, selon sa générosité, quelquefois selon le degré d'élévation de son amour, les musiciens sont plus ou moins nombreux; quelquefois cela va jusqu'à l'orchestre entier.

C'est une manière d'établir à l'avance la bonne harmonie dans les ménages.

Dans les cérémonies du mariage, on rencontre aussi d'assez bizarres usages; ainsi, le plus souvent, la bénédiction nuptiale se donne dans la maison de l'épousée, sans qu'elle ait besoin de se rendre à l'église. Les garçons et filles d'honneur sont encore en pleine prospérité; mais ce qui sauve la banalité de cette vieille habitude, c'est le nombre de ces privilégiés. On en compte quelquefois jusqu'à dix ou douze couples, qui forment comme une garde sacrée autour des époux. Les visites de noces consistent dans l'envoi à tous les amis des nouveaux conjoints d'une carte de visite, d'un morceau de la jarretière de la mariée, et d'une tranche d'un gâteau spécial composé pour ces sortes de cérémonies.

Les mariés attendent ensuite les visites ou les cartes des personnes à qui ils ont fait ces distributions, et à leur tour se rendent chez celles qui les ont visités.

Le gâteau dont je parlais est assez dur, quoique fort agréable à manger, et il a le privilége de se conserver pendant trois ou quatre années! Est-ce un emblème de la fidélité conjugale et de l'éternité du bonheur? Relativement, cette durée de trois années serait d'un bon augure!

III

Le mélange des races qui se fait aux États-Unis, a produit, pour les autres femmes, un second type très-beau et qui porte un cachet tout particulier.

Ce n'est plus ni la grâce, ni la pureté des lignes des Louisianaises; ce n'est plus ni la froideur compassée des Anglaises, ni la dignité des Hollandaises, mais c'est un ensemble de tout cela.

Au premier abord, une Américaine vous rebutera par son aspect roide et dédaigneux; mais que le hasard ou la bienveillance d'un ami vous mette en rapport avec elle, tout à coup son visage change, ses lèvres s'ouvrent au sourire, sa main se pose dans la vôtre, il y a tout de suite vingt ans que vous vous connaissez!

Les Américains poussent si loin la sévérité de cet usage de la présentation, emprunté aux Anglais, qu'on raconte l'anecdote suivante, qui dépeint réellement le côté exagéré de ces mœurs.

Un homme était tombé dans le Mississipi et se noyait. Un Américain, obéissant à un premier mouvement de générosité, s'apprêtait à le sauver. Déjà il avait retiré son habit et allait s'élancer dans le tourbillon du fleuve, lorsque, se ravisant, il prit son lorgnon, examina le noyé, remit son habit, et avec le calme qui distingue ceux de sa race, il tourna lentement le talon en murmurant ces mots :

— Je ne connais point ce monsieur, il ne m'a pas été présenté!

La façon dont je contractai aux États-Unis une de ces liaisons dont je garderai éternellement un excellent souvenir, fera mieux voir encore à quel point il faut se soumettre à cette tyrannie des *convenances*. J'avais rencontré M. H... à Mobile, au *Mansion-house*, où nous logions tous deux. Sa noble figure, ses traits pleins de bonté, de finesse, d'intelligence, m'avaient fait pressentir en lui un homme au-dessus du vulgaire. Il était placé à côté de moi à table, au premier dîner. Un moment je le soupçonnai d'être Français, et j'allais me hasarder à lui faire des ouvertures, lorsqu'il adressa la parole à son voisin dans l'américain le plus correct et le plus accentué.

Je dis l'*américain*, car, bien que leur langue écrite soit la même que la langue anglaise, dans le parler les Américains ont des nuances de prononciation, et surtout d'accentuation, qui font très-aisément distinguer un Yankee d'un Anglais pur sang.

Je m'abstins donc à l'endroit de mon voisin, de peur de me compromettre. Trois fois par jour, pendant trois jours consécutifs, nous nous trouvâmes côte à côte à table, chambre contre chambre, nous rencontrant continuellement dans les escaliers, au *bar-room* (buvette) de l'hôtel, sans songer ni l'un ni l'autre à nous saluer.

Le quatrième jour, enfin, celui que j'avais fixé pour mon départ de Mobile, à quatre heures de l'après-midi, au moment où les voyageurs de l'hôtel, qui, comme moi, devaient remonter l'Alabama sur le steam-boat *le Selma*, s'apprêtaient à gagner le *warf*, je vis apparaître mon voisin de table et de chambre, en casquette de voyage, le manteau sous le bras et une valise à la main.

— Bon ! me dis-je, nous voilà ensemble sur *le Selma* pour soixante heures, s'il va comme moi jusqu'à Montgommery; du diable si je ne trouve pas moyen de nouer connaissance avec lui.

Vous allez voir jusqu'où je portai le respect des usages,

dans l'unique but de ne point compromettre ma future amitié. J'étais allé, le matin de ce jour, inscrire mon nom sur le registre du steam-boat et prendre un numéro de cabine. Vous n'ignorez pas qu'à bord de tous les bâtiments, les chambres sont à deux lits superposés. Je m'inscrivis pour la chambre n° 176, dont un lit était déjà retenu. Jugez de ma satisfaction, après que tout les passagers se furent embarqués, de retrouver dans mon compagnon de chambre mon futur ami H... Je ne savais ce qu'il pouvait penser de cette persistance du sort à nous rapprocher sans cesse l'un de l'autre; mais mon sentiment à moi fut qu'il n'était pas possible que la fatalité ne s'en mêlât point.

Si j'avais eu affaire à toute autre personne qu'à un Américain, je lui aurais immédiatement tenu ce langage :

— Obéissons aux ordres du Grand-Manitou, qui veut absolument que nous soyons unis l'un à l'autre. Voici ma main, donnez-moi la vôtre, et échangeons un cigare de la Havane. Je me suis aperçu que ceux que vous fumez sont délicieux, les miens sont des *light brown* de qualité supérieure. Nous sommes faits pour nous entendre; que ce soit entre nous à la vie, à la mort!

Deux Français n'eussent pas résisté. Mais ayant affaire à un Américain, je bridai mes désirs.

— Le hasard a tant fait jusqu'à ce moment, pensai-je, qu'il fera aussi naître une circonstance naturelle pour nous rapprocher; rapportons-nous-en au hasard.

Sur les soixante heures que nous avions à demeurer ensemble à bord du *Selma*, quarante-huit se passèrent sans qu'un seul mot fût échangé entre nous. Je surveillais ma future liaison comme une poule couve ses poussins. J'attendais toujours l'occasion.

Nous avions, avant d'arriver à Montgommery, dix

stations à faire. Dix fois nous accostâmes les bords de l'Alabama, la nuit comme le jour, pour déposer ou prendre des passagers et des marchandises. L'aspect intérieur du bateau était donc, comme le spectacle que nous offraient les rives du fleuve, changeant d'instant en instant.

Quant à moi, j'étais préoccupé sérieusement d'une chose, c'était la crainte de voir, à chaque station, M. H... s'enfuir. Ma douleur n'eût été comparable qu'à celle de Calypso lors du départ d'Ulysse.

L'extrémité avant du bateau est la place habituellement occupée par les voyageurs pendant le jour, parce qu'on évite ainsi la chaleur des deux énormes cheminées qui servent aux machines, et puis parce que de là on embrasse complétement le spectacle, toujours inattendu, qui à chaque détour majestueux du fleuve se déroule aux yeux; spectacle magnifique, et qui vous emplit l'âme d'étonnement autant que d'admiration.

Nous allions donc, nous arrêtant de station en station, lorsque enfin, cinq heures avant notre arrivée à Montgommery, nous fîmes une dernière halte à un petit village qui porte un grand nom, celui de Washington. Il n'y a pas un seul État de l'Union qui n'ait une petite ville ou un assemblage de quelques maisons baptisé de ce nom vénéré. Quelle fut ma satisfaction de voir monter à bord un brave et jeune officier de l'armée du Mexique, nommé Steven, que j'avais beaucoup connu à la Nouvelle-Orléans, au retour de sa campagne. Ma joie fut double quand, arrivé dans le grand salon du *Selma*, j'entendis ce même cri, poussé en duo :

— Tiens! c'est vous! Comment vous portez-vous, mon cher ami ?

C'était Steven, d'une part, et H..., de l'autre, qui, à

mes côtés, se serraient la main. Je n'avais donc pas perdu pour attendre! Et le sort continuait son œuvre, en jetant entre H... et moi notre ami Steven comme un trait-d'union. D'un coup d'œil, ce dernier avait compris que ses deux amis ne s'étaient jamais adressé la parole. Il s'empressa de nous présenter l'un à l'autre. Ma main tomba dans celle de H..., qui la serra avec une effusion témoignant de sa part un plaisir égal à celui que j'éprouvais moi-même. Il était facile de voir que nous touchions tous deux à un but désiré.

— Venez prendre quelque chose, dit Steven.

Nous nous dirigeâmes tous les trois vers le *bar-room*, qui ne manque jamais à bord d'aucun steam-boat. Selon l'usage américain, nos trois verres s'entre-choquèrent, et nous aspirâmes lentement un verre de sherry en nous souhaitant bonne santé.

Désormais ce fut une liaison intime entre H... et moi. Nous nous communiquâmes alors le mutuel désir que nous éprouvions de cette liaison; comme moi il avait lutté contre l'envie de m'adresser la parole, depuis le premier jour où nous nous étions rencontrés au *Mansion-house*, à Mobile. Il avait été arrêté par le même scrupule qui m'avait guidé.

— Ah! si j'avais su que vous fussiez Français, me dit-il.

— Et moi, si j'avois pu deviner que vous ne fussiez qu'un cinquième d'Yankee!

Ces paroles avaient été échangées entre nous en langue française, que H... parlait avec une pureté et un accent aussi remarquables que l'américain. Il en était de même de l'allemand, de l'espagnol et de l'italien. Il devait cette étrange facilité à parler avec une égale élégance les cinq langues, à ces circonstances que sa mère était Française, que son père était né en Espagne, d'un père américain; qu'il avait passé les premières années de son enfance aux États-Unis, puis avait fait une partie de son éducation en France, l'autre partie en Allemagne, et qu'il était venu enfin s'établir dans les affaires à Boston, après être demeuré trois années en Italie.

Jugez, lorsqu'on est obligé de pousser si loin le scrupule de cette formalité de l'*introduction*, comme ils disent là-bas, entre hommes, à quel degré elle est tyrannique quand il s'agit des femmes, et comme elle autorise le dédain et l'impertinence apparente de leur part!

Je me souviens, entre autres, qu'à Baltimore, je trouvai, dans une voiture publique, un bracelet d'un très-grand prix. Je le reconnus aussitôt pour l'avoir remarqué au bras d'une jeune miss qui était près de moi; je courus à elle et le lui rapportai. Sans m'adresser un seul remerciement, le moindre salut, elle reprit son bracelet et s'éloigna. Je ne lui avais pas été *présenté*, elle ne me connaissait point; cette circonstance la dispensait de toute obligation à mon égard. Cela était une chose toute naturelle.

IV

L'éducation des femmes, aux États-Unis, est une intéressante chose à observer.

Elle est plus sérieuse, plus solide, plus étendue qu'en aucun pays du monde; en sorte que vous pouvez trouver, dans leur commerce, un attrait plus puissant que celui d'un simple échange de banales paroles. Vous pouvez aborder, avec les plus jeunes d'entre elles, les plus difficiles sujets de conversation; car les jeunes filles, dans ce pays-là, ont l'expérience des femmes de cinquante ans en Europe. Ce n'est pas toujours tant mieux : il s'en faut.

Ne vous y trompez pas, une enfant de quinze ans ne se laissera pas prendre aux piéges que vous lui tendrez si elle ne le veut pas ; elle les connaît aussi bien que vous. Cette expérience, elles l'ont acquise au contact précoce du monde. Ce n'est point chez elles une théorie, c'est une pratique dont elles ont appris les secrets au milieu de l'immense, et trop immense liberté dont elles jouissent.

Quoi de plus ordinaire que de rencontrer, parcourant l'Amérique d'un bout à l'autre, seules, sans appui, sans Mentor, sans conseils que leur propre raison, de jeunes filles charmantes qui se guident, à travers les récifs, avec l'habileté de pilotes consommés, ou bien qui donnent sur ces récifs avec la rouerie de femmes perdues. Une chose garantit celles qui veulent être garanties, et leur permet de tirer profit de tout ce qu'elles voient, entendent et observent, sans trop risquer : c'est le respect profond dont on les entoure.

Comme preuve de cette liberté extrême dont jouissent les femmes en Amérique, je peux citer ce fait qu'un très-grand nombre de jeunes filles, même séparées de leurs familles, adoptent la vie commune d'hôtels, tout comme les hommes.

Il faut savoir d'abord que la vie d'hôtel, en Amérique, est une chose que nous ne comprendrions pas ici. Aux États-Unis, tout ce qui est célibataire se réfugie dans les hôtels et y prend gîte et table.

Les plus riches mêmes adoptent cette existence, comme la plus commode et la plus libre.

Cela vient de ce que, dans ce pays, il n'y a pas, comme à Paris, d'appartements à louer, et que chaque famille occupe sa maison. Or, pour tenir maison, il faut avoir un domestique nombreux, et de plus le surveiller. Les uns, parce qu'ils sont la plus grande partie du jour absents, les autres, pour s'affranchir de toute surveillance, préfèrent se retirer dans les hôtels. Mais, en tout cas, les hommes y ont leur entrée spéciale, leurs salons à eux, un corps de logis particulier; ils mangent à part; enfin leur vie n'est jamais confondue avec celle des femmes qui habitent sous le même toit, et ils sont exposés à ne se jamais rencontrer.

Il y a, pour ainsi dire, deux hôtels dans chaque hôtel.

Cette séparation des sexes aux États-Unis se retrouve dans toutes les conditions de la vie privée. Sur les chemins de fer, les femmes ont des voitures qui leur sont spécialement affectées; à bord des steam-boats, des salons où jamais les hommes ne mettent le pied. Ces consignes sont sévèrement observées, et il n'arrive pas qu'on cherche à jamais les enfreindre, ouvertement du moins.

Avec l'extrême liberté dont jouissent les femmes aux États-Unis et qu'on leur a laissé prendre, il était naturel qu'elles trouvassent, dans les mœurs, une sauvegarde et une protection. Ainsi, l'on voit des jeunes filles remonter seules du Sud jusqu'au Canada, aller passer des saisons entières aux bains, s'absenter pendant plusieurs mois du toit maternel, sans que leurs parents s'inquiètent plus que si elles étaient encore sous leur surveillance.

Une jeune Américaine, que je rencontrai à neuf cents lieues de chez elle, me disait avec une grande assurance : « Vous, Monsieur, ou le premier venu de ceux qui m'entourent, seriez là pour me défendre contre une insulte, si besoin était ! »

Une jeune fille se met en voyage, aux États-Unis. La

mère la conduit jusqu'au steam-boat ou l'embarque sur un chemin de fer. Par un acte de sollicitude, imprudente quelquefois, elle la recommande au premier voyageur un peu *gentleman* qui se trouve là : il est arrivé maintes fois que ces tuteurs improvisés aient poussé le zèle de la mission qui leur était confiée jusqu'à se détourner de leur propre route, jusqu'à poursuivre leur voyage au delà des limites qu'ils avaient fixées.

Dans d'autres cas, ce sont les jeunes filles elles-mêmes qui se choisissent leurs chevaliers protecteurs. Est-il besoin de dire que leur choix est toujours inspiré par une sympathie ou par une préférence qui, par cela même, peut avoir des suites qu'on ne saurait calculer ? Et telle est la liberté dont elles jouissent, même sous le toit maternel, qu'elles y peuvent recevoir toute visite qui leur convient, sans que les parents s'en préoccupent et y assistent. J'ai su qu'une jeune personne n'avait présenté à sa mère un *gentleman* qu'elle avait connu aux eaux de Saratoga, qu'après deux mois de visites assidues de la part de celui-ci, et alors qu'il avait été convenu entre les deux jeunes gens qu'un mariage les unirait. Une autre, la fille d'un avocat distingué de New-York, a, moi présent, accepté d'un de mes amis un souper au sortir d'un bal, sans que le père fût de la partie et sans qu'il fît la moindre objection à ce tête-à-tête.

Cependant vous me demanderiez si je consentirais à élever ma fille à l'américaine, que, même en Amérique, je vous répondrais négativement. Au point de vue des mœurs du pays, ce serait peut-être un préjugé; mais j'en aurais le scrupule, ou le ridicule, s'il le faut, et cela pour plus de raisons que je n'en saurais écrire ici. Car si le corps sort pur de ces luttes quotidiennes, si la raison s'y fortifie pour l'avenir, le cœur y laisse sa chasteté. Et l'Européen, habitué à chercher et à rencontrer dans la jeune fille la candeur, la naïveté, la poétique pudeur des anges, est cruellement désappointé. Mais il faut reconnaître que les femmes américaines sont, en général, des épouses exemplaires. Ardentes aux plaisirs de leur sexe pendant leurs années de liberté, elles deviennent tout à coup d'austères recluses. Aucune des vanités, aucune des illusions, aucun des vices de la société, aucun des périls de la vie ne leur est inconnu ; elles les ont tous affrontés sans crainte, pratiqués quelquefois ; elles en savent les amertumes et les conséquences. Elles se servent de cette expérience pour faire un facile renoncement à tous les futiles amusements du monde.

V

Le trait le plus saillant peut-être que je puisse citer, comme caractérisant la liberté immense dont jouissent les femmes aux États-Unis, est le récit suivant. Il servira en même temps à donner une idée exacte de la cordialité avec laquelle les Américains pratiquent l'hospitalité chez eux.

Ce franc et familier accueil qui vient au-devant du voyageur partout où l'on s'adresse dans le Nouveau-Monde, est une des choses qui frappe le plus vivement et qui tranche d'une manière absolue avec l'égoïsme qu'on a l'habitude de rencontrer de ce côté-ci de l'Atlantique.

A quelque porte du Nouveau-Monde que vous alliez frapper, soit volontairement, soit par hasard, soit sur recommandation, vous êtes assuré de trouver un accueil comme vous pourrait le réserver un père, un frère, un ami de vingt ans. Il y a dans toutes les maisons qui ouvrent leur seuil à un hôte, mille cris de joie soudaine, mille sourires de bienvenue: les yeux, les mains, les lèvres, le remercient, comme s'il apportait avec lui un bonheur prié de longue date, et qu'on désespérait de jamais voir venir prendre au foyer veuf une place déserte.

Depuis le chef de la famille jusqu'aux plus petits enfants, jusqu'aux serviteurs, jusqu'au chien qui garde ses aboiements pour les voleurs de nuit et jamais pour les hôtes, chacun accourt au-devant du nouveau venu.

Au premier moment, on pourrait se croire l'objet d'une erreur; on craint de dérober en quelque sorte à un ami attendu cette joie, ces sourires, ces caresses, et l'on est toujours sur le point de s'excuser et de se retirer, quand on entend le maître ou la maîtresse de la maison vous demander d'une voix aimable :

— Monsieur, à qui avons-nous l'honneur d'offrir l'abri de notre toit, notre table, notre meilleur vin, notre bourse au besoin, et notre dévouement tout entier?

Vous répondez. On ne vous connaît ni d'Ève ni d'Adam ; on vous sourit néanmoins. Il n'y a plus de scrupule à avoir ; c'est bien vous qu'on n'attendait pas, mais qu'on est heureux de voir! A la rigueur, je ne sais pas même pourquoi on vous demande votre nom, si ce n'est pour faciliter la conversation, et donner l'ordre aux domestiques de vous remettre les lettres qui vous arriveraient par la poste.

J'ai été élevé dans cette hospitalité, et je ne sache pas qu'autour de moi une porte soit jamais restée sourde ou se soit fermée à l'appel d'un hôte. Si l'on ne voit pas écrit sur toutes les portes ces mots du vieux conte : *Tournez la bobinette et la chevillette cherra*, c'est qu'on ne veut pas savoir lire.

En Amérique on a payé cher, quelquefois, ces épanchements sans bornes, et les aventuriers n'ont pas manqué pour en abuser.

Plus tard, quand je retournai aux Antilles, dans toutes celles que je parcourus, françaises, anglaises, espagnoles, danoises, aux États-Unis, partout, enfin, je retrouvai avec une joie indicible cette hospitalité de mon enfance. Un peu fait, par suite d'un long séjour en France, aux mœurs, à l'égoïsme, et aux dévouements rétrécis de la vieille Europe, j'avoue qu'aux premiers jours j'éprouvais une certaine contrainte et une gêne involontaire. Des idées de discrétion me traversaient la tête.

Une fois ou deux je ne pus résister au besoin d'en faire part. Quand je touchai cette corde, on me demanda nettement de quoi je me mêlais, en me priant de m'occuper de ce qui me regardait.

— Ne trouvez-vous pas assez abondante la table qui vous est offerte ?

— Excellente !

— Votre lit est-il trop dur ou mal fait ?

— J'y dors comme une marmotte.

— Les domestiques de la maison sont-ils récalcitrants à vos ordres ?

— Au contraire, je n'ai le temps de rien désirer.

— Vous manque-t-il quelque chose ?

— Absolument rien.

— Vous vous plaisez au milieu de nous ?

— J'y passerais ma vie.

— Nos visages à tous vous conviennent ?

— Je ne les ai encore vus qu'éclairés par des sourires.

— Eh bien, alors, que parlez-vous de nous embarrasser? Du moment où tout vous est agréable, restez au milieu de nous tout le temps qui vous conviendra, et permettez-nous de vous remercier du fond du cœur d'avoir bien voulu accepter notre hospitalité.

C'était ainsi que, dans deux ou trois maisons, on avait reçu mes politesses de discrétion. Je ne m'y frottai plus, d'autant moins que de la part de chacun des membres de la famille j'essuyais la même série de reproches. Il n'y fallait plus songer.

Je crus d'abord, sans vouloir cependant rien rabattre de l'élévation de ce sentiment, pouvoir lui trouver sa raison, et, oserai-je le dire, l'excuse de sa prodigalité, dans la monotonie au milieu de laquelle vivent la plupart des familles, et dans les idées presque générales là-bas que l'on y traîne le boulet de l'exil. J'en concluais que l'on était comme consolé d'accueillir un visage, une parole qui rompent l'uniformité du cadre, un visiteur qui vient distraire l'ennui de la prison.

— En abordant, me disais-je, un pays de l'Amérique où la vie est plus en rapport avec celle de l'Europe, où la société est plus large, plus compacte, où l'on retrouve enfin tout ce qui constitue ce qu'on appelle communément le monde, j'aurai le désespoir sans doute de retrouver les mœurs, l'égoïsme et les dévouements polis mais étroits du vieux monde! Eh bien, il n'en a rien été.

A la Havane, ville de plaisirs et de fortune, je rencontrai la même cordialité, les mêmes épanchements, la même hospitalité luxueuse. Et en posant le pied sur le continent américain, je tombai en pleine ressemblance, sous ce rapport, avec les mœurs de nos plus petites et de nos plus désolées Antilles.

Je conclus alors que, décidément, le cachet du Nouveau-Monde était le goût de l'hospitalité, offerte sur la plus vaste échelle; au point que je ne sais pas en vérité à quoi servent à la rigueur les hôtels et les auberges dans ces pays-là!

Aux États-Unis, l'hospitalité, pour être sans doute plus formaliste que dans les colonies, n'en est pas moins sincère, moins complète, moins sérieuse. Elle reflète, plus que dans les Antilles anglaises, le caractère national primitif que les Américains ont exagéré comme pour se faire des mœurs à eux. Dans la partie des États-Unis qui est restée le plus à l'abri du mélange des autres races européennes, l'hospitalité ne s'offre pas tout d'abord de la meilleure grâce au premier venu.

L'Américain tient essentiellement à savoir à qui il a affaire. Il est de glace devant un inconnu. Ce n'est pas son cœur qui est en défaut, c'est sa dignité, — c'est cette formalité de l'introduction qui le tyrannise. Il ne suffit pas toujours que le voyageur lui décline ses nom, prénoms et qualités, pour obtenir un sourire ou une parole de bienveillance excessive.

Mais aussi comme le visage change, comme la main se tend promptement vers l'hôte, comme les sourires viennent à lui dès qu'il a présenté une lettre d'introduction ou qu'un ami lui sert de caution! Cet Américain tout à l'heure si froid, si compassé, cette femme presque impertinente, cette jeune fille si indifférente, cet enfant si inattentif, se transforment tout à coup. C'est un empressement tout cordial, un sourire plein de grâce, une familiarité sans exemple!

J'éprouvai tout d'abord l'hospitalité américaine à la

Nouvelle-Orléans. Je tombais là, il est vrai, en pleine patrie ; je retrouvais des compatriotes, des colons, de ces exilés, comme ils s'appellent, qui gardent avec ses idées et ses mœurs le souvenir de la France absente, bien que l'esprit et les mœurs des Américains aient déteint déjà sur eux. Il n'y avait pas encore entre eux et moi la différence de religion, de langage. Aussi, je puis dire que c'était une joie à n'en plus finir, toutes les fois que je frappais à une porte.

Plus tard, en remontant vers le nord, en entrant dans la partie vraiment américaine de l'Union, j'étais tout étonné de retrouver partout le même accueil, sous les conditions que j'ai déjà dites, à savoir : de présenter une lettre de recommandation ou d'être introduit par un ami. Il n'y avait plus alors la moindre différence entre ce que j'avais déjà vu et ce que je retrouvais.

VI

Le côté bizarre, pour nous autres Français surtout, des mœurs américaines, c'est cette grande liberté laissée aux jeunes filles, sous la tutelle de leur éducation et sous la garantie un peu éventuelle de l'honnêteté du premier venu.

Cette liberté, appliquée à l'exercice de l'hospitalité, si je puis m'exprimer ainsi, a un côté délicat qui ne manque pas d'exciter l'étonnement.

En voici un exemple entre mille :

J'avais rapporté d'Albany une lettre d'introduction pour le major T..., qui habite aux environs de New-York.

Sur le bateau à vapeur descendant l'Hudson, je rencontrai une vieille connaissance à moi. Nous causions sur la dunette supérieure du steam-boat, dans les entr'actes que voulaient bien nous octroyer une troupe de musiciens féroces, composée d'un cornet à piston, d'un guitariste et d'un clarinettiste, embarqués sous prétexte de charmer le voyage. A nos côtés se trouvait une jeune Américaine fort belle, et que j'accusais bien intérieurement d'avoir seize ou dix-sept ans. Dans un de ces entr'actes, que je bénissais toujours, mon voisin me demanda si je comptais demeurer longtemps à New-York.

— Cette fois, lui dis-je, à peine cinq ou six jours.

— Votre visite a un but ?

— Celui de faire connaissance avec un homme qu'on m'a cité comme un des plus intelligents de l'Amérique, et qui me doit fournir de précieux renseignements sur l'objet principal de mon voyage.

— Vous le nommez ?

— Le major T...

A ce nom, la jeune Américaine tourna vivement la tête et me toisa de haut en bas avec une curiosité attentive.

— On ne vous a point trompé, reprit mon ami, c'est en effet l'homme qu'on vous a dépeint. Qui vous recommande à lui ?

Je nommai un des sénateurs les plus distingués et les plus influents de l'Amérique. A ce nouveau nom, la jeune fille me regarda fixement.

— J'ai, repris-je en l'exhibant, une lettre de lui pour le major T...

La jeune fille, indifférente d'abord à notre conversation, puis devenue attentive aux noms du major et du sénateur, s'adressa tout de suite à moi.

— Mon père, me dit-elle, aurait été bien heureux de recevoir un ami de M. ***, mais il est absent.

— Vous êtes la fille du major T...? demandai-je à la jeune fille.

— Oui, Monsieur; mon père, ma mère et mes frères sont au Niagara, d'où ils ne reviendront que dans deux jours. Voulez-vous me permettre de prendre connaissance de votre lettre?

Je la lui confiai. Elle la lut, et me la rendit en disant :

— L'absence de mes parents n'y fait rien, Monsieur; si la compagnie d'une jeune fille peut ne pas vous paraître trop fastidieuse, veuillez bien accepter l'hospitalité que vous veniez chercher chez mon père; sa maison vous sera ouverte par moi.

Je vous fais grâce des préliminaires : sachez seulement que quelques heures après je traversais les rues de New-York ayant miss Mary sous mon bras, comme si j'accompagnais une de mes sœurs; et je m'installais chez le major, sans plus de contrainte que s'il eût été là lui-même pour faire respecter son toit. Quand il arriva, je lui fus présenté par miss Mary comme un vieil ami de trois jours passés en un tête-à-tête plein du plus respectueux abandon. Pas un pli n'indiqua sur le front du major ni sur celui de madame T... le souci de savoir qu'un hôte avait demeuré en leur absence sous le toit de leur fille.

Je me trompe en disant qu'ils n'éprouvèrent pas de souci : ils en eurent un très-grave, celui de savoir si la jeune ménagère avait fait d'une manière complète les honneurs de la maison.

Le major T... n'était pas riche; pourtant il ne manqua à son hospitalité rien de ce qui devait la rendre agréable, et je puis dire fastueuse dans sa simplicité. Ce n'était de la part de cette excellente famille ni question d'orgueil, ni affaire de spéculation à mon égard : elle pratiquait en cela l'hospitalité dans les termes où on la pratique dans toute l'étendue du Nouveau-Monde. Un hôte a droit chez le pauvre, chez le riche, chez l'homme simplement aisé, à un confort qui ne lui permette pas d'établir de comparaison.

Il faut bien se persuader d'une chose surtout, c'est que jamais l'hôte accueilli n'est importun, et que jamais il ne cause de gêne. L'hospitalité est une règle de la vie dans le Nouveau-Monde. Cela est au nombre des devoirs inscrits dans la loi domestique. En effet, dans la distribution de la maison et aux repas, on fait la part et la place de l'hôte, comme on fait celle de chacun des membres de la famille.

Même aux époques les plus défavorables à la pratique de cet usage, on le trouve religieusement observé, et à l'égard de gens envers qui on aurait toute raison et toute excuse de ne le pas exercer. Pendant la récente guerre des États-Unis contre le Mexique, j'ai vu arriver à la Nouvelle-Orléans des officiers prisonniers. Il n'était pas une maison qui ne leur fût ouverte, pas une qui ne tînt à honneur d'offrir aux moins heureux d'entre eux cette hospitalité grandiose et large dont je viens de parler.

Il y a dans un roman de Cooper, *l'Espion*, une scène qui ouvre le livre, et qui donne une idée exacte de ce qu'est l'hospitalité américaine en des temps de troubles, de guerre et de haine publique. On y surprend, il est vrai, quelque chose qui sort des habitudes froides et cérémonieuses des Américains; mais cela doit être attribué précisément aux circonstances exceptionnelles qui, en même temps qu'elles commandent une très-grande circonspection, appellent aussi un certain laisser-aller où entre beaucoup de cette précaution un peu voisine de ce que les uns nomment la prudence, les autres tout simplement la peur.

Dans cette scène on voit arriver d'abord un voyageur inconnu de toute la famille de M. Warthon. On est en pleine guerre de l'Indépendance; cet hôte inconnu est introduit au foyer; M. Warthon le fait asseoir, et pour savoir son nom lui offre un verre d'excellent madère, en lui disant :

— A la santé de qui vais-je avoir l'honneur de boire?

— A M. Harper, répondit l'étranger en rougissant, preuve qu'il mentait; ce qui n'échappa point à M. Warthon, mais ce qui ne l'empêcha pas de faire le meilleur visage du monde à M. Harper, de le garder à dîner et de lui offrir dans la maison une chambre que l'autre accepta.

Puis voici qu'au milieu du repas on frappe à la porte. C'est un autre voyageur inconnu qui demande l'hospitalité. Sa mine déplaît à tout le monde; peu importe, on le fait entrer, et il prend aussi sa place à la table.

Je ne prétends pas raconter le roman de *l'Espion*, je voulais seulement rappeler cette scène qui peint avec vérité, en dehors même des besoins du roman, un côté tout à fait actuel des mœurs hospitalières en Amérique.

Un autre plan du tableau qu'il ne faut pas perdre de vue, c'est le respect des Américains pour leurs hôtes. Si don Ruy Gomez n'avait pas été Castillan, il aurait pu passer pour Américain.

On retrouve en effet là-bas le dévouement à l'hôte, la foi jurée, la protection sacrée, tout le chevaleresque enfin de l'hospitalité. Et si dans les maisons il n'y a pas de portraits dont on puisse faire l'histoire pour raffermir son honneur et se défendre à quelque prix que ce soit de livrer un hôte que votre toit abrite, on trouve néanmoins dans le cœur de tous les Américains la même exaltation du devoir. Et entre deux têtes à livrer, l'Américain n'hésitera pas à sacrifier la sienne plutôt que celle de son hôte.

VII

J'ai dit combien le côté brillant et séduisant des femmes aux États-Unis était rehaussé quelquefois par un côté sérieux et grave qui pourrait leur donner sur la société américaine une influence bien autrement importante que celle réservée à leur sexe dans aucun autre pays.

Forte de cette domination morale, la femme en Amérique prendrait naturellement le rang auquel tendent à arriver par de ridicules efforts quelques esprits égarés.

Il n'est pas besoin pour cela qu'elle abdique aucune des vertus austères de son sexe. Si le degré actuel de moralité des femmes en Amérique ne répond pas à ce que l'on était en droit d'attendre, il faut reconnaître qu'il n'est pas de pays où l'on se soit occupé d'une manière plus complète et plus sérieuse de la condition de la femme, et où l'on se soit montré plus sévère, dans le principe, contre toutes les atteintes portées à son honneur et à sa dignité.

Il est curieux, sous ce rapport, de remonter aux anciennes lois écrites. Ainsi, par exemple, dans tous les États de la Nouvelle-Angleterre, peuplée par une race de puritains, la loi frappait de peines très-rigoureuses les relations entre gens non mariés. Les juges avaient la faculté d'infliger l'un de ces trois châtiments :

L'amende, — le fouet, — ou le mariage ; — et souvent ces deux derniers à la fois.

Des poursuites de cette nature étaient même très-fréquentes; il suffit de jeter les yeux sur les registres des cours de justice pour s'en convaincre.

On y trouve, entre autres, quelques jugements qui dépeignent la scrupuleuse exactitude avec laquelle on observait la loi.

Ainsi, une jeune fille, accusée d'avoir prononcé quelques paroles légères et de s'être laissé *prendre un baiser* sans trop de résistance, fut réprimandée publiquement, en plein tribunal.

Une veuve s'était remariée. Rien de plus simple et de plus naturel. Plusieurs années s'étaient écoulées et avaient abrité un bonheur auquel, paraissait-il, les deux époux s'étaient habitués dès avant le mariage. Le plus grand mystère avait cependant protégé cette intrigue. Un beau jour, quelques traces, quelques indiscrétions, peut-être une dénonciation, jetèrent des soupçons dans le public.

Les mariés furent arrêtés, emprisonnés, poursuivis criminellement, et peu s'en fallut qu'ils ne fussent condamnés.

Il est résulté de cette grande autorité prescrite par la loi, soutenue par une éducation presque virile, entretenue par le genre de vie et les mœurs américaines d'alors, et dont les traditions se conservent un peu contre tout ce qui conspire à les effacer, il en résulte, dis-je, une position exceptionnelle pour la femme. Elle est respectée, mais rarement adulée.

De là est né en Amérique l'esprit de secte, pour lequel les femmes montrent une ardeur plus intraitable peut-être que les hommes. Ici se révèle dans leur caractère un côté dont je n'ai point parlé, et que j'appellerai ridicule.

La plus commune de toutes les sectes aux États-Unis est celle des *quakers*, réputée pour son activité. L'influence dont elle jouit dans ce pays est d'autant plus puissante qu'elle est le fruit d'une conquête lente, péniblement obtenue par des luttes patientes et formidables.

L'historique de cette secte religieuse et les difficultés qu'elle a éprouvées pour s'établir, expliqueront la suprématie qu'elle a conquise.

Aux États-Unis, ce pays si froid, si calme en apparence, si tolérant pour toutes les idées quelles qu'elles soient, l'esprit religieux a, de tout temps, produit le fanatisme le plus violent. C'est le seul point peut-être sur lequel la liberté soit méconnue et outragée comme elle l'est, et plus particulièrement dans les États de l'est et du nord; où cela est de tradition. Dans la Pennsylvanie, récemment encore, la lutte alla si loin, que des églises furent incendiées dans les environs de Philadelphie, et que l'on en vint aux coups de fusil.

Les premiers colons qui abordèrent sur le rocher de Plymouth et qui peuplèrent la Nouvelle-Angleterre, étaient des puritains qui, dans la mère patrie d'où on les exilait, avaient souffert cruellement pour leurs idées. En même temps qu'ils apportaient sur le sol de l'Amérique cet esprit de rigorisme et d'austérité qui devait assurer leur triomphe dans l'avenir, ils y implantaient aussi l'intolérance religieuse. Victimes eux-mêmes de cette intolérance qui les forçait à franchir l'Atlantique, ils s'en faisaient à leur tour une arme mortelle.

Les premiers actes législatifs qui servirent de fondement au pacte social des colonies de la Nouvelle-Angleterre sont empreints, à cet égard, d'une sévérité qu'on peut taxer d'absurde. Ainsi on retrouve dans les lois de l'époque des dispositions telles que l'on était forcé, sous peine d'amende, d'assister au service divin ; et les peines les plus sévères, souvent la mort, frappaient tous ceux qui se permettaient d'adorer Dieu sous une autre formule que celle qu'avaient introduite les colonisateurs. Ainsi, par exemple, la loi pénale du Massachusetts portait nettement, que tout prêtre catholique qui remettrait les pieds dans la colonie après en avoir été chassé, serait puni du dernier supplice. Et l'application n'a pas manqué d'être faite.

Dès l'arrivée des premiers quakers dans le pays, ils furent mis à l'index de la façon la plus outrageante ; une loi publiée en 1656 commence par ces mots :

« *Attendu qu'il vient de s'élever une secte maudite d'hérétiques appelés quakers.....* » Puis suivaient les mesures prises contre eux; elles étaient très-rigoureuses. Les capitaines de navire qui amenaient des quakers à leur bord étaient condamnés à une très-forte amende.

Les quakers qui parvenaient à s'introduire dans le pays étaient *fouettés* publiquement, puis enfermés en prison, et condamnés aux plus pénibles travaux.

Ceux qui se mêlaient de défendre les opinions de ces hérétiques étaient d'abord condamnés à l'amende, puis, en cas de récidive, à la prison, et enfin chassés de la province comme des malfaiteurs.

On croirait difficilement aujourd'hui, à voir l'influence dont jouit cette secte, qu'ils aient été si impitoyablement repoussés, dans l'origine, de cette terre de liberté. Les combats acharnés que leur livraient l'opinion publique et la loi, donnèrent aux *quakers* l'habitude de la guerre des idées, qu'ils avaient d'ailleurs rapportée d'Europe, et leur inoculèrent, dès le début, cette ardeur de prosélytisme dont leurs sectaires ont hérité. On en faisait des martyrs, c'était assurer leur triomphe.

Ils furent habiles, surtout en ce qu'ils intéressèrent à leur cause les femmes; ils avaient compté avec raison sur leur enthousiasme, et c'est par elles que le despotisme religieux, dont, à leur tour, ils donnèrent l'exemple, grandit et prit de la force. Peu à peu, en effet, grâce à cette influence féminine, leur secte s'établit, gagna du terrain, s'intronisa, et, plus elle se consolidait par cette lente et patiente conquête, plus elle se montrait tyrannique.

Aujourd'hui les *quakeresses* sont elles-mêmes des sectaires intraitables; leur austérité va jusqu'à l'extravagance. Elles poussent la pruderie à un point d'exagération qu'on peut traiter d'enfantillage, et qui dépasse tout ce que les Anglaises les plus susceptibles ont imaginé. Ainsi, elles affublent de pantalons les pieds de leurs pianos dans l'intérêt de la décence, et ne souffrent pas qu'on prononce devant elles le nom de ces morceaux de bois qui soutiennent l'instrument, et que dans la langue anglaise on appelle *legs* (jambes). Leur religion les autorise à contracter mariage, mais à des conditions qu'il ne m'est pas permis de révéler ici.

La ville de Philadelphie est aujourd'hui la terre classique des *quakers* et des *quakeresses*, et ses rues ont l'aspect d'un grand couvent. Cette ville, comme on sait, fut bâtie par Guillaume Penn, chef des quakers, et qui, en venant prendre, en payement de dettes contractées par la couronne d'Angleterre envers son père, possession de la province à laquelle il donna son nom, amena avec lui deux vaisseaux pleins de ses coreligionnaires dont il inonda le pays. Déjà les quakers avaient, à cette époque, gagné leur cause en Amérique, mais l'arrivée de Penn et de ses compagnons acheva leur triomphe. De ce moment leur pouvoir commença de s'étendre.

La vie des quakers est, en apparence au moins, très-austère. Leur mise, on a pu le voir, est très-sévère et très-simple. Les quakers portent l'habit noir en frac, ancienne forme française, gilet et pantalon également noirs et chapeau à larges bords. Ce costume n'a rien de bien extraordinaire, à vrai dire; mais il n'en est pas de même de celui des *quakeresses*, qui frise la mascarade et le ridicule. Quel que soit leur âge, elles portent des robes assez courtes, peu amples et presque collées aux hanches. Les manches sont égales dans toute la longueur du bras, mais assez larges; un petit châle étriqué par derrière et ne descendant pas, certes, d'un demi-pouce plus bas que la taille, se croise sur la poitrine pour ramener ses extrémités de chaque côté de la ceinture. Un chapeau en forme de capote, et à peu près exactement taillé sur le modèle de ces antiques capuchons désignés vulgairement sous le nom de *cabriolets*, je crois, leur couvre la tête; le bord en est très-évasé et va s'amoindrissant vers la coiffe, qui est très-étroite et couvre à peine le derrière de la nuque. Robe, châle, chapeau, tout est en étoffes simples et de couleur sombre. Riches ou pauvres, jeunes ou vieilles, les *quakeresses* ne se distinguent entre elles par aucune élégance: ni bijoux, ni ornements quelconques. La seule différence de condition est dans la propreté des vêtements. A voir une *quakeresse* par derrière, on ne saurait supposer son âge; de face, il serait impossible de distinguer si elle est jolie ou laide, tant le visage est comme perdu au fond de l'immense chapeau.

Il faut reconnaître aux quakers ce grand mérite, qu'à part l'intolérance, leur secte a, sur toutes celles qui ont inondé le vaste sol de l'Union, l'avantage d'exercer une salutaire influence sur les masses, et de répandre de grandes lumières parmi elles. De leur sein sont sortis des hommes très-éminents aux États-Unis.

Les *quakers*, en souvenir probablement de l'intolérance dont leur secte a été la victime pendant les premières années de la colonisation anglaise, et très-enthousiastes de l'ère de liberté qui a lui sur l'Amérique, affectent de renier toute filiation avec les anciens possesseurs du so de l'Union.

Pour eux, le monde ne compte que de la bataille de Lexington, cette préface de l'Indépendance américaine. Ils sont avant tout *Yankees*, et purs *Yankees*. Les *quakeresses* montrent naturellement une plus grande ténacité à cet égard.

Un jour, un vieil enfant d'Albion, exaspéré d'entendre l'une d'elles déprécier les Anglais avec un féroce dédain, lui dit :

— Mais vous insultez vos ancêtres.

— Qui, moi? Je ne suis pas Anglaise!

— Mais votre père l'était.

— Mon père? il était Yankee!

— Votre mère, je crois...

— Ma mère, interrompit l'Américaine, était Yankee!

— Votre grand-père?

— Yankee.

— Vos aïeux?

— Tous Yankees,

— Mais, s'écria l'Anglais poussé à bout, nous descendons tous d'Adam et d'Ève, que diable! Et...

— Adam et Ève, riposta la *quakeresse* avec un admirable sang-froid, Adam et Ève étaient Yankees!

C'est probablement à l'influence des quakeresses que fut dû le projet de loi suivant que je trouve dans un journal américain d'il y a soixante ans, et qui fut proposé aux législateurs de l'époque :

« Nous voudrions que toutes les femmes, de quelque âge, état ou condition qu'elles fussent, filles jeunes ou vieilles, veuves ou matrones, qui, pour amener un homme au mariage, emploient sournoisement des odeurs essences, remèdes, cosmétiques, fausses dents, tours de cheveux et perruques, souliers à talons élevés, robes décolletées, jupes à queues ou traînantes, soient soumises à toute la rigueur des lois, comme coupables de pacte avec le démon, magie, sorcellerie, et que toute union accomplie grâce à des moyens aussi dénaturés et diaboliques, soit déclarée illégitime et sans valeur. »

VII

TYPES DE FEMMES

I

LORA CAMERON

Un soir d'été de l'année 1766, devant la porte d'une petite ferme située au fond de la vallée de Barrington, dans l'État de Massachusetts, se trouvait un groupe composé de quatre personnages, sans compter un respectable cheval, sellé, bridé, immobile, le cou tendu et l'œil demi-clos, attendant que mistress Lambson, une femme d'âge moyen et presque belle encore, eût monté sur son dos. Elle y était aidée par son fils Harry, un jeune garçon de seize ans, dont le teint hâlé, les mains larges et fortes, l'encolure hardie, attestaient la vie active et libre qu'il menait à la ferme. Sur le seuil de la porte se tenait une jeune fille de douze à treize ans, nommée Lora.

C'était la nièce de mistress Lambson, une orpheline, mais qui, grâce aux soins et aux tendresses maternelles dont sa tante l'entourait, n'avait pu s'apercevoir de son isolement dans le monde. Lora était une enfant merveilleusement belle ; ses sourcils bruns tranchaient d'une façon charmante sur sa peau d'une admirable blancheur; son teint, chose rare chez les femmes de ce pays, était légèrement coloré; ajoutez à cela des yeux du bleu le plus poétique et une chevelure noire qui ruisselait en boucles fines sur un cou un peu ombré par les caresses du soleil. A côté de Lora, se trouvait un jeune homme du village voisin, Francis Graham, grand et beau garçon du même âge qu'Harry et son meilleur ami, bien que, sous le rapport de la fortune, il y eût un abîme entre eux.

Francis était occupé en ce moment-là à expliquer à la jeune fille le mécanisme d'un fusil à deux coups qu'il tenait à la main: Lora passa sans crainte ses doigts sur le canon, et lâcha la détente de l'arme.

— Lora! Lora! s'écria mistress Lambson, qui venait de prendre place sur son vénérable palefroi, ne joue pas ainsi.

— Il n'est pas chargé, tante, répliqua l'enfant sans se déconcerter.

— Cela n'y fait, petite, les fusils sont toujours dangereux. Défunt votre oncle, mon pauvre mari! est mort à la guerre, et depuis ce temps-là j'ai toujours eu peur des armes à feu.

— O tante! vous répétez sans cesse la même chose. Jugez, Francis, ajouta-t-elle en se retournant vers Graham: l'autre jour je m'amusais à poursuivre un chien avec le fusil d'Harry, dont il ne reste plus que le bois: le canon et la batterie ont été démontés, vous savez; eh bien! ma tante voulait me retirer ce bâton des mains, sous prétexte qu'on ne sait pas ce qui peut arriver avec les fusils!...

Les trois enfants éclatèrent de rire, et la bonne dame fut bien obligée de se mettre de la partie, tout en répétant:

— Vous êtes trop hardie avec les armes à feu, petite; Harry, continua-t-elle, mets Lora à cheval à côté de moi.

Les trois jeunes gens qui avaient, de leur côté, projeté une petite excursion, intercédèrent auprès de mistress Lambson pour que Lora fût dispensée de l'accompagner; et après mille résistances vivement combattues, la bonne dame finit par se rendre, selon son habitude, aux désirs de ses trois tyrans, comme elle les appelait.

Après le départ de mistress Lambson, les trois jeunes gens se mirent donc en route, remontèrent le long d'une petite rivière et gagnèrent un bois où ils espéraient bien trouver du gibier. Après une excursion d'une heure environ, ils s'en retournaient fort désappointés, lorsque Lora, qui courait en avant, fit signe à ses deux compagnons de marcher bien doucement, et leur montra du doigt une alouette cachée dans le feuillage d'un arbre. Harry leva son fusil, le coup partit, et l'oiseau tomba aux pieds de Lora, qui en le ramassant se prit à sangloter, et le pressant sur son cœur :

— C'est bien mal ! c'est cruel cela ! s'écria-t-elle.

— Que te prend-il donc aujourd'hui ? demanda Harry. Tu nous as vu tuer déjà des centaines d'oiseaux sans t'émouvoir, et...

— C'est vrai, répliqua l'enfant, mais je ne les avais jamais tenus chauds et respirant encore entre mes mains ; celui-là chantait quand tu l'as tué, et puis, c'est moi qui en suis la cause...

Francis et Harry ne purent se défendre de plaisanter Lora sur ce mouvement de sensibilité.

— Vous n'auriez pas éprouvé plus de chagrin de la mort de l'un de nous, dit Francis.

— Si l'un de vous était tué, murmura Lora en sanglotant toujours, je mourrais aussi, moi !

— Non pas, lui dit gravement Harry, si l'un de nous mourait, Lora, tu devrais vivre pour consoler l'autre.

Cette parole simple, et à coup sûr bien insignifiante en ce moment-là, parut faire une profonde impression sur Lora, car ses larmes s'arrêtèrent tout à coup; elle regarda ses deux compagnons de jeu avec une sorte d'étonnement et leur tendit la main sans prononcer une parole. Il y avait dans ce mouvement comme un serment instinctif et secret.

Ils reprirent leur promenade, et arrivèrent devant un petit bras de rivière presque desséché. Au lieu de faire un long détour pour gagner le pont, ils résolurent de le traverser à gué.

— Lora, dit Francis en s'agenouillant, montez sur mes épaules, je vous ferai passer la rivière à pieds secs.

Lora rougit, baissa les yeux et répondit qu'elle préférait que son cousin la portât.

— C'est juste, répondit Harry, tu es sous ma protection.

Mais la jeune fille ayant remarqué que le visage de Francis s'était comme assombri devant le refus qu'elle venait de lui faire :

— Au fait ! s'écria-t-elle, j'aime mieux traverser la rivière sans l'aide de personne; et après s'être retournée pour envoyer un gracieux sourire et un geste d'adieu à ses deux amis, elle s'élança comme un jeune faon, sautillant de pierre en pierre, et évitant avec un art infini celles qui étaient humides. Lora était presque arrivée déjà à l'autre rive, lorsque son pied heurta contre une saillie; elle chancela et allait tomber de côté, mais elle eut l'adresse de s'accrocher à un pan de rocher, et s'y cramponna avec force jusqu'au moment où ses deux amis vinrent à son secours.

Cet événement révéla à Harry et à Francis le sang froid, l'énergie, et en même temps la hardiesse résolue de cette enfant.

Ces petits incidents de la jeunesse des trois héros de notre histoire étaient importants à faire connaître. Ils nous ont aidé à dessiner leurs caractères et à faire pressentir le rôle à venir de chacun d'eux.

II

Six ans se sont écoulés entre le moment où a commencé notre récit et celui où Francis et Harry étaient entrés réellement dans la vie pour y accomplir leurs devoirs d'hommes.

Francis, possesseur, comme nous l'avons dit en commençant, d'une grande fortune, se trouvait en relations avec la plus riche société du pays; il avait été en outre destiné à suivre la carrière du barreau. La nature même de ses occupations aurait pu lui faire rompre tout rapport avec les habitants de la vallée de Barrington; mais il n'en avait rien été. Francis ne rencontrait dans le monde aucun plaisir qui pût être comparé à la joie que sa venue amenait sous le toit de la ferme, au cordial accueil de Harry, aux bienveillants sourires de dame Lambson, et surtout au bonheur qu'il éprouvait près de Lora. Il faut dire cependant que Francis n'avait pas été longtemps à s'apercevoir qu'il existait un germe de discorde entre lui et Harry. Il savait que Lora aimait son cousin et était aimé d'elle.

Mais il était doué d'un si noble caractère et il montrait dans ses relations avec la jeune fille des dehors si francs et si gais, que personne ne soupçonna qu'il éprouvait pour Lora un tendre et profond amour. Pendant qu'il luttait contre cette passion, Harry s'abandonnait à la sienne avec toute la confiance d'une âme heureuse, et Lora, ignorant que ses effections eussent trouvé un double écho, attendait sa dix-huitième année, qui était l'époque fixée pour son mariage avec son cousin.

Le père de Harry, M. Lambson, à la fin de la guerre de l'Indépendance, au moment où les honneurs et le repos l'attendaient, avait rencontré sur le champ de bataille la mort du soldat; laissant à son fils pour tout héritage un nom honorable, le souvenir de son dévouement à la patrie et beaucoup de dettes, que Harry, placé à la tête de la ferme, luttait énergiquement à éteindre.

Pendant la guerre, les dettes s'étaient contractées facilement; il existait alors entre le débiteur et le créancier une sorte de trêve: l'un et l'autre ne pouvaient-ils tomber côte à côte sur le même champ de bataille et pour la même cause? Mais, quand vint la paix, les choses changèrent de face. Plus de trêve, plus d'enthousiasme, l'intérêt seul prit le dessus. L'avidité des créanciers était excessive, et la loi, rigoureuse jusqu'à la démence, si on peut le dire, favorisait même des actes de barbarie.

Vers l'année 1786, si cruelles devinrent les poursuites, tant d'atrocités et d'injustices furent commises, que les débiteurs se liguèrent contre les créanciers. Une immense insurrection éclata dans le Massachusetts, théâtre principal de ces énormités. On appela cette insurrection la *guerre de Shay*. En raison de son origine, elle prit un caractère politique et divisa pendant un moment la société américaine en deux camps bien tranchés : d'un côté, les riches ; de l'autre, les pauvres et les ruinés.

Le mauvais état des affaires de Harry Lambson le poussait naturellement à se ranger dans cette dernière catégorie qu'on qualifiait ouvertement de parti des insurgés, tandis que Graham devenait au contraire ce qu'on appelait un des *défenseurs des cours*, c'est-à-dire de la loi.

Par malheur, les nombreuses occupations de Francis le retinrent pendant quelques semaines éloigné de la ferme; et Harry, privé de ses bons conseils, se trouvai vivement sollicité par les chefs les plus influents de l'insurrection. Il faut bien dire aussi qu'il était en proie à d'immenses embarras pécuniaires. Aussi longtemps qu'il le put, Harry dissimula ses inquiétudes à sa mère; mais bientôt la triste vérité de sa situation devait apparaître. Un jugement venait d'être rendu contre lui, sa ferme allait être saisie et lui traîné en prison, à moins qu'il ne s'acquittât envers un certain Seth-Warner, son créancier.

Un soir, il revint à la maison désolé, après avoir passé tout un jour absent. En rentrant, il s'assit dans un coin du foyer sans prononcer une seule parole. Sa mère était seule. Elle lui dit, après avoir hésité :

— Eh bien! mon pauvre enfant, tu n'as donc pas réussi?

— Non, ma mère.

— T'es-tu adressé à Francis?

— Non!...

Et cette fois il prononça ce monosyllabe avec une sorte d'impatience irritée.

— Tu as eu tort, Harry, reprit mistress Lambson; Francis est un ami sûr... et c'est pendant les mauvais jours...

— Francis était mon ami, mère, il ne l'est plus, répliqua le jeune homme en se levant.

— Comment?

— Aujourd'hui, Francis ne s'occupe plus que de poursuivre les pauvres diables qui, comme moi, défendent leurs biens; ils les poursuit la loi d'une main, comme avocat, et le fusil de l'autre, comme capitaine de la milice. C'est lui qui a arrêté l'autre jour le fils de Willy, et l'on dit que le malheureux va être pendu pour les dettes de son père... Oh! il n'y a plus ni merci ni justice à attendre de ces gens-là!

Harry avait prononcé ces paroles avec une telle exaltation que sa mère ne put s'empêcher de s'écrier:

— Harry, tu as été écouter les prédications des rebelles de Shay; mais tu ne songes point à te joindre à eux, n'est-ce pas? D'ailleurs, ce serait une folie, maintenant: ils sont battus de tous côtés, et ils fuient comme des volées d'oiseaux devant le général Lincoln.

— Pardon, ma bonne mère, fit Harry en interrompant mistress Lambson, ne parlons pas de cela, s'il vous plaît... et d'ailleurs j'entends des pas à la porte.

En ce moment entra Francis, tenant à son bras Lora. Le visage de Harry se contracta sous un effort de colère.

— Quoi de nouveau, Harry? dit Francis en lui tendant affectueusement la main. Tu étais donc sorti aujourd'hui, car je t'avais fait dire de venir me joindre à mon *office* (cabinet) et tu n'es pas venu?... tu as eu tort.

Harry ne répondit que vaguement et avec un accent fébrile. Il était si préoccupé qu'il ne vit même pas le signe d'intelligence que Francis et Lora échangèrent en ce moment. Deux ou trois fois Graham essaya d'attiser la conversation, la froideur de Harry l'éteignait aussitôt. Ce que voyant, Francis prit le parti de se retirer en disant:

— Allons! allons! Harry, tu es sourd, fou, et muet tout à la fois... A plus tard, alors.

Et il sortit.

Lorra s'approcha de son cousin, et appuyant son gracieux bras sur son épaule :

— Harry, lui dit-elle, qu'as-tu donc ce soir ?

— Rien, répondit-il froidement et en tressaillant au contact de Lora et au timbre de sa douce voix.

— Tu ne sais pas, reprit la jeune fille, que madame Graham nous a promis un bal pour le 27, c'est-à-dire dans dix jours, si le général Lincoln se trouve ici, comme tout le fait espérer.

Les poings de Harry se crispèrent, et il se mordit les lèvres jusqu'au sang.

— Cela te fait-il plaisir ? continua Lora.

Harry se dégagea de la pression de la jeune fille, et un sourd grognement de colère monta à ses lèvres, en même temps qu'une pâleur mortelle couvrit son visage.

— Oh ! je trouverai peut-être le moyen de me faire comprendre, murmura l'infatigable Lora en revenant se placer à côté de son cousin. Tu oublies donc, reprit-elle, que c'est le 27 le jour anniversaire de ma naissance?

— Je songeais en effet à cette date, où tu auras dix-huit ans ! Et ma bonne mère, en la fixant pour la célébration de notre mariage, ne pensait pas que ce jour-là pourrait être au contraire un jour de larmes et de deuil.

— Mais, cousin, s'écria Lora en palissant à son tour, cousin, tu as les *bleus* ce soir... Tante Lambson, qu'est-il donc arrivé à Harry ?

— Mon enfant, répliqua la bonne dame en s'efforçant de dissimuler les sanglots qui étouffaient sa voix, Harry a des chagrins que je ne sais pas ; mais qu'importe, vous vous marierez le 27 ; c'est de mauvais augure de remettre les mariages.

— Dieu sait où je serai le 27, murmura Harry en passant la main sur ses yeux gonflés de larmes.

Et après avoir serré les mains de Lora et de sa mère, il sortit, laissant les deux femmes en proie aux plus sombres pensées.

III.

Pendant les jours qui suivirent, la tristesse et les préoccupations du jeune fermier ne firent qu'augmenter. Il passait presque toutes les journées et une partie des nuits même hors de la maison. Mistress Lambson, à qui n'échappait point cette conduite de son fils, éprouvait de secrètes anxiétés dont elle ne faisait point part à Lora. Enfin, le 25, Harry ne rentra que fort avant dans la soirée, et il alla s'enfermer dans sa chambre sans que personne, excepté sa mère, ne l'eût vu ni entendu revenir. Mistress Lambson ne tarda pas à le rejoindre.

— Ah ! mon cher fils, lui dit-elle en l'embrassant, que je suis aise de te revoir ! Francis t'attend ici depuis midi, et il t'attend encore.

— Oh ! il peut m'attendre sans que mon absence lui paraisse trop longue, Lora est avec lui !...

Harry prononça ces paroles sur un ton de moqueuse colère que mistress Lambson ne parut pas comprendre, car elle ajouta bien vite :

— Lora paraît joyeuse de quelque bonne nouvelle que Francis lui a rapportée ; mais elle n'a pas voulu me la dire. Tu vas venir les retrouver ?...

— Certes non !

A ce moment, les voix de Graham et de Lora se firent entendre en joyeuses fanfares de rires. Harry fronça le sourcil, et se levant brusquement il répondit aux nouvelles instances de sa mère en la priant de le laisser seul. Il ferma à clef la porte de sa chambre, espérant en interdire l'entrée aux rires des deux jeunes gens, qui semblaient le narguer et lui déchiraient l'oreille.

Un quart d'heure après, la bonne mistress Lambson venait frapper à la chambre de son fils :

— Harry ! lui cria-t-elle, si tu es couché lève-toi, car voici une lettre que Francis a laissée pour toi ; et à son impatience à te la faire tenir, je gagerais qu'elle contient quelque bonne nouvelle.

— Je n'y compte pas ; mais voyons cependant...

Mistress Lambson glissa un papier par-dessous la porte et se retira. Harry décacheta le billet et lut ce qui suit :

« Moi, Francis Graham, avocat, je somme Harry Lambson de comparaître sans retard, et dès demain, en mon *office*, au nom de Seth-Warner, qui y a déposé ses titres de créance sur la ferme de Lambson. »

— Et c'est pour cela qu'il est venu ! hurla Harry en frappant un vigoureux coup de poing sur la table devant laquelle il était... Oh ! le lâche ! le lâche !

Et il se prit à pleurer comme un enfant. Il se rappela alors la confidence que lui avait faite un des chefs de l'insurrection sur la trahison de Graham, qui était parvenu, lui avait-on dit, à se faire aimer de Lora. Harry avait d'abord repoussé une pareille acusation ; il n'y avait vu qu'un moyen employé par les insurgés pour l'arracher à ses hésitations et l'entraîner dans leurs rangs. Mais cette sommation de Francis était une preuve évidente : le jeune avocat le poursuivait afin de se débarrasser de lui et de ne plus rencontrer d'obstacle à la possession de Lora.

— Oh ! je me vengerai ! murmura Harry.

De ce moment sa résolution fut définitive. Il se leva bien avant le jour et sortit furtivement de la maison.

En passant devant la chambre de Lora, il s'arrêta un

instant, d'abord attendri ; puis le souvenir de la trahison dont il était victime lui arracha un cri de rage, et il s'enfuit en courant.

A son réveil, mistress Lambson trouva ce billet crayonné de la main de son fils :

« Chère bonne mère, la lettre de M. Graham a été la dernière goutte versée dans le calice de mes douleurs. Je n'ai pu supporter une pareille insulte de la part d'un homme qui fut mon ami. Il était, dans ma pensée, le dernier qui dût invoquer les lois contre moi. Je crois, ma mère, que le parti que je prends est juste devant Dieu et devant les hommes ! Si je meurs, priez pour moi et pardonnez moi ! »

— Lora ! Lora ! appela la bonne dame. Et tendant le billet à la jeune fille, elle tomba suffoquée sur un siége.

— Oh ! cruelle méprise ! s'écria Lora. La lettre de Francis n'était qu'une plaisanterie. Francis a, au contraire, pris des arrangements avec Seth-Warner ; il a payé la dette de Harry, et, hier au soir, il a jeté au feu toutes les créances devant moi...

— Mais il est parti, Lora ; il est parti pour aller se joindre aux insurgés ! Que Dieu ait pitié de nous !

Pendant que la bonne mistress Lambson, à genoux, la face collée contre la muraille, priait et sanglotait, Lora, dont nos lecteurs n'ont pas oublié l'admirable sang-froid sur les rochers du fleuve, se montra digne de ce trait de son enfance, c'est-à-dire une femme de résolution et de tête.

— Il n'y a encore que Francis qui puisse nous sauver, se dit-elle.

Et laissant sa tante dans les larmes, elle se rendit chez madame Graham.

Elle expliqua rapidement au jeune avocat la terrible

méprise qu'avait causé sa lettre. Pendant que Francis réfléchissait aux moyens de sauver Harry, un bruit de pas de chevaux et des hurlements furieux se firent entendre au dehors. Lora aperçut alors une troupe de cavaliers qui traversaient le village. A la branche verte qui se balançait au-dessus de la tête des chevaux, elle reconnut que c'était une bande de *shaysistes*. Elle poussa un cri de joie, auquel répondirent, comme un fatal écho, ces paroles de Graham :

— Je suis perdu !

— Perdu? reprit Lora, et pourquoi, si Harry est parmi eux ?

— Il n'y est point, répondit Francis. Depuis ce matin, je suis poursuivi par cette meute de scélérats qui ont juré de me prendre. Mais je leur vendrai chèrement ma vie.

Et malgré les prières de Lora et de madame Graham, Francis s'élança dans les rangs des insurgés, et après un combat acharné, mais impossible, il resta prisonnier entre les mains des shaysistes.

Lora, à la vue de Francis captif, sentit naître en elle une nouvelle et indicible énergie. Elle prit les deux mains de madame Graham dans les siennes et lui dit :

— Ne pleurez pas, pauvre mère, priez pour lui et pour moi, je veux le sauver !

— Que comptez-vous faire, Lora?

— Aller là où se trouvent mon cousin et mon ami.

— Oserez-vous vous mêler à ces brigands? Lora, vous ne sortirez pas, je vous le défends.

— Je ne crains rien, répliqua la courageuse jeune fille ; je me ferai respecter, parce que je suis la fiancée de Harry, et quand j'aurai retrouvé Harry, je sauverai Francis.

IV.

Lora sortit de la maison, et alla s'informer d'abord du lieu où les insurgés s'étaient donné rendez-vous. Elle apprit qu'ils se dirigeaient à douze milles de là, sur Sheffield, où ils attendaient des renforts pour résister à un corps considérable de milice qui s'avançait sous les ordres du général Lincoln. Elle fit seller un des chevaux de Francis, se jeta un manteau sur les épaules, et partit au galop dans la direction de Sheffield. Le gros des insurgés, à l'exception de quelques traînards, avaient déjà bien de l'avance sur Lora. Enfin, au détour d'un sentier, elle entendit des voix qui chantaient et parlaient haut. La jeune fille trembla un moment ; mais elle se remit bientôt en reconnaissant parmi ces voix celles de quelques voisins de la ferme de Barrington. Elle lança son cheval au milieu de la troupe, et abordant le commandant du détachement :

— Monsieur Adams, lui dit-elle avec un air plein de douceur, c'est la fille d'un de vos vieux voisins qui réclame votre protection jusqu'à Sheffield.

— Lora Caméron ! s'écria M. Adams, vous ici, allant à Sheffield, au milieu de la nuit, seule ! que signifie cela ?

— Parbleu ! dit un des hommes qui accompagnaient Adams, elle court après le bien-aimé de son cœur.

— Votre cousin Harry ?

— Que non ! reprit l'autre, M. Francis Graham.

— C'est vrai, continua un second, j'ai entendu le capitaine Hamlin dire à Harry Lambson que tout le monde savait que le riche et élégant avocat vous avait enlevée à lui.

— Ils en ont tous menti ! répliqua Lora d'une voix

tremblante de colère, mais non de crainte. Mon cœur et ma main appartiennent à mon cousin Harry, et puisque vous êtes assez lâches pour m'injurier, je poursuivrai seule ma route.

Elle s'apprêtait à lancer son cheval, qu'Adams arrêta par la bride.

— Doucement, miss Lora, dit celui-ci, nous ne sommes pas aussi méchants que vous croyez, et si réellement vous aimez votre cousin Harry, nous vous ferons bonne garde.

— Je le jure, répondit la jeune fille.

Le courage, l'énergie et le sang-froid de cette enfant imposèrent à ses grossiers compagnons de route. Adams lui assura sa protection; le reste de la troupe changea tout aussitôt de ton et d'attitude à son égard; et jusqu'à Sheffield, ils traitèrent Lora avec autant de respect que si elle leur avait été confiée par Harry lui-même.

Ils s'arrêtèrent dans une ferme, à un demi-mille à peine en deçà de Sheffield. En entrant dans la maison, Lora promena un regard rapide au milieu de la foule; elle n'aperçut ni Harry ni Francis. On la conduisit dans une chambre attenant à la pièce principale. Elle colla son oreille contre la cloison, et regarda à travers les fissures de la porte; mais elle n'entendit rien que les chants des rebelles et le bruit de leurs armes. Lora passa une triste nuit. Le lendemain était le 27, l'anniversaire de sa naissance et le jour fixé pour son mariage. Elle se rappela alors les sombres paroles de Harry: « Dieu sait où je serai le 27! » Était-ce une prophétie? A ce souvenir, la pauvre enfant éclata en sanglots.

Le jour vint, mais, hélas! pour accroître les inquiétudes de Lora. Les insurgés avaient reçu l'avis de la marche et de la prochaine arrivée du général Lincoln; on se prépara donc au combat. Les shaysistes se rangèrent en bataille, dès qu'ils entendirent dans le lointain les sourds roulements du tambour.

Harry n'était point là, et Lora faisait du fond de l'âme des vœux pour que l'attaque commençât avant qu'il arrivât ; mais la pauvre enfant poussa tout à coup un cri d'horreur et devint blanche comme un marbre en voyant les rebelles, par un cruel stratagème, placer les prisonniers devant eux pour s'en faire un rempart ou pour intimider les assaillants ; et elle faillit s'évanouir en apercevant Francis debout, ferme, immobile, les bras croisés, servant de bouclier à ses lâches ennemis.

Enfin les troupes de Lincoln apparurent, l'avant-garde les reçut par un feu bien nourri. Au bruit de la fusillade répondirent des hurlements partis de l'autre côté de la route : c'étaient des renforts marchant sous les ordres de Harry et qui attaquaient les troupes par les flancs. En apercevant son cousin, Lora courut au-devant de lui, à travers la pluie des balles :

— Harry, Harry ! s'écria-t-elle, ils ont placé les prisonniers devant eux ; Francis est là, Francis, notre ami à tous deux, sauve-le...

Harry sentit son cœur glacé. La haine, la jalousie, l'amour, la pitié, tous les sentiments l'ébranlèrent à la fois.

Il détourna la tête pour cacher une larme qui brillait dans ses yeux.

— Oh ! elle l'aime donc bien ! se dit-il ; mais qu'importe, pas de lâcheté !

Il confia le commandement de sa troupe à son lieutenant et se dirigea sur le lieu du combat : voyant qu'il était trop tard pour changer les dispositions, puisque l'attaque était déjà commencée, il se jeta au-devant de Francis.

Ce ne fut qu'au moment où le général Lincoln commença l'action qu'il s'aperçut du barbare stratagème des insurgés. Mais le sévère devoir du soldat l'emporta sur les sentiments de l'homme ; et, les larmes aux yeux, il cria à ses troupes :

— Feu ! mes enfants, et que Dieu ait pitié de leurs âmes !

C'était précisément alors que Harry se jetait généreusement au-devant de son ami. Harry reçut la balle destinée à Francis, et tomba à ses côtés. La mêlée devint horrible, et les insurgés prirent la fuite, pour ne se plus rencontrer jamais.

Harry, blessé mortellement, fut transporté dans la ferme. Il n'eut que le temps d'entendre le récit du malentendu qui avait amené ce fatal dénoûment. Plaçant ensuite la main de Francis dans celle de Lora, il les pressa tendrement sur son cœur, et d'une voix éteinte déjà :

— Lora, murmura-t-il, te souvient-il du jour où tu pleuras si fort en ramassant un oiseau que je venais de tuer ? Te souvient-il qu'à ce propos je t'avais dit, en parlant de Francis et de moi : si l'un de nous venait à mourir, tu vivrais pour consoler l'autre... C'est moi qui meurs, c'est Francis qui survit... Adieu, mes chers amis... Oh ! ma mère ! ma mère ! ajouta-t-il, aimez-les tous les deux... et demandez-lui qu'elle me pardonne !...

Harry posa un regard éteint sur Lora, puis sur Francis, fit un dernier effort pour ouvrir ses lèvres pâles, et expira sans avoir pu articuler une parole de plus !...

VIII

TYPES DE FEMMES

I

CATHERINE GEERTS

Par une soirée d'hiver, William Benton, un des jeunes gens les plus riches de New-York, sortait d'un des cafés qui flamboient le long du *Broad-way*. Bien que le froid fût très-vif et que la neige commençât de tomber, William s'était décidé, heureusement cette fois, à gagner son domicile à pied. Il éprouvait le besoin de dissiper au grand air les fumées du vin d'un bruyant souper, mêlées aux agitations d'une grosse perte de jeu. Il en avait, ce soir-là, comme un remords, pur pressentiment on eût pu le croire.

J'ai dit tout à l'heure que William avait eu une excellente idée de s'en aller ainsi à pied. En effet, l'habitude des gens riches de sortir toujours en voiture est cause qu'ils ignorent bien des misères dont le spectacle échappe à leur regard, qui n'a pas le temps d'effleurer le pavé des rues ; comme le bruit des roues étouffe à leurs oreilles bien des cris de désespoir et bien des sanglots.

L'homme qui va à pied, au contraire, qui traverse lentement les rues est plus exposé à surprendre, à chaque pas, le flagrant délit des douleurs, des souffrances embusquées aux coins des carrefours. Les riches ne savent pas assez ce qu'ils perdent de bonnes occasions de faire le bien, sans quoi nous en savons beaucoup qui laisseraient volontiers, et plus souvent, reposer leurs chevaux.

William Benton n'avait jamais songé à cela. Fils d'un des plus opulents négociants de New-York, il avait été élevé dans les habitudes de luxe et de plaisirs ; et, trouvant toujours sa voiture l'attendant à toute porte où il s'arrêtait, il s'en accommodait sans plus de souci et de préoccupation. Mais William, si indifférent qu'il fût ou qu'il parût être aux misères nombreuses qui encombrent les rues de New-York, pouvait être compté parmi ces riches dont je parlais tout à l'heure (et le nombre en est heureusement grand dans tous les pays du monde), qui estiment que le premier privilége de la fortune est de soulager les pauvres. Il tenait ces sentiments de sa famille, où la bienfaisance était comme à l'ordre du jour. C'était, dans toute l'acception du mot, un excellent jeune homme, au milieu même de sa vie dissipée ; généreux, sensible, plein de nobles inspirations et d'élans sympathiques. Qui le connaissait l'aimait ; et à dix-neuf ans, l'âge qu'il a au moment où nous l'introduisons sur la scène de ce récit, il comptait plus d'amis que bien d'autres n'en savent conquérir dans toute une longue vie.

Les rues de New-York étaient désertes à l'heure où William les traversait, le collet de son manteau relevé et ses bras chaudement enveloppés dans les plis de son large vêtement. Parvenu dans le voisinage de la banque de New-York, dans ce quartier de *Wall-street* où monte et descend chaque jour, du matin au soir, une formidable marée d'écus, et où se trament pour des milliards d'affaires de toutes sortes; parvenu, dis-je, dans le voisinage de la banque, William entendit venir jusqu'à lui ce cri : « *Du maïs chaud!* » que poussait une voix d'enfant. Mais ce cri avait quelque chose de lugubre et de déchirant; les lèvres qui l'articulaient semblaient pouvoir à peine le murmurer. On eût dit que le froid les avait gelées, que la faim leur avait ôté toute force.

Quoique habitué à l'entendre retentir tous les soirs et souvent très-avant dans la nuit, dans toutes les rues de New-York où il y a affluence de promeneurs, William fut tellement frappé de l'angoisse, du désespoir, de l'épuisement de la voix qui venait d'adresser cet appel à la charité, qu'il s'approcha vivement du point où le cri était parti. Il vit assise, ou plutôt blottie sur la dernière marche de la Banque, au ras du trottoir, une pauvre petite fille de douze ans environ. Un mauvais châle de laine grise, en lambeaux, ne pouvait parvenir à l'envelopper entièrement, malgré la posture qu'avait prise la pauvre enfant. Tantôt elle en couvrait sa tête, et alors ses pieds et ses jambes nues restaient exposés jusqu'aux genoux au vent glacial de la nuit, ou bien elle ramassait cette guenille sur ses membres inférieurs, et alors sa tête restait à découvert. Ses cheveux, qui pleuvaient en larges tresses noires, sales et emmêlées sur ses épaules décharnées et bleuies par le froid, blanchissaient sous la neige.

N'était-ce pas une ironie du sort qui avait poussé cette pauvresse déguenillée à se réfugier et à s'endormir sur les marches du temple de la Richesse? La malheureuse petite fille s'était éveillée machinalement au bruit des pas de William, et elle avait poussé instinctivement et par habitude ce cri : « Du maïs chaud! » Quand William fut tout près d'elle, sans avoir même la force de déranger ses pauvres petits membres engourdis, elle reprit sur un ton lamentable et en ramenant le châle sur sa tête :

— Monsieur, achetez-moi du maïs : il est tout chaud.

La vente du maïs bouilli est une industrie nocturne que les enfants pauvres et les bohémiens de la ville impériale exercent à New-York. Ce n'est là qu'une manière déguisée de demander l'aumône. Il en est des crieurs de maïs chaud, comme de ces petits marchands de bouquets ou d'allumettes qui courent nos boulevards parisiens, le soir, se contentant d'accepter l'aumône qu'on leur fait, en cosnervant pour le lendemain leur marchandise que personne ne prend jamais.

William examina attentivement la pauvre petite marchande de maïs, qui fixa alors sur lui deux grands yeux bleus, cerclés de noir, aux regards hébétés et attendris en même temps.

— Achetez-m'en, Monsieur, dit-elle de nouveau à William, je vous en supplie.

Diogène, de cynique mémoire, a calomnié le cœur humain, le jour où, surpris mendiant devant une statue, il répondit : « Qu'il s'habituait à être refusé. » William Benton fouilla dans son gousset, en tira un dollar en or qu'il tendit à la pauvre enfant. Celle-ci se dressa comme mue par un ressort, et, examinant la pièce :

— Je n'aurai pas de monnaie à vous rendre, Monsieur, dit-elle. Je n'ai pas vendu pour un cent ce soir.

— Pour combien avez-vous de maïs dans votre chaudron?

— Pour quinze cents, répondit l'enfant.

Alors je ne suis pas en reste avec vous. Le prix en est bien payé.

Et saisissant la petit chaudron, William répandit dans

le ruisseau le prétendu maïs chaud, qui était complétement froid alors.

— Que faites-vous, Monsieur ? s'écria l'enfant tout en larmes.

— Je voudrais vous empêcher de continuer ce mauvais métier.

— Mais de quoi vivrai-je, alors? Car je n'ai à manger un morceau de pain le matin qu'à la condition de rapporter le soir au moins douze cents... sinon...

— Sinon?

— Je suis battue d'abord, et je n'ai point à déjeuner le lendemain ; ce qui m'est précisément arrivé ce matin. Et je n'aurais pas mangé de la journée sans un brave ouvrier qui, me voyant ramasser un morceau de pomme qu'il avait jeté dans Washington-square, m'en donna une tout entière et un cent avec quoi j'ai acheté du pain.

— Mon Dieu ! s'écria William, je viens de perdre mille dollars au jeu tout à l'heure, et j'en ai vu perdre plus de vingt mille ce soir par plusieurs de mes camarades ! Et qui exploite de la sorte votre jeunesse et votre temps ?

— Ma cousine Hartman.

— De quel droit est-ce votre cousine Hartman qui dispose ainsi de votre vie ? Mais je vous laisse exposée au froid ; tenez, ma pauvre petite, venez vous abriter sous mon manteau et chemin faisant, jusque chez vous, vous me conterez votre histoire. Demeurez-vous loin d'ici?

— Aux Cinq-Points, Monsieur.

Les Cinq-Points forment, à l'une des extrémités de New-York, un quartier tout spécial, une sorte de bohème où grouillent la misère et les vices de la grande cité. La petite marchande de maïs s'abrita sous le manteau de William, serrant dans le creux de sa main droite la pièce d'or qui avait si généreusement payé son chaudron de maïs. Ses pauvres membres engourdis se détendirent un peu sous la chaleur du vêtement, quoique ses pieds trempassent dans la neige jusqu'à la cheville.

II

— Comment vous nomme-t-on ? lui demanda William.

— Catherine Geerts. Mon père et ma mère étaient venus ici d'Allemagne, tout jeunes, mais n'avaient pu réussir à faire la fortune qu'ils cherchaient. Je suis née dans ce pays, et ma naissance, qui aurait dû causer de la joie à mes parents, leur fut un surcroît de charge et de misère. Ils moururent de chagrin et de désespoir, ma mère presque aussitôt après mon père ; et je tombai entre les mains de ma cousine Hartman, qui, ayant été l'amie de ma mère, lui avait promis, à son lit de mort, de m'élever et de me mettre à même de gagner honorablement ma vie par le travail. Mais ma pauvre cousine avait compté sans son mari, un méchant homme, paresseux, qui la ruina. Ma cousine Hartman en est réduite, aujourd'hui, à ramasser les chiffons dans les rues, et demeure, comme je vous l'ai dit, dans le quartier des Cinq-Points. De bonne et affectueuse qu'elle était, elle est devenue méchante et aigrie par le malheur. Je lui ai vainement demandé, bien des fois, de me faire apprendre à travailler ; elle s'y est toujours refusée, disant que je gagnerais bien plus d'argent à vendre du maïs dans les rues, le soir : c'est ainsi qu'elle exige que je lui rapporte chaque jour douze cents, sinon elle me bat et ne me donne pas à manger..... Ah ! si ma pauvre maman vivait ! s'écria la petite Catherine en sanglotant, je ne serais pas si malheureuse et je saurais peut-être travailler aujourd'hui !

— Avez-vous donc bonne envie et bon désir d'apprendre à travailler ?

— Oui, Monsieur, oh ! certes, oui ! Je crois que les gens qui travaillent sont bienheureux, et qu'ils gagnent quelquefois bien de l'argent, tandis que moi... Oh ! oui, Monsieur, je serais bien heureuse d'apprendre à travailler, mais...

— Si vous y êtes bien résolue, Catherine, je vous procurerai ce bonheur.

— Vous ! s'écria la pauvre enfant en s'arrêtant tout à coup et en levant vers William ses grands yeux où brillèrent des regards de reconnaissance et de joie. Mais, reprit-elle avec cette tristesse qui accompagne toujours les rêves qui s'éteignent, ma cousine n'y consentira pas.

— Elle y consentira, affirma William ; je m'en charge, soyez tranquille. Mais vous ferez tout ce que je vous dirai, n'est-ce pas ? Vous écouterez tous mes conseils, tous ?..

— Tous vos ordres, interrompit naïvement Catherine.

— C'est bien, mon enfant.

— Nous voici devant la porte de la maison, dit la petite fille en s'arrêtant devant une espèce de taudis.

— Je monte avec vous, Catherine, j'ai besoin de voir votre cousine.

— Vous vous casseriez le cou dans les escaliers, ou plutôt le long de l'échelle ; il faut une grande habitude pour y monter ; moi, je puis m'y reconnaître. Et puis probablement vous trouveriez ma cousine endormie et peut-être ivre.

— Ivre ? fit William.

— Ne faut-il pas, Monsieur, qu'elle soit en cet état

pour m'infliger les tortures qu'elle me fait subir? Car je ne saurais croire que si elle eût toujours sa raison elle me ferait souffrir un tel martyre.

— Je viendrai vous visiter demain matin, Catherine.

— Merci, Monsieur. Oh! grand merci pour le bien que vous m'avez fait.

La pauvre petite mendiante se dégagea du manteau de William, salua son protecteur et disparut dans une allée salle et noire, au bout de laquelle elle trouva une sorte d'échelle qu'elle grimpa jusqu'à une mansarde hideuse ou plutôt une halle planchéiée, sous un toit effondré en bien des places.

Dans ce cloaque vivaient pêle-mêle une vingtaine d'individus, un échantillon de tout ce que New-York renferme de plus misérable et de plus vil; gens de toutes professions : musiciens ambulants, montreurs d'animaux, hanteurs de cabarets, coupe-bourses, etc. Outre la place qu'y occupait son mauvais grabat, la cousine Hartman avait droit à un coin de cette halle où elle déposait les chiffons ramassés dans la rue. C'était ce tas d'ordures et d'immondices qui servait de lit à la petite Catherine, lit usurpé souvent par deux ou trois singes, hôtes de cette arche, et avec lesquels la pauvre enfant était familiarisée.

Catherine gagna son lit en tâtonnant, et s'y jeta précipitamment, tenant bien serré dans la poche de sa jupe le dollar que lui avait donné William. La malheureuse enfant n'eût pas mieux demandé que de s'endormir en faisant des rêves charmants sur cette fortune acquise si facilement, et sur la perspective qui l'attendait le lendemain. Mais au milieu des premiers troubles du sommeil, au moment où elle allait tomber dans cette ivresse de l'oubli où les plus malheureux et les plus affligés trouvent parfois le bonheur, une idée la frappa. Chassant bien vite le sommeil, Catherine se dressa, les yeux grands ouverts. Elle venait de penser que si elle donnait à sa cousine le dollar que lui avait remis son généreux protecteur, sa cousine le garderait tout entier, sans lui tenir compte, pour les jours suivants, des déficits possibles dans ses recettes du soir. De cette manière, le bienfait de William serait perdu pour elle; et certes son intention n'avait pas été que ce dollar passât entre les mains de la cousine Hartman, surtout sachant l'usage déplorable qu'elle en devait faire. L'étranger lui avait bien promis un avenir plein de sécurité, lequel devait commencer le lendemain; mais qui répondait à Catherine que ce ne fût pas là une promesse légèrement faite, sans suite probable, dont la nuit effacerait jusqu'à la moindre trace dans le souvenir du jeune homme? Cette réflexion, de la part de Catherine, impliquait chez elle des instincts de prévision que nous signalons à sa louange.

Dans l'alternative, où elle se trouvait placée, la petite marchande de maïs s'arrêta à une résolution suprême et désespérée qui, tout en marquant de sa part des sentiments de courage, révélait également une sorte de résignation avilie et d'abrutissement moral.

— Je ne donnerai point le dollar à ma cousine, murmura-t-elle, et je lui dirai que je n'ai point vendu mon maïs; que je l'ai perdu, qu'une voiture a renversé mon chaudron dans le ruisseau. J'en serai quitte pour être battue un peu plus fort que de coutume peut-être; mais j'aurai de quoi m'acheter à déjeuner demain, et je serai assurée, pendant plusieurs jours, de pouvoir rapporter mon contingent obligé.

Ce mensonge de Catherine était, comme on le voit, basé sur une prévision qui, dans sa pensée, devait lui épargner bien des larmes et bien des souffrances à venir.

Mais on eût dit que le ciel voulait punir la petite Catherine de son mensonge et de son manque de confiance dans la générosité de William. A son réveil, qui eut lieu au milieu d'une sorte de bataille entre quatre ou cinq singes, de cris, de hurlements, de jurons de toutes sortes, Catherine porta la main à sa poche pour chercher son dollar; il n'y était plus. Elle regarda autour d'elle avec une inquiétude qui se conçoit... Rien! Et pendant ce temps, les singes, courant à travers la vaste mansarde, continuaient de se battre, de se poursuivre, de crier; les hôtes de ce triste cloaque juraient, frappaient les singes que leurs maîtres cherchaient à rattraper. Catherine, les yeux pleins de larmes, le cœur gonflé, remuait autour d'elle le tas de chiffons sur lesquels elle avait posé la tête.

— C'est donc un rêve que j'ai fait! dit la pauvre enfant en se laissant tomber avec désespoir, la tête cachée dans ses deux mains; mais non, reprit-elle tout à coup, je n'ai point rêvé, je suis sûre d'avoir été conduite ici par cet étranger, je suis sûre qu'il m'a donné un dollar, je suis sûre qu'il a renversé mon chaudron dans la rue! Oh! mon Dieu! mon Dieu!

Les pleurs silencieux de la pauvre petite se changèrent bientôt en cris déchirants, lorsque la cousine Hartman fut appelée à constater, non-seulement le déficit de la recette, mais la perte du chaudron et l'absence du maïs, dont il lui fallait absolument faire une provision nouvelle pour le soir. Catherine tomba épuisée de coups, les cheveux arrachés par poignées, les épaules et les joues enflées par les tapes et les soufflets. En vain, au milieu de ses cris et de ses larmes, elle essayait de confesser la vérité à sa cousine. Celle-ci, dans sa fièvre de colère, n'entendait rien; et d'ailleurs elle n'eût pas ajouté foi au récit de Catherine.

Mais au moment même où la pauvre enfant sanglotait sa confession que la cousine Hartman n'écoutait point, un des habitants de ce cloaque, maître enfin de son singe, à qui il venait d'administrer une correction semblable à celle que Catherine avait subie, sortait précipitamment et descendait l'échelle.

Voici ce qui était arrivé; je puis le raconter en peu de mots. Pendant le sommeil de Catherine, le petit dollar en or avait glissé par un trou de la poche délabrée de sa robe et avait roulé jusque sur le plancher noir de la chambre où, sous les rayons du jour qui pénétrèrent dans ce cloaque, il reluit comme une étoile. Le premier singe éveillé, ébloui par l'éclat de l'or, s'était précipité sur la pièce avec la curiosité étonnée des êtres de son espèce, et s'en était fait un amusement. Un autre singe, alléché par les scintillements de l'or, voulut arracher la pièce à son camarade : de là cette bataille, ces cris, ces courses furibondes dont j'ai parlé plus haut, et qui ne cessèrent qu'au moment où le propriétaire d'un des animaux ramassa, dans sa patte froide et serrée convulsivement, le dollar, qui lui parut de trop bonne trouvaille pour n'être pas empoché immédiatement.

III

William avait dans sa famille un parent, homme de bien, de paix et de patience, dont la vie s'était vouée à de bonnes œuvres. M. Bill avait fondé à Brooklin (qui est une annexe ou plutôt un faubourg de New-York, séparé de la grande ville par un bras de la rivière de l'Est) un établissement industriel moitié école, moitié hospice ; un refuge hospitalier en tous cas, où il recueillait les enfants et les adultes qui venaient à lui, ou qu'il convertissait au travail et à la morale. Aux États-Unis, la charité s'exerce ainsi, par la propagande et par institutions, sur une grande échelle. M. Bill, depuis cinq ans qu'il s'était consacré à cette œuvre pieuse, en avait recueilli quelques bons résultats; les déceptions même qu'il avait éprouvées ne l'avaient point répugné à sa tâche.

William confia à Bill sa rencontre de la veille au soir, les espérances qu'il fondait sur le caractère et les sentiments de Catherine. Bill s'offrit tout naturellement à continuer ce que William avait commencé. Ils se rendirent donc ensemble à la maison du quartier des Cinq-Points, et montèrent jusqu'à la pièce où venaient de se passer les scènes que j'ai racontées plus haut.

Ils entrèrent au moment où Catherine se roulait sur le tas de chiffons, écrasée sous la grêle de coups que lui distribuait si généreusement la furieuse cousine Hartman.

En apercevant William, Catherine se leva et se précipita vers lui en lui criant :

— Oh ! Monsieur, dites-lui que c'est vrai ! On m'a volé mon dollar, et voyez comme ma cousine m'a battue !

William et Bill oublièrent l'infect et horrible spectacle du cloaque où ils se trouvaient pour s'apitoyer sur le sort de la malheureuse Catherine. Ils imposèrent silence à la cousine Hartman, qui allait commencer une kyrielle d'injures contre la petite et contre ses protecteurs.

— Nous emmenons cette enfant avec nous, dit William.

— Et où cela donc ? grogna la cousine.

— Que vous importe ! qu'il vous suffise de savoir que vous ne la reverrez jamais plus.

— Ne plus revoir ma Catherine ! s'écria la furie, mon enfant ! ma consolation !... Et madame Hartman pressa avec un attendrissement réel contre son cœur la petite Catherine, qui, les larmes aux yeux, passa ses bras autour du cou de sa cousine. Je l'ai reçue des mains de sa mère mourante, je l'ai élevée, je la soigne, je l'aime : n'est-ce pas que je t'aime, ma petite Catherine ?

Bill connaissait trop le cœur humain pour partager l'étonnement de William devant ce retour attendri de la cousine Hartman. Il y a dans la vie de ces moments suprêmes où le cœur se réveille subitement, à l'heure où se rompent les liens qui avaient tenu rivées deux existences. Les êtres les plus vils, les plus rabaissés, les plus méchants, ont de ces retours subits, de ces bouffées de sentiments, si j'osais le dire, qui élèvent tout à coup le cœur et l'emplissent de parfum. Les tyrans comme les victimes de la vie intime éprouvent, à l'heure dite, les mêmes commotions. Bill ne s'étonna pas plus de l'attendrissement de la cousine Hartman que de l'émotion de Catherine elle-même à l'idée de cette éternelle séparation. L'une avait oublié les mauvais traitements qu'elle infligeait avec tant de férocité, l'autre ceux qu'elle avait subis avec tant de douleur.

— Oh ! Messieurs, s'écria la cousine Hartman, je ne la battrai plus jamais ; je l'aimerai, je la caresserai comme je la caresse et comme je l'aime en ce moment ! N'est-ce pas, Catherine, que tu ne veux point me quitter ? Où vont-ils te conduire, pauvre chère enfant ? En prison, peut-être ? Ils vont te traiter comme une vagabonde... Non, tu ne me quitteras pas...

Catherine, la tête cachée dans le sein de sa cousine, avait pardonné, à ce moment-là, non-seulement les violences dont elle était victime chaque jour, mais celles dont ses bras, ses épaules et ses joues portaient les récentes et cruelles empreintes. Elle pleurait, la pauvre enfant ; et, à l'appel que sa cousine venait d'adresser à son attachement, elle protesta qu'elle ne l'abandonnerait point.

— Vous m'avez pourtant promis, interrompit William, de suivre tous mes conseils, d'obéir à tous mes ordres.

Catherine porta d'une main à ses yeux un des pans de sa jupe, et tendit l'autre à William, qui attira l'enfant à lui. Mais madame Hartman s'accrocha à Catherine en lui criant :

— Voilà que tu me fuis, Catherine ! voilà que tu m'abandonnes ! Je veux que tu restes avec moi...

— Voyons, lui dit M. Bill en détachant avec peine les doigts de madame Hartman cramponnés dans les vêtements de sa cousine, soyez raisonnable. Qu'avez-vous fait et que pouvez-vous faire encore de cette enfant ? Une mendiante, une pauvre créature destinée à traîner dans les rues la plus triste et la plus horrible des existences. Confiez-nous-la. Si vous l'aimez réellement, vous devez vous réjouir de la voir entrer dans un chemin où elle deviendra une honnête et laborieuse fille. Vous promettez de ne plus la battre, demain vous aurez oublié votre promesse et vous la battrez encore. Présentez-vous chez moi, décemment, convenablement, avec de bons sentiments, et alors je vous permettrai de voir Catherine aussi souvent qu'il vous plaira.

— Je suppose, ajouta William avec vivacité, que l'industrie honteuse à laquelle vous condamnez cette enfant vous soit profitable. Eh bien ! tenez, voici cinquante dollars pour vous indemniser de ce que vous vous imaginez devoir perdre à vous priver de la vente de son maïs chaud.

La cousine Hartman, qui avait paru peu goûter la logique de Bill, se montra plus sensible à l'argument suprême de William. Elle regarda le jeune homme avec une sorte d'étonnement mêlé d'un doute qui se dissipa à la vue des deux billets de banque de vingt-cinq dollars chacun; elle les arracha plutôt qu'elle ne les accepta des mains de William. De même qu'elle avait passé avec une rapidité foudroyante de sa furieuse colère contre Catherine à un épanchement de très-vive tendresse; ainsi elle oublia son frénétique désir de conserver l'enfant auprès d'elle, pour se livrer aux rêves de toutes sortes que lui suggérèrent la vue et la palpation des cinquante dollars. Ces variations et ces mobilités de sentiments sont trop fréquents chez les natures incultes et abruties pour qu'on doive s'en étonner.

Catherine était donc abandonnée à William.

— Vous avez eu tort, dit Bill à son jeune parent, de donner d'un coup les cinquante dollars à cette malheureuse : quel usage en fera-t-elle, mon Dieu!

Madame Hartman, qui avait entendu ces paroles prononcées à mi-voix cependant, recula de deux pas et cacha derrière son dos les deux billets qu'elle était occupée, à ce moment-là, à examiner sur toutes les faces. Ce mouvement avait été exécuté avec une promptitude et une énergie qui indiquaient, de sa part, comme une résolution de défendre héroïquement son bien.

— Qu'importe! répondit William; je ne m'inquiète pas de ce que fera ou ne fera pas cette femme dans l'avenir; je ne me suis préoccupé que du bonheur de sauver Catherine.

— Oh! vous pouvez l'emmener, riposta madame Hartman; du moment que vous m'assurez qu'elle sera bien traitée et deviendra une laborieuse fille entre vos mains, je ne me plains plus, je ne pleure plus. Je suis heureuse de savoir que ma Catherine sera heureuse.

Il n'y avait pas de cynisme dans l'accent avec lequel madame Hartman avait prononcé ces paroles que lui inspirait la satisfaction donnée à son odieuse avidité. Elle les avait dites sur un ton plein d'abandon qui eût laissé croire qu'à ce moment-là elle parlait sincèrement, ou du moins que le cœur dictait cette réponse à ses lèvres.

— Quant aux cinquante dollars, reprit-elle, n'ayez pas peur que j'en fasse un si mauvais usage. Il y a peut-être là de quoi refaire une honnête femme!

— Que Dieu vous entende! murmura Bill, et William aura accompli aujourd'hui deux belles et bonnes actions!

Les adieux de Catherine et de sa cousine furent moins déchirants que les scènes qui avaient signalé l'entrée des deux étrangers ne le faisaient présager.

Deux heures après Catherine Geerts prenait place dans la maison de M. Bill.

Quant à la cousine Hartman, disons toute suite, pour n'avoir plus à revenir sur son compte, que les cinquante dollars de William ne refirent pas honnête une femme chez qui tous les sentiments étaient éteints, et qu'ils aidèrent, au contraire, à hâter la fin de cette misérable créature. Elle mourut dans l'ivresse sur son misérable grabat, à côté de son tas de chiffons qu'elle ne s'occupait même plus de renouveler et de grossir, au grand déplaisir des singes ses co-locataires.

IV

Des scènes plus riantes, et tristes en même temps, vont se dérouler devant nous.

William avait subi la commune loi de presque tous le

jeunes gens appartenant même aux plus riches familles des États-Unis. La fortune, dans ce pays, provenant toujours du travail, il est extrêmement rare que les pères, tout en tolérant que leurs enfants mènent grande vie, n'exigent pas qu'ils augmentent le patrimoine par le travail. William avait été entraîné, par la nature de ses affaires, à partir pour l'Angleterre, et de là pour la Chine. Depuis six ans, il n'était pas revenu à New-York.

Pendant ces six années-là, Catherine avait réalisé tout ce que l'élévation de son cœur et de son intelligence avait permis d'espérer d'elle. Dans la maison industrielle de M. Bill, elle avait appris tout ce qui peut agrandir l'âme d'une créature humaine, tout ce qui peut, en même temps, aider une femme à traverser sans périls les durs sentiers de la vie.

Catherine était devenue une très-habile ouvrière. Après quatre ans de séjour dans la maison de M. Bill, et à la mort de celui-ci, elle s'était retirée dans une petite et modeste chambre d'un beau quartier de New-York. Si charmante elle était, si laborieuse, si exacte, si naïve et si simple dans sa gaieté, que les plus riches dames de la ville impériale se faisaient une joie, ou de l'appeler à travailler chez elles en journées (et les moindres étaient grossement rétribuées), ou de monter les nombreux escaliers qui conduisaient à sa petite chambre pour lui commander leurs robes. Catherine était la couturière la plus en vogue de New-York, bien que les coquettes et les prétentieuses n'avouassent pas que leurs robes fussent faites par une si modeste, quoique si habile ouvrière, les mettant sur le compte de deux ou trois couturières fort en renom, qui bénéficiaient de cette comédie, dont le secret était cependant connu de tout le monde.

Madame Benton et les sœurs de William étaient les

seules qui eussent le bon goût et l'esprit d'avoir le courage de leur préférence pour Catherine. Peut-être bien y devait-on voir un souvenir de la bonne action de William. Toujours est-il que Catherine était fêtée dans la maison Benton, où on lui avait réservé l'hospitalité pleine et entière, comme un droit au travail pour les cas de chômage qui, heureusement pour Catherine, ne s'étaient jamais présentés.

Dans beaucoup de familles américaines, les ouvrières appelées à travailler en journées sont traitées sur un pied d'égalité à peu près complète, en tant que par leur conduite, par leur éducation et par leur tenue, elles s'en montrent dignes. Ainsi elles prennent leurs repas et le thé à la table des maîtres; cela s'explique, moins peut-être par la pratique abolue du principe de l'égalité politique, que par le grand honneur où, dans ce pays, on tient le travail rehaussé par la bonne conduite. Ce fait se constate notamment surtout dans les États de l'est et du nord; et dans ces derniers les domestiques eux-mêmes, qui reçoivent et prennent le titre d'*aides*, mangent quelquefois à la table des maîtres.

Catherine était bien faite, au surplus, pour ne déparer aucune des tables où l'accueil le plus empressé lui était toujours réservé. Par sa beauté, par le charme de son esprit et de son intelligence, par la réserve distinguée de ses manières, Catherine rivalisait avec les jeunes filles des meilleures et des plus riches familles. Nulle d'entre elles, en tout cas, n'eût été capable de porter avec autant de grâce que Catherine les simples robes auxquelles l'élégance de sa personne donnait un prix et un éclat extraordinaires. L'espèce de sauvagerie et de dureté que la misère et les souffrances physiques avaient imprimée à ses traits, avaient fait place à une douceur angélique; ses re gards avaient une placidité sympathique ; ses beaux cheveux noirs, relevés en bandeaux fournis, encadraient merveilleusement son visage d'une pâleur éblouissante.

Depuis six ans, ai-je dit, William n'avait point reparu à New-York ; et depuis un mois environ que l'on comptait heure par heure le jour de son retour, Catherine n'avait pas voulu quitter la maison des dames Benton, afin d'être présente à ce moment bienheureux. Elle avait si peu abusé du privilége qui lui avait été assuré de trouver toujours de l'ouvrage dans la famille, qu'elle se crut autorisée à imaginer ce mois entier de chômage, pour ne point quitter ce foyer où se préparait une si grande fête dont la pauvre enfant voulait sa part.

Faut-il bien le dire, au sentiment de gratitude qui inspirait Catherine, se mêlait un autre sentiment qui avait fleuri dans son cœur. Catherine avait appris à aimer William, au milieu d'une famille qui, idolâtrant ce fils, exaltait aux oreilles de la jeune fille ses qualités et ses mérites. Ce n'était pas à son insu que cette affection avait grandi ; elle l'avait senti naître, elle l'avait cultivée, elle lui avait ouvert franchement toutes les issues de son âme. Seulement Catherine avait caché à madame et aux demoiselles Benton la nature de son attachement pour William ; elle n'en avait laissé voir qu'un des côtés, celui que lui commandait la gratitude. Aussi, tout en se faisant une grande joie du retour de William, s'attristait-elle par moments, en songeant que peut-être son affection ne serait point partagée, et que la rentrée de son ami, de son bienfaiteur dans cette maison, où elle n'avait rencontré que des sourires jusqu'à présent, deviendrait le signal et la cause de bien des larmes et de bien des déceptions.

Peut-être pensera-t-on que Catherine était bien ambitieuse dans ses rêves, et qu'elle se versait elle-mêm l'amertume de ses joies? Oui, il en serait ainsi au point de vue de nos mœurs européennes, où le dénoûment demandé par Catherine n'est qu'une exception aux règles de notre société; mais nullement au point de vue des mœurs américaines, où l'influence des grandes lois de l'égalité des conditions autorise ces alliances, sans distinction de classe, pourvu que l'homme ou la femme que le mariage élève de la pauvreté ou de l'obscurité à la fortune et à l'éclat d'une condition nouvelle, en soit digne par sa conduite et par ses qualités. Les mêmes motifs qui ne s'opposent point à ce qu'une ouvrière honnête, bien élevée, distinguée de cœur et d'intelligence, soit admise à la table et dans l'intérieur des riches familles, légitiment parfaitement l'ambition qu'elle peut nourrir d'entrer dans le sein de ces familles par la grande porte du mariage.

Soit dit sans une trop longue digression sur ce sujet, là est l'obstacle que rencontrent les écrivains américains à créer des romans de mœurs intéressants, où les luttes entre l'amour et les conditions sociales fournissent matière, dans notre vieux monde, à tant de fictions saisissantes, à tant de péripéties dramatiques. Ce qui est la règle commune ici, devient l'exception là-bas; comme l'exception ici est exposée, au contraire, à devenir la commune loi dans cette société nouvelle.

Catherine pouvait craindre d'abord de ne point trouver dans William ce qu'elle espérait; puis elle redoutait, si bonne que fût pour elle la famille Benton, de se heurter contre un refus qui eût blessé moins sa dignité peut-être que sa tendresse pour William.

M. Benton avait l'orgueil d'une grande fortune, honnêtement acquise d'ailleurs; mais il oubliait volontiers de combien était loin du point où il était parvenu le degré de l'échelle sur lequel il avait mis le pied au départ. M. Benton, en définitive, n'était que le fils d'un simple matelot déserteur, et il avait commencé par être portefaix sur les warfs de New-York. Mais si les gens qui s'élèvent dans la société ont quelque raison de tendre à s'élever toujours et à prendre pour point de départ de leur famille leur point d'arrivée à eux, aux États-Unis, où la seule distinction qui sépare les classes est la richesse, il est moins permis que partout ailleurs à un homme d'oublier, devant la pauvreté honnête, ce qu'il a été avant d'atteindre le but envié. Ainsi ne raisonnait pas toujours M. Benton; et Catherine avait entendu parfois sortir de ses lèvres, à ce sujet, des doctrines qui lui avaient donné le frisson au cœur.

Si grande cependant que fût la fortune de M. Benton, elle était, comme tant d'autres grandes fortunes des États-Unis, exposée à sombrer d'un jour à l'autre. Outre qu'une crise commerciale très-sérieuse pesait en ce moment-là sur l'Amérique, les relations de M. Benton avec tous les pays du monde l'exposaient à subir, c'était arrivé plusieurs fois, des tempêtes inattendues d'affaires, et même depuis plusieurs mois il avait reçu, de divers points, des nouvelles inquiétantes. Mais il y avait encore loin de là à une catastrophe que peut-être bien Catherine rêvait, elle, par instants au fond de son cœur; et de sa modeste petite chambre, elle faisait une sorte de port de refuge où les naufragés de la fortune se réjouiraient d'aborder comme à un rivage de salut.

— C'est bien mal à moi, se disait-elle tout à coup, de songer à ce redoutable dénoûment. Je me reproche d'être si égoïste de souhaiter de tels malheurs à de braves gens qui m'aiment tant! Non, dussé-je souffrir, dussé-je subir toutes les humiliations imaginables, je ne puis admettre que mon cœur désire la ruine et les larmes pour cette excellente famille ; et d'ailleurs William ne serait-il pas frappé le premier ? Qui sait s'il serait aussi heureux, pauvre avec moi, que riche sans me posséder ?

Il est vrai que ces mauvaises pensées-là ne venaient jamais à Catherine que les jours où M. Benton étalait un peu trop d'orgueil devant elle ; puis le retour se faisait dès qu'une bonne parole, un sourire, une caresse lui arrivaient de la part de madame Benton ou de ses filles.

V

Une après-midi, la famille Benton prenait le goûter, lorsque la porte de la salle à manger s'ouvrit brusquement, et un jeune homme entra. C'était William. Les cris de joyeuse surprise qui s'échappèrent de toutes les lèvres furent étouffés sous une pluie de baisers et de caresses. Après avoir passé des bras de sa mère dans ceux de ses sœurs, William aperçut, pour la première fois depuis son entrée dans la salle, une belle jeune fille retirée dans un coin, l'œil ardemment fixé sur lui, les bras pendants, les regards humides, et qui semblait s'isoler de ce bonheur comme une étrangère. William la salua avec une extrême courtoisie d'abord, en cherchant à deviner, dans un muet examen, qui était cette jeune fille.

— Eh bien ! lui dit madame Benton, vous ne voyez pas, William, que c'est Catherine ?...

— Catherine ! s'écria le jeune Benton en pressant l'ouvrière dans ses bras ; Catherine, ma chère enfant, car j'ai bien le droit de la nommer ainsi ! Que vous êtes donc jolie, et grande, et charmante, Catherine! Bonne, honnête, laborieuse, à n'en pas douter, puisque je vous vois dans la maison de ma mère, et que votre place est marquée à sa table entre mes sœurs! C'est bien, Catherine, et je vous remercie, du fond de mon cœur, de la joie que vous me donnez en ce moment.

Catherine, toute émue, avait rougi jusqu'aux yeux; et ses mains, que William tenait dans les siennes, tremblaient; ses yeux, chargés de larmes, n'osaient plus se lever sur lui.

Elle comprit qu'il fallait laisser s'épancher dans l'intimité cette joie de la famille au retour du fils. Elle sortit furtivement de la salle, puis de la maison, sans qu'on s'aperçût de son départ. Catherine alla savourer dans la solitude de sa modeste chambre son bonheur et ses espérances.

Est-ce par scrupule ou par crainte que Catherine ne revint pas le lendemain chez madame Benton, non plus que le surlendemain, ni pendant trois jours? C'est ce que nous ne saurions pas dire bien exactement.

Le troisième jour on s'aperçut de l'absence de Catherine, et ce fut une occasion pour William d'entendre l'éloge de la jeune ouvrière.

— Si j'allais la chercher? dit-il. Indiquez-moi sa demeure.

— Votre sœur Kettly va vous y accompagner, répondit madame Benton.

William fut charmé de voir l'honnête simplicité qui poétisait l'asile aérien de Catherine. Tous deux, se retrouvant face à face, après six ans de séparation, encore dans une mansarde, ne se défendirent pas du souvenir de leur rencontre dans le hideux taudis du quartier des Cinq-Points. Ils se comprirent par un simple regard. Catherine tendit à William une main dont la muette pression fut plus éloquente que toutes les paroles que son cœur même eût pu lui dicter.

— Êtes-vous bien heureuse, Catherine ?

— Autant que vous devez l'être, monsieur William, à contempler votre ouvrage. J'étais moins heureuse cependant il y a trois jours que je ne le suis aujourd'hui, puisqu'il m'est permis enfin de vous remercier.

En disant cela, Catherine porta vivement à ses lèvres la main de William.

— Allons, Catherine, fit Kettly Benton en caressant la jeune ouvrière, il ne faut plus pleurer ainsi, puisque voilà notre William revenu. Figurez-vous, en effet, frère, que jamais Catherine n'entendait prononcer ou ne prononçait votre nom sans que des larmes lui vinssent aux paupières. Vous absent, c'était naturel, puisqu'il m'en arrivait tout autant; mais maintenant que vous êtes ici, il me semble qu'il faut rire et se réjouir.

Catherine sentit bien que Kettly, dans sa naïveté, venait de dévoiler son cœur aux yeux de William, qui surprit sa protégée rougissant et essayant de balbutier quelques mauvaises paroles de reproche à mademoiselle Benton.

— Pourquoi vous défendre de cela, mon enfant? lui dit William ; laissez-moi vous remercier bien vivement, au contraire. C'est à mon tour de me montrer reconnaissant. Vous viendrez ce soir prendre le thé à la maison, n'est-ce pas?

— Mais... commença à balbutier Catherine, joyeuse, mais cherchant, pour refuser, une excuse qu'elle ne voulait pas trouver.

William comprit, et, l'interrompant :

— C'est ma mère qui vous invite, Catherine ; vous ne pouvez pas refuser.

— J'irai, répondit-elle.

William avait beaucoup étudié la jeune ouvrière pendant les quelques instants qu'il avait passés auprès d'elle, heureux de la retrouver plus belle encore, et cent fois plus charmante qu'elle ne lui avait paru le premier jour et qu'on ne le lui avait dit ; heureux surtout de se savoir aimé.

Le soir, après le thé, William, invoquant les titres quasi-paternels que lui donnaient sur Catherine ses anciens bienfaits, la reconduisit jusqu'à sa porte, et, en la quittant :

— Catherine, lui dit-il, demain matin j'irai vous voir et je causerai longuement avec vous.

— Je vous attendrai, monsieur William, répondit Catherine en frissonnant.

Au moment où son fils et la jeune ouvrière sortirent, M. Benton, qui avait montré un peu de mauvaise humeur pendant le thé, s'était plongé dans des calculs considérables, faisant manœuvrer au crayon, sur son carnet, un régiment de chiffres. Son crayon se cassa, ce qui interrompit naturellement ses calculs et doubla sa mauvaise humeur. Il jeta le crayon sur la table, et d'un ton assez brusque :

— A présent, dit-il à sa femme, que voilà William de retour, il faudra éviter que la petite Catherine vienne si souvent ici.

— Et pourquoi-donc? demanda madame Benton.

— Pourquoi?... pourquoi?... Parbleu ! comme si vous ne me compreniez pas ? Il me semble que leur sortie de ce soir, que leur embarras mutuel, que les regards échangés entre eux pendant tout le souper, en disent assez, sans que j'aie besoin d'entrer dans de plus amples explications. Mon Dieu ! continua Benton, en voyant que ses filles avaient quitté la salle à manger, si Catherine était comme les autres, surtout si elle n'avait pas été accueillie au milieu de nous comme une enfant de la maison, je m'inquiéterais peu, vous sentez bien, que William se passionnât pour elle; mais Catherine est trop honnête fille pour consentir à devenir la maîtresse de William. Si donc ils se prennent à s'aimer, vous prévoyez aussi bien que moi, chère amie, quel sera le dénoûment de cet amour : une demande en mariage, et... par ma foi, je ne suis pas disposé à donner mon consentement. Prenez donc vos précautions en bonne mère de famille, dans l'intérêt de Catherine comme dans celui de votre fils... sur qui j'ai en ce moment des projets qu'il est important pour moi de voir se réaliser le plus tôt possible.

M. Benton sortit brusquement, et madame Benton tomba dans une profonde rêverie.

VI

Les vives observations de M. Benton avaient un peu blessé sa femme, et peut-être même, pourquoi ne le pas dire, brisé des espérances qu'elle avait nourries au fond de son cœur. L'affection qu'elle portait à Catherine était en effet très-profonde, tant à cause des qualités charmantes de la jeune fille, qu'en souvenir de la conduite de William, conduite dont Catherine s'était montrée si digne de son côté, en réalisant et au delà tous les rêves fondés sur elle. Madame Benton ne répliqua pas trop aux observations de son mari; elle avait en son caractère, en sa raison, en son jugement, une très-grande et très-robuste confiance. Elle ne doutait pas que M. Benton eût ses motifs, secrets peut-être, pour agir de la sorte, et elle ne voulait pas tout mettre sur le compte de l'orgueil qu'elle lui savait. Elle ne combattit que faiblement ses objections, et abandonna la partie facilement en le trouvant implacable dans sa résolution. Elle en prit texte pour adresser des conseils pleins de modération et de tendresse à William. Peut-être que si madame Benton se fût montrée aussi sévèrement inflexible que le vieux négociant, leur fils se fût-il soumis sans murmurer aux ordres que lui infligeait la volonté de sa famille. Mais William prit acte de la faiblesse de sa mère pour se fortifier dans son amour, convaincu qu'il rencontrerait en elle un appui contre le refus et l'obstination de son père.

Il ne fit rien connaître à Catherine de tout cela, s'exalta et l'exalta, au contraire, dans leur affection mutuelle; puis, quelques jours après, conduisant la jeune fille par la main, il entra dans le salon, où toute la famille était réunie.

Il y avait quelque chose de solennel et de grave dans cette entrée comme dans l'attitude de ceux qu'elle surprit, ou plutôt qu'elle ne surprit guère. Madame Benton fit un mouvement pour aller au-devant de son fils : un regard de son mari la cloua à sa place ainsi que ses filles. Catherine, épouvantée de ce silence et de cet accueil, sentit ses forces lui manquer : elle tomba sur un siége, en pleurant à grands sanglots. En dépit de l'ordre de son père, Kettly, la plus jeune des demoiselles Benton, s'était levée et s'était approchée de Catherine, tandis que William marcha droit à son père, et lui prenant respectueusement la main, qu'il pressa avec effusion :

— Mon père, lui dit-il, je viens vous demander votre consentement à mon mariage avec Catherine Geerts. Qui elle est, vous le savez; ce qu'elle vaut par le cœur, par l'esprit, par l'intelligence, par l'âme, vous l'avez pu apprécier aussi bien que moi; ma mère vous l'attesterait au besoin, et mes sœurs en seraient la caution.

Un long silence suivit. Madame Benton avait son mouchoir à ses yeux; Benton, la tête baissée, les mains croisées, regardait le tapis du salon; William était debout, immobile. Catherine s'était laissée glisser sur ses genoux et pleurait, la tête appuyée sur les bras de la petite Kettly.

— Mon père, dit William, j'attends votre réponse.

Benton secoua la tête doucement, et faisant un effort sur lui-même :

— Je vous aime bien, William, dit-il; mais je dois refuser le consentement que vous me demandez.

— Je sais, mon père, qu'aucune prière ne vous ferait changer de résolution; aussi je crois devoir vous demander si c'est là votre dernier mot.

— C'est mon dernier mot, William.

— Alors, mon père, je me passerai de votre consentement.

— Jamais! s'écria Catherine en se levant et s'avançant vers William. Jamais, répéta-t-elle avec énergie, je ne ferai pareille chose.

Puis, se jettant aux genoux de M. Benton :

— Monsieur, dit-elle, c'est moi qui vous supplie maintenant; permettez que je devienne la femme de William, bénie par vous...

M. Benton releva Catherine, déposa un baiser sur son front, et sortit en lui disant :

— C'est impossible, c'est impossible!

A peine M. Benton fut-il dehors, que William et Catherine tombaient dans les bras de madame Benton, qui ne pouvait que murmurer à travers ses sanglots :

— Pauvres enfants! pauvres enfants!

— Madame, dit Catherine en s'adressant à madame Benton, reconduisez-moi tout de suite chez moi, je vous prie.

VII

Huit ou dix jours après cette scène, des bruits sinistres circulaient à New-York sur le compte de la maison Benton. On parlait de faillites nombreuses et considérables au Mexique, au Brésil, à Liverpool, qui pouvaient frapper M. Benton. Son crédit était déjà ébranlé.

—Ce soir, dit M. Benton à William, le steamer de Liverpool arrivera; il nous apportera notre ruine ou notre salut.

Le steamer arriva en effet, et jeta sur la place de New-York la nouvelle de la faillite d'une des principales maisons de Liverpool. Ce sinistre était le dénoûment du drame que redoutait M. Benton. Le rêve cruel de Catherine se réalisait! Mais il restait encore l'espérance de ramasser quelques débris de ce naufrage. Un voyage de William à Liverpool était nécessaire et fut résolu.

Depuis le jour de la scène que nous avons décrite plus haut, Catherine ne s'était plus présentée dans la famille Benton, et elle n'avait plus même voulu recevoir William en compagnie de ses sœurs ou de sa mère. Mais, à l'heure où le glas funèbre de la fortune de M. Benton sonna dans New-York, la première personne qui entra dans cette maison désolée fut Catherine. Sa venue fut comme un baume à ces douleurs et à ces larmes.

— Je pars, chère Catherine, lui dit William. Je ne sais ce qu'il adviendra des tentatives que je vais faire; mais désormais les motifs qui s'opposèrent à notre mariage ne doivent plus exister aux yeux de mon père. Catherine, vous me promettez de m'attendre?...

— Vous me demandez là un serment inutile, William. Partez; que votre retour ici ramène ou non la fortune dans votre famille, que les motifs qui se sont opposés à notre mariage existent ou n'existent plus, que je devienne ou non votre femme, je vous aimerai toujours, William.

William partit. Le coup qui avait frappé M. Benton était trop rude pour un vieillard. Son organisation affaiblie n'y résista pas. Il y a des riches qui ne savent pas devenir pauvres. M. Benton succomba à une attaque cérébrale, deux jours après le départ de William. La misère, à qui la présence d'un homme barre toujours un peu le passage, entra alors dans la maison par les portes et par les fenêtres. Quelle résistance pouvaient lui opposer une femme âgée et deux jeunes filles élevées dans le luxe? Mais Catherine était là.

Son travail suffit à peu près à l'existence de quatre personnes. Et cette petite chambre qu'elle avait rêvé devoir être le port de salut de cette famille de naufragés, devint un sanctuaire pieux où l'huile de la lampe éclaira le dévouement le plus filial et le travail le plus noble qu'on puisse imaginer.

William revint au bout de six mois. Les affaires de son père réglées et terminées, William voyait devant lui un abîme à combler. Le rocher de Sisyphe pesait sur ses bras et sur ses épaules; là montagne se dressait devant lui rude, escarpée, formidable.

— Chère femme, dit-il à Catherine, le ciel m'a largement récompensé de t'avoir recueillie sur ma route le soir où je t'ai rencontrée. Merci, chère enfant, de tout ce que tu as fait pour ma mère et pour mes sœurs. Je ne sais si mon cœur trouvera jamais assez de tendresse et d'affections pour te payer d'un tel dévouement! Allons, ajouta-t-il en se tournant vers sa mère et vers ses sœurs, je suis jeune, Catherine est courageuse et forte : partons pour l'Ouest; l'avenir est à nous. Le travail est le gardien de l'honnêteté et l'inspirateur des grandes et nobles pensées; Catherine nous l'a prouvé. Que son exemple nous aide et nous guide!

Catherine fut la bénédiction de cette famille. Son cœur, autant que son intelligence, illuminèrent cette lutte avec le travail, et William Benton est devenu, m'écrit-on d'Amérique, un des plus riches propriétaires de l'Iowa.

IX

LES VOYAGES ET LES HOTELS

I

Aux États-Unis, voyager est une chose sérieuse. C'est une affaire de tous les jours et, pour ainsi dire, un des actes essentiels de la vie de chacun. Hommes, femmes, enfants, jeunes filles, personne ne recule devant les trajets les plus longs, quelquefois les plus pénibles.

Tout le monde donc, voyageant par nécessité et par plaisir, on a dû aviser aux moyens de rendre les communications faciles, et de ménager aux voyageurs un bien-être et un confort à peu près égaux à ceux du foyer domestique. Le bon marché des transports et l'absence complète de toutes ces petites tracasseries dont, en Europe, on accable le voyageur sont un attrait réel, et que les étrangers surtout apprécient à un haut point.

C'est surtout en fait de navigation que l'audace des Américains du nord se déploie dans toute son excentricité. Vous distinguez très-aisément un de leurs navires, au milieu d'un port, à la hardiesse de la mâture, à l'envergure des voiles. On sent, en quelque sorte, dans le navire américain, le cheval de course. Il dément rarement cette bonne opinion qu'il inspire; et puis, quand vous avez navigué deux jours seulement à bord, vous vous apercevez tout de suite qu'il doit un peu de cet air martial à celui qui le dirige, comme un coursier gagne en finesse, en fierté, en ardeur sous la main d'un cavalier intrépide. Cette audace, cet esprit d'aventure finit par vous subjuguer, et vous oubliez la prudenee devant cette confiante sécurité que le marin américain conserve, même au milieu des plus grands dangers.

Si les navires à voiles n'offrent, dans leurs formes et leur construction, rien de bien frappant pour un œil vulgaire, il n'en est pas de même pour les bâtiments à vapeur, qui sont des types qu'on ne rencontre qu'aux États-Unis; à commencer par les *tow-boats* ou remorqueurs, énormes bateaux qui n'ont de remarquable que leur puissance.

Ils sont pour ainsi dire informes, larges, trapus, si j'ose m'exprimer ainsi. Leur avant cependant est assez finement taillé, de manière à lutter avantageusement contre le courant des fleuves. Les roues, d'une circonférence énorme, sont masquées par deux murailles en bois, du niveau de l'eau au sommet du pont, établi en manière de galerie et placé à une très-grande élévation. Ce sont pour ainsi dire des radeaux à quille, sur lesquels on dresse une charpente à jour supportant tout l'échafaudage de la galerie.

Le *tow-boat* s'annonce toujours de loin par le bruit formidable de sa machine; on dirait un coup de canon se répétant de seconde en seconde.

Ce n'est certes point par leur élégance que ces bateaux vous séduisent; mais leur étrangeté même, le bruit des machines dont je parlais, la puissance qu'on leur devine, et les preuves qu'on les voit en donner, leur colossal aspect enfin appellent nécessairement l'attention. On les examine, comme on tourne autour d'un éléphant.

Quelqu'un a défini les *tow-boats* les Hercules-Farnèse de la navigation.

Il n'en est pas de même à l'égard des *steam-boats* qui parcourent les principaux fleuves de l'Amérique, construits à peu près sur le même type; ils sont en vérité admirables. Ce sont des maisons à plusieurs étages, dont l'intérieur est quelquefois d'une magnificence rare sur les bateaux de premier ordre. La soie, le velours, les incrustations de nacre et de bois précieux, les décorations en or, les peintures, les moulures artistiques, les tentures d'étoffes, les caprices d'architecture, jusqu'au marbre, tout le luxe possible d'ameublement et de confort y est déployé sur une échelle extraordinaire.

Habituellement, sur le pont inférieur, entre la muraille du bord et la base de l'*édifice*, règne une galerie circulaire, large de cinq à six pieds, qui parcourt tout le navire; au premier étage, se trouve une immense pièce qui va d'un bout à l'autre du bateau; on l'appelle le *salon*. C'est dans cette pièce que se déploie plus particulièrement le luxe dont j'ai parlé. Vous y foulez d'épais et riches tapis qui couvrent le parquet dans toute sa longueur; de bons fauteuils, des causeuses de toutes formes sont prêts à vous recevoir. Rien n'y manque: cheminées chargées de garnitures splendides, glaces richement encadrées, etc.

Le second étage est autrement distribué. Une moitié de la galerie de l'arrière forme le *salon supérieur*, où les voyageurs trouvent des livres, des tables à jouer; c'est là que les musiciens, qui s'embarquent par bande de six ou

huit sur quelques steam-boats, donnent leurs concerts; chose dont les Américains sont très-friands, soit dit en passant. Ils aiment passionnément la musique; quand elle est mauvaise, il semble qu'elle leur fasse encore plaisir, car pour eux c'est toujours de la musique. J'ai entendu sur certains steam-boats prodiguer à de malheureuses joueuses de harpe de frénétiques applaudissements, dont eussent été fiers nos artistes les plus blasés sur les bravos.

C'est tout un monde à décrire qu'un steam-boat. Une portion de la grande pièce du premier étage est séparée du reste par une haute cloison à double porte au-dessus de laquelle ont lit ces mots, formidables en Amérique : *Salon des dames.* Nul pied profane ne peut fouler les moelleux tapis qui décorent cette pièce.

Ce sanctuaire, interdit aux hommes, renferme de délicates coquetteries d'ameublement et d'arrangement, spécialement réservées aux divinités qui doivent l'habiter. Les fauteuils sont plus moelleux, les canapés plus riches, les draperies et les tentures de couleurs plus tendres; de beaux vases de Chine y recoivent de monstrueux bouquets de fleurs.

Le rez-de-chaussée de cette maison flottante est destiné, à l'arrière, à la classe peu aisée, pour laquelle on a construit une grande chambre commune.

Quant aux esclaves et même aux gens de couleur, riches et pauvres, hommes et femmes, ils n'ont accès que sur l'avant du navire.

Le portrait que je viens de tracer est celui d'un *steamboat* de premier rang, spécialement affecté aux passagers. La peur de la concurrence, terrible dans ce pays quand elle s'acharne sur des industries rivales, le besoin qu'éprouve l'Américain de se trouver toujours largement et

magnifiquement installé, font que ce luxe, ce déploiement d'agrément et de confort sont une nécessité. Et quand on songe que des traversées entreprises sur de pareils bâtiments ne durent pas quelquefois plus de cinq ou six heures, et pour des prix minimes, on s'étonne qu'en Europe on fasse pour ainsi dire tant d'efforts pour se trouver gêné, mal à l'aise pendant des voyages qui se prolongent jusqu'à trois et quatre jours. Ajoutez à cela que la marche de ces bâtiments est supérieure en vitesse à tout ce qu'on peut imaginer.

Une chose remarquable à bord des steam-boats américains, c'est l'absence complète de tout commandement, de tous cris, de tout bruit. C'est l'image la plus frappante du gouvernement de l'Union, où l'on ne retrouve nulle part le pouvoir, et où l'on sent partout son action. Il semble que l'âme entière de cette immense machine de bois soit dans ses chaudières, dans sa vapeur, dans ses roues. Où est le capitaine ? Vous le cherchez vainement ; vous ne le rencontrez même pas, excepté à l'heure des repas, où vous l'apercevez au haut bout de la table et y présidant majestueusement.

Les seuls ordres qu'on entende à bord se transmettent de la cabane du timonier, au moyen d'une sonnette communiquant dans la chambre aux machines, et à l'aide de laquelle on commande au mécanicien de *stoper*, d'accélérer la vitesse des roues ou de retenir leur élan.

On comprend que de tels bâtiments, avec leurs hauts étages, ne peuvent naviguer que sur les fleuves, où ils sont abrités par les rives. A la mer, ils ne résisteraient pas, et chavireraient au moindre vent.

On a beaucoup parlé des accidents et des nombreuses victimes qu'occasionnent les bateaux à vapeur en Amérique. Il y a un peu d'exagération dans les récits qu'on en

a faits. Si rares que soient ces catastrophes, relativement au nombre des bâtiments, elles n'en sont pas moins déplorables, j'en conviens. Mais d'abord rétablissons l'exacte vérité :

Ces accidents sont presque inconnus ailleurs que sur le Mississipi, et, même alors, il n'y a pas toujours de la faute ni des capitaines, dont je n'excuse pas l'imprudente hardiesse, ni des machines qui sont généralement bonnes, ni des bâtiments qui sont à l'ordinaire bien construits. Mais il ne faut pas oublier que, dans ses parties les plus navigables, le Mississipi est semé de ces énormes troncs d'arbres dont les cimes atteignent au sommet de l'eau, et contre lesquels il arrive souvent qu'on se heurte. Ces chocs violents sont presque toujours suivis de catastrophes. Dans le pays, on appelle ces récifs des *chichots*. Ensuite, il ne faut pas oublier non plus que, sur le Mississipi, on compte plus de deux mille steam-boats faisant, l'un dans l'autre, de trois à quatre voyages par mois; ce qui établit une moyenne de 95,000 traversées, sur lesquelles il arrive à peine une catastrophe chaque année. Ce sont là les conséquences inévitables de l'existence et de l'emploi de la vapeur.

Toute médaille a son revers, tout progrès à son côté fatal.

II

Les Américains du Nord semblent avoir été si complétement prédestinés à ne se servir que de steam-boats et de chemins de fer, qu'ils ont été peu doués de l'instinct de la voiture à quatre roues, pas plus qu'ils n'ont l'intelligence des grandes routes affectées à ces sortes de voitures.

Il faut donc que je vous dise ce que c'est qu'une diligence ou *stage* aux États-Unis. Dans une voiture, composée d'un seul compartiment, on entasse neuf personnes sur trois banquettes transversales, les trois du milieu n'ayant pour s'adosser qu'une ceinture de cuir accrochée aux deux côtés intérieurs de la voiture. A la grande rigueur, six personnes y seraient déjà peu à l'aise.

Mais là n'est pas encore tout le mal. On attelle, il est vrai, à ce *stage* quatre magnifiques chevaux parés, reluisants, harnachés comme pour un tour au bois, avec de longs rubans bleus et roses aux cocardes; un *driver* (conducteur), ganté de gros gants de daim qui lui montent jusqu'à mi-bras, tient en main les guides et conduit ses chevaux avec une admirable habileté. Durant les premiers moments que je fus installé dans mon coin, cela alla assez bien ; mais nous n'étions pas à deux milles du relais, que nous entrâmes dans de grandes forêts. Alors ce n'était plus une route tracée pour des hommes que nous suivions, c'étaient des fossés et des rivières que nous franchissions, des troncs d'arbres que nous escaladions, le tout accompagné de cahots à me briser les reins; car, même devant ces obstacles, les chevaux ne ralentissaient pas le galop qu'ils avaient pris depuis leur départ, et chaque fois que l'obstacle devenait plus grand, le cocher les fouettait et ranimait leur ardeur. Était-il gris? demanderez-vous; non pas! Avisez-vous donc de crier à un *driver* américain de prendre garde...

— Prendre garde à quoi? vous demandera-t-il.

— Mais à mes côtes, s'il vous plaît! lui répondrez-vous.

— A vos côtes, Monsieur! mais je m'en soucie bien; je ne sais pas pourquoi je perdrais mon temps à les ménager!

— Mais au moins songez à vos chevaux...

— Mes chevaux! mais il me semble qu'ils ne se plaignent pas... Voyez, ils sont vigoureux, obéissants, ils ne demandent pas mieux que de galoper, et vous voudriez que je les fisse aller au pas!.. Ils me le reprocheraient.

— Mais vous allez briser la voiture!...

— La voiture se briser! oh! que non! elle est bien construite, elle est solide, soyez tranquille. Une voiture, cela est fait pour suivre les chevaux! Du moment que ceux-ci franchissent le fossé, il faut bien que la voiture y passe; s'ils s'enfoncent dans la boue jusqu'au poitrail, la voiture peut bien y entrer aussi; elle n'est pas plus délicate qu'eux! Ils ont leurs jambes pour s'en tirer, elle a ses roues qui l'y aideront.

Et il a raison, le *driver!* Ses chevaux sont tout aussi américains que lui sous ce rapport. Ils vont toujours, toujours. Fossés, haies, rivières, troncs d'arbres à franchir, à escalader, rien ne les arrête. C'est un nouveau genre de *steeple-chase.*

Le sol sur lequel roule ou plutôt bondit le *stage* est, pour ainsi dire, dans son état primitif; il n'a été ni nivelé, ni battu, ni pavé.

Lorsqu'à la suite de grandes pluies il s'y est formé quelque crevasse réellement dangereuse, alors on jette en travers de la route des arbres rapprochés les uns des autres; mais, si près qu'on les puisse placer, il existe toujours entre eux une solution de continuité produite par la forme même des troncs, et qui amène une suite de cahots non interrompus. Chaque tour de roue en fait naître trois ou quatre qui se succèdent avec une rapidité effrayante. Cela dure ainsi quelquefois un quart d'heure, une demi-heure. C'est un véritable supplice! Tout à coup, au moment où l'on s'y attend le moins, on se trouve pris, arrêté, comme emprisonné au milieu d'un bois à travers lequel il faut absolument se frayer un passage.

On évolutionne littéralement autour des arbres dont les branches indiscrètes pénètrent jusqu'au milieu de la voiture, menaçant de vous briser la tête, de vous abîmer le visage, tout au moins de vous endommager un œil. Et puis ce sont des chocs terribles quand les roues s'engagent entre les racines, à croire que la voiture va sauter en morceaux.

Quelquefois encore on franchit des gouffres de cent pieds de profondeur, au fond desquels roule quelque torrent; on les passe sur des ponts en bois dont les planches mal jointes, mal assurées, mal clouées, crient, tremblent, s'ébranlent et basculent sous le poids des roues. Il y a dans le danger réel qu'on y court une certaine grandeur qui le fait presque oublier... Puis, un instant après, on se sent rouler sur la mousse ou sur un lit de feuilles; plus de cahots, plus de secousses, on est moelleusement balancé. C'est qu'on traverse, alors, quelque belle partie de forêts où il semble qu'on fasse une promenade poétique.

Mais, hélas! l'illusion n'est pas d'une assez longue durée. Vous suivez encore du regard les charmants caprices que la nature s'est plu à semer dans ces immenses déserts comme des trésors de surprise, quand un bond qui colle votre front aux parois de la voiture vous avertit qu'il n'y faut plus songer, et vous ramène à la triste réalité!

La seule compensation qu'on trouve à ce véritable martyre est le beau spectacle qu'offrent les magnifiques forêts qu'on traverse et qu'on ne quitte pas du moment du départ au moment de l'arrivée. Il en est ainsi dans toute l'Amérique.

Comment se fait-il qu'aux États-Unis on rencontrât,

tout récemment, des routes pareilles à celles dont je viens d'essayer de vous donner une idée?

Ce mal a deux causes. La première vient de ce qu'il y a indécision dans l'esprit du gouvernement de l'Union sur la question de savoir si les grandes routes, même celles que suit la malle postale, doivent être créées et entretenues par le gouvernement général, ou bien si chaque État doit en avoir la charge isolément.

En second lieu, dans la pensée des Américains, il est arrêté en principe que la vapeur appliquée à tous les modes de transport doit seule desservir les voies de communication. Tous les efforts se concentrent donc sur les chemins de fer, et on ne se préoccupe nullement des routes ordinaires, qui ne sont considérées que comme un provisoire, un accident qui, d'un jour à l'autre, doit disparaître. Ceci est tellement vrai que, dès qu'il est possible de rouler dix minutes seulement sur un chemin de fer en cours d'exécution, on en profite immédiatement.

Parvenus, après trente heures de souffrances et de fatigues, au terme du seul voyage en *stage* que j'aie fait en Amérique, nous prîmes le chemin de fer à Griffin. Il était trois heures de l'après-midi; nous étions en retard d'une grande heure et demie, et nous devions être rendus au plus tard à quatre heures moins un quart à Atlanta, afin d'y rejoindre un convoi de nuit qui devait nous conduire à Augusta.

Le train partit, si je puis m'exprimer ainsi, au galop de sa vapeur, et dévora en cinquante-cinq minutes les cinquante-cinq milles qui séparent les deux stations; mais en atteignant cette grande vitesse, nous avions enfreint les lois qui, dans la Georgie, interdisent au railroad une vitesse de plus de douze lieues par heure. Dans chaque État de l'Union, selon la plus ou moins bonne construction des chemins, selon la qualité des machines, des locomotives, les lois fixent un maximum de vitesse aux trains.

Ainsi, dans la Georgie, dans la Caroline du Sud, dans la Virginie, dans les États du Nord, où les chemins sont parfaitement établis, on voyage avec une rapidité qu'on peut estimer varier en moyenne de huit à quinze lieues, tandis que dans la Caroline du Nord, la Louisiane, etc., cette moyenne ne dépasse pas quatre à cinq lieues.

A peine sortis de Griffin, nous entrâmes de nouveau en pleine forêt; et c'est le moment d'expliquer pourquoi, en Amérique, toutes les routes possibles sont tracées au milieu des forêts.

D'abord, aux États-Unis, les trois quarts du sol sont à défricher, et cette partie encore inculte est presque tout entière en bois; on se garde donc de toucher aux terres déjà en culture, car ce serait porter stupidement le trouble au sein des richesses naissantes du pays.

Secondement, ouvrir des voies de communication au milieu des déserts, c'est y appeler des populations nouvelles; c'est y créer des villes et des villages; c'est y introduire l'agriculture et l'industrie; c'est y semer la fortune; c'est y répandre la civilisation. Chaque tronçon de chemin de fer, à mesure qu'il s'avance dans le pays, semble apporter tout cela avec lui. A chaque pas que l'on fait dans chacune de ces immenses forêts, selon la disposition des terrains, selon les chances d'avenir que présentent les localités, on aperçoit s'élever au milieu des arbres, ici une cabane isolée, plus loin deux ou trois maisons, enfin des villages entiers. En deçà, au delà, à droite, à gauche, s'étend toujours la forêt. Le calme, la solitude de la nature à deux pas de ces premiers vagissements de la civilisation.

Les chemins de fer ont, en outre, avantage à passer à travers les forêts, en ce qu'ils se trouvent à même, ainsi, de s'approvisionner de combustible à très-bon compte. Aussi ne consomme-t-on point ou très-peu de charbon aux États-Unis, ni pour les rail-roads, ni pour les bateaux à vapeur. Le long de la route, de distance en distance, les trains font halte, soit pour s'approvisionner d'eau, soit pour se charger de bois.

Un train de chemin de fer est, dans ce pays-là, considéré comme une voiture ordinaire. On est habitué à s'en garder comme nous nous gardons d'un cabriolet qui passe dans la rue. Il y a des villes aux États-Unis, comme la Nouvelle-Orléans par exemple, où les trains passent au beau milieu des rues, exactement comme le ferait la plus innocente calèche. Les enfants se rangent tranquillement, les passants attendent, les autres voitures stationnent; seulement le mécanicien lâche le robinet de vapeur disposé en manière de sifflet, et dont le cri strident et prolongé se fait entendre au loin et annonce l'approche du train. Dans la campagne, ce signal est nécessaire pour avertir les animaux qui se promènent paisiblement sur les rails ou s'y couchent en travers. Ils ont une peur terrible de ce sifflement, et, dès qu'ils l'entendent, ils prennent la fuite de tous côtés en poussant des hurlements.

Nous étions donc arrivés à Atlanta pour y prendre un train de nuit qui devait nous conduire à Augusta.

Ici j'ai une particularité toute spéciale à signaler; je veux parler de la disposition intérieure des chars destinés à recevoir les voyageurs pendant la nuit. Ces voitures sont de véritables maisons où rien, absolument rien ne manque pour tous les besoins de la vie. Elles sont divisées en plusieurs compartiments ou chambres à coucher : les unes destinées aux dames seules, les autres aux hommes.

Chacune de ces chambres comporte six lits ou plutôt six couchettes placées latéralement sur deux ou trois étages. Avant que la nuit soit venue, les deux couchettes inférieures forment un excellent canapé; quand l'heure du sommeil arrive, on prend la peine de soulever le dossier du canapé; quand il est parvenu à la position horizontale qui convient à son nouvel usage, de forts crampons en fer, mis en mouvement par un mécanisme intérieur, le saisissent et le maintiennent; trois sangles ou courroies perpendiculaires garantissent le dormeur de toute chute. Vous dire que ces lits soient parfaitement bons, ce serait mentir; mais on est encore très-aise de les trouver tels qu'ils sont, et de pouvoir, grâce à cette précaution, passer une nuit assez tolérable.

Les chars de jour, s'ils ne sont pas aussi riches ni aussi moelleusement arrangés que les nôtres, offrent, en compensation, certains avantages qui sont à envier quand on a une longue route à parcourir. Ces voitures ont la même construction à peu près que les wagons de seconde classe de nos chemins de fer; la toiture en est beaucoup plus élevée cependant, et a environ sept pieds de hauteur. Chaque char contient, sur les grandes lignes, de quarante-huit à soixante-douze personnes. Dans le milieu du char règne une allée assez large qui le coupe en deux parties; à droite et à gauche sont disposées des stalles exactement semblables aux stalles de nos théâtres, avec un dossier un peu plus élevé. Ces stalles sont rangées par trois de front sur chaque côté, et chaque rang jouit du bénéfice d'une croisée. Aucune porte latérale; on entre et on sort par les deux extrémités de la voiture. Devant chacune de ces portes règne une sorte de petit balcon circulaire avec balustrade en fer, et qui sert comme de pont pour passer de plain-pied d'un char dans l'autre. De cette façon on peut se promener d'un bout à l'autre du convoi.

Il n'y a de distinction entre les places que celles-ci : les femmes jouissent du privilége d'un char spécial où ne sont admis, comme sur les bateaux à vapeur, que leurs chevaliers servants ; les gens de couleur ont également un char spécial ; quant aux esclaves (dans les États à esclaves), on les relègue avec les bagages, dans une sorte de magasin placé sur l'avant, et qui sert en même temps de salle à fumer.

Tout ce qui a la peau blanche, ou mieux, pour m'exprimer selon la loi américaine, tout ce qui est citoyen américain, a des droits égaux aux mêmes places, le prix en est le même pour tous.

Dans le char des femmes se trouve un petit salon, mystérieux arcane, qui renferme des toilettes complètes et tous les objets dont la coquetterie féminine se sent le besoin, même en voyage. Ce petit salon est parfaitement arrangé et décoré. Pendant l'hiver, on place dans les chars un poêle ; vous voyez que rien n'y manque.

Aux États-Unis, on ne paye pas sa place avant de monter en voiture, ou du moins il en est ainsi pour ceux qui prennent le train en route ; car, aux États-Unis, on fait signe et on arrête certains convois de chemin de fer en pleine voie, comme nous arrêtons un omnibus sur le boulevard. Seulement, de demi-heure en demi-heure, le chef du train fait sa tournée, nuit et jour, dans tous les chars en criant :

— *Your tickets, if you please, gentlemen.* (Vos billets, s'il vous plaît, Messieurs.)

Celui qui ne peut produire son billet paye le prix de sa place, et, en échange de son argent, on lui remet une carte. Afin de prévenir cette exhibition continuelle de billets, pour la production desquels le chef du train est obligé, au milieu de la nuit, de réveiller les dormeurs, les Américains ont adopté l'usage de planter le *ticket* entre le chapeau et le ruban qui l'entoure, de manière à le mettre bien en évidence.

III

A considérer le nombre prodigieux d'individus toujours en marche (le dimanche excepté), du commencement à la fin de l'année, d'un bout à l'autre des États-Unis, on se demande si la population de ce pays est une population sédentaire ou flottante, et comment on peut arriver à établir un recensement exact des villes.

Si grande est la facilité de locomotion, favorisée par des avantages considérables partout où l'on s'arrête, que les hommes d'affaires (et il n'y a guère que cela dans ce pays) ne répugnent pas à se mettre en route avec toute leur famille pour régler des opérations d'une minime importance; profitant ainsi de ce qu'ils ont deux cents dollars à toucher à deux cents lieues de leur résidence, pour entreprendre, sans souci et sans précaution préalables, un voyage d'agrément en même temps qu'un voyage d'affaires : *utile-dulci.*

Sur quelque point de l'Union qu'il veuille mettre le cap, l'Américain est assuré d'abord de trouver, ou un bon steam-boat, à bord duquel rien ne lui manquera de toutes les choses qu'il est habitué à posséder dans son intérieur, ou un chemin de fer qui, par les dispositions des chars, lui garantira sinon tous les besoins usuels de la vie, au moins une grande partie d'entre eux.

Depuis la promenade qu'il peut effectuer d'un bout à

l'autre du train, jusqu'à la faculté de fumer tranquillement son cigare, d'avoir un à peu près de lit pour passer la nuit, et un cabinet de toilette à son réveil du lendemain, il trouve tout. Ajoutez à cela que chaque train de chemin de fer, à toutes les villes où il s'arrête, embarque, selon son importance, deux, trois ou quatre marchands de journaux ou colporteurs de livres, tenant à la disposition des voyageurs les feuilles locales (toujours intéressantes pour l'Américain au point de vue des renseignements innombrables qu'elles contiennent) et des ouvrages de toutes sortes, ce qui est une ressource pour abréger la longueur de la route.

Il est incontestable, comme je le disais, que ces attentions, peu importantes et peu apréciées chez nous, ont une grande influence aux États-Unis sur le mouvement de la circulation. Notez encore que les bagages, qui jouent un rôle si ennuyeux en raison de l'élévation du prix de leur transport dans nos systèmes de locomotion, ne sont pas, comme chez nous, un objet de préoccupation en Amérique. On y prend, sans trop marchander, tout ce qui va avec vous.

L'Américain aime, par nature, ses aises. Si on s'avisait de le lésiner ou de le tracasser à propos d'un ou deux kilogrammes de poids de bagages, ou sur la dimension de ses malles, il renoncerait bientôt à voyager.

Mais ce n'est pas assez pour lui d'avoir l'assurance d'être transporté à peu près confortablement et à bon marché d'une ville à une autre.

Il quitte un intérieur convenable ou luxueux par l'ameublement, par l'exactitude du service, par l'abondance de tous les capricieux besoins de la vie, par l'aspect même des maisons riches ou élégantes : il faut qu'il retrouve tout cela partout où il s'arrêtera. Il faut qu'en posant le pied dans une ville qu'il traverse ou vient habiter pendant quelques jours, il ne s'aperçoive pas, pour ainsi dire, de la transition; il faut enfin qu'à dix, vingt, cent, trois cents lieues de chez lui, il rencontre à peu près les mêmes aises, le même luxe, le même confort, et qu'il ne regrette pas d'avoir rien laissé derrière lui.

A ces conditions, et avec la certitude que rien de ce qu'il attend et désire ne lui manquera, en tout lieu où il stationnera pour son plaisir ou pour ses affaires, l'Américain n'hésite pas à se mettre en route sous le moindre prétexte, à tout propos; sinon, il vous dira nettement qu'il préfère rester chez lui.

Ce n'est donc pas seulement dans le but d'attirer les voyageurs et de faire parade de monuments gigantesques et exceptionnels, que les Américains ont déployé un luxe inusité dans la construction des principaux hôtels des États-Unis et dans l'organisation intérieure de ces établissements; c'est aussi afin de satisfaire aux exigences des mœurs nationales et aux goûts des individus.

On doit bien reconnaître que la cause et l'effet se peuvent confondre et se prêtent, en tout cas, un appui mutuel.

C'est ce qu'en France on ne paraît pas encore avoir très-bien compris. On y a fait du prix élevé de toutes choses un moyen apparent de profit, et il en est résulté, au contraire, un obstacle au développement des moyens de transport et des voyages eux-mêmes.

On ne sait pas assez non plus se rendre compte de l'influence qu'exerce sur le mouvement de la circulation le confort et la bonne administration des hôtels dans les grandes villes. Sous ce rapport, nous sommes le peuple le moins avancé; et le pire, c'est que nous ne cherchons pas à améliorer un état de choses évidemment nuisible aux intérêts de ceux-là même qui devraient le plus désirer le progrès.

Nous avons le préjugé de croire que, pourvu qu'un homme ne soit pas exposé à la pluie, au vent, à la neige; pourvu qu'on lui loue très-cher une chambre et un lit, cela suffit, et que toutes les conditions que le voyageur est en droit d'exiger ont été remplies. Grave erreur!

En faisant connaître le soin tout particulier avec lequel les Américains se sont attachés à faire de leurs hôtels, dans les principales villes de l'Union, des lieux d'agrément et des établissements richement dotés de tout le bien-être de la vie, on reconnaîtra qu'ils ont montré à cet égard une intelligence rare.

Nous n'avons pas l'idée en France de ce que peut être en Amérique un établissement de ce genre; et en Angléterre et en Allemagne, où ils sont, en général, sur un pied que nous ne pouvons égaler, il faut reconnaître que les hôtels ne peuvent lutter avec ceux des États-Unis. Quant à nous, ce que nous possédons de plus grandiose, de plus riche, de plus cher à Paris même (sauf l'hôtel du Louvre, édifié un peu sur les plans américains), n'équivaut pas aux hôtelleries de second ordre dans ce pays.

Il n'est pas jusqu'aux petites auberges qu'on rencontre sur les routes, qui n'offrent un confort que j'ai bien souvent regretté de ne pas trouver dans des villes importantes de la France.

Les habitudes américaines contribuent à assurer ce développement colossal aux hôtels bien famés. Par exemple, pour tenir un train de maison, même ordinaire, aux États-Unis, il faut être dans de certaines conditions que tout le monde ne peut remplir. Il n'existe pas, à proprement dire, de maisons à appartements, et surtout à petits appartements; par conséquent, les *bachelors*, ou garçons, seraient obligés, en tout état de cause, de prendre à loyer une maison entière, dont le prix est généralement élevé. Cette dépense très-forte en entraîne d'autres non moins considérables, celle de plusieurs domestiques, par exemple ; car on ne trouve pas aux États-Unis de maîtres Jacques, le cuisinier n'est jamais cocher en même temps, le cocher ne cumule jamais les fonctions de valet de chambre, etc.

Lors même qu'il est riche, le *bachelor* a toujours une occupation qui ne lui laisse aucun loisir pour surveiller la direction de sa maison. S'il ne jouit pas d'une aisance convenable, il lui est encore impossible de songer à vivre chez lui, car on ne connaît point non plus, en Amérique, ces mille ressources d'économies de la vie parisienne. La femme de ménage n'existe pas; le portier-valet de chambre est ignoré.

Et puis, enfin, les Américains aiment beaucoup cette existence en commun. Il en résulte que tous les *bachelors*, que les femmes mêmes, *garçons* par nécessité ou par position, s'installent dans les hôtels, y logent, y mangent, y vivent.

Les mêmes causes se reproduisent dans les localités secondaires, dans les lieux de plaisance et de passage. Combien de familles, allant passer une saison entière à la campagne, ou aux eaux, ou dans une ville même où les plaisirs et les affaires les appellent, préfèrent de beaucoup se loger à l'hôtel plutôt que de louer une maison, lors même qu'elles seraient en position de le faire, dût-il leur en coûter plus cher !

Aussi les hôtels des petites localités un peu en vogue reçoivent-ils un développement colossal. Allez à Newport, à Saratoga, partout ailleurs, vous serez émerveillé.

IV

En toute chose, le caractère distinctif des Américains du Nord est d'avoir su emprunter son ampleur à la nature au milieu de laquelle ils vivent.

Ils ont une aversion profonde pour tout ce qui est mesquin, étroit, étouffant.

A New-York, à la Nouvelle-Orléans, à Washington, à Cincinnati, à Philadelphie, dans toutes les principales villes enfin, les rues sont larges comme les fleuves qui sillonnent le pays; les maisons vastes comme les lacs ; et les monuments, s'ils manquent d'originalité, ont du moins le mérite de paraître imposants. Voyez leurs villes; quand ils en font le tracé, ils ne ménagent jamais l'espace. Les limites ne sont pas même indiquées.

Ce goût des choses imposantes, vastes, larges, les a également guidés, quand il s'est agi de construire ces immenses hôtels, qui comptent aux États-Unis parmi les monuments publics.

En même temps que leur prévoyance s'attachait à ne rien omettre de ce qui pouvait et devait assurer aux voyageurs les commodités de la vie (et je vous dirai tout à l'heure quelle organisation a présidé à la fondation de ces établissements), les Américains ont songé, non pas au point de vue seulement de la spéculation, comme on pourrait le croire, mais aussi et surtout au point de vue de l'orgueil national, à élever les hôtels, habités et visités par les étrangers, à la hauteur des splendeurs froides mais grandioses de leurs vastes cités.

Il est certain que c'est là une tactique qui ne manque pas d'habileté; mais il faut le dire aussi, pour arriver aux résultats *moraux* (si je puis m'exprimer ainsi) que voulaient atteindre les hôteliers, il était indispensable qu'ils construisissent les maisons sur le modèle qu'ils ont adopté.

Je le répète, l'extérieur de ces édifices a quelque chose de véritablement imposant.

Comme architecture, ils rentrent dans le déplorable système que les Américains ont adopté, par parti pris, d'imiter l'art grec dans tout ce qu'il y a de plus froidement correct. Temples, bourses de commerce, hôtels, tous les édifices quels qu'ils soient, enfin, se ressemblent comme deux morceaux de pierre.

Ce n'est donc pas au point de vue de l'art proprement dit que je cite l'extérieur des hôtels en Amérique, mais comme répondant, par leurs dimensions, par leur colossal aspect, à un ordre d'idées évidemment très-grandiose. J'ajouterai que, dans beaucoup de villes du Nord particulièrement, où le marbre est employé jusqu'à la profusion, comme à Philadelphie, les façades, les colonnes, les frontons de ces hôtels en sont décorés, ce qui ne laisse pas que de leur donner une certaine pompe majestueuse.

Il est évident que l'étranger qui débarque d'un chemin de fer ou d'un navire, que l'on conduit dans ces véritables phalanstères où tout est immense, l'intérieur aussi bien que l'extérieur, conçoit immédiatement une haute opinion de la ville où il arrive, du pays qu'il va parcourir.

Depuis quelques années surtout, ces établissements ont pris un développement considérable. Chaque jour c'est un progrès nouveau en agrandissement de local, en luxe d'intérieur; on ne saurait prévoir où cela s'arrêtera. L'industrie des hôtelliers est extrêmement lucrative pour les gens d'expérience, et il y a des hommes qui y ont acquis, avec de très-grandes fortunes, une immense réputation.

Dans une spirituelle comédie, intitulée : *le Cousin d'Amérique*, que l'on a jouée avec beaucoup de succès, dans ces derniers temps, aux États-Unis, un des personnages dit en parlant d'un autre : « Il a beaucoup d'esprit, mais il ne pourrait pas tenir un hôtel. »

Tenir un hôtel, ce n'est rien, s'écriait à ce propos un journal de New-York ; mais en avoir deux, trois, quatre et même un cinquième, et tous aux dimensions gigantesques, voilà le talent ! Tel est le cas d'un des directeurs de ces établissements, qui, non content de posséder cinq hôtels à Boston et dans divers États du Sud, vient d'en faire construire un nouveau sur des proportions gigantesques, à New-York. Il y a plusieurs exemples aux États-Unis de ces entreprises considérables sur plusieurs points de l'Union à la fois. On dit, en Amérique, « que les hommes capables de diriger plusieurs grandes maisons en même temps, sont autant au-dessus des simples hôteliers qu'un général d'armée est supérieur à un simple capitaine. »

Quand on compare ce qui est aujourd'hui avec ce qui était il y a huit ou dix ans, on est émerveillé des progrès immenses qui ont été faits dans cette voie.

Je ne prétends pas dire qu'à New-York, pas plus que dans aucune des autres grandes villes des États-Unis, tous les hôtels soient édifiés sur un type grandiose irréprochable. Là, comme partout, il y a des maisons de second ordre, dont l'aspect n'a rien de monumental, et qui se trouvent au niveau de toutes les bourses. Mais je me hâte de dire que ces maisons-là sont établies sur un pied d'administration à peu près égal à celui qui régit les plus grands établissements ; répondant comme eux, dans la limite de leurs moyens, à toutes les exigences des mœurs et des habitudes américaines, réunissant sur une échelle moindre, dans un espace plus rétréci, les mêmes conditions, les mêmes avantages, la même exactitude dans tous les services intérieurs et extérieurs.

Mais le grand point à faire ressortir, c'est qu'il n'est pas une ville un peu importante aux États-Unis, dans le Nord et dans le Sud, et jusqu'aux limites de l'extrême Ouest, qui ne compte au moins deux ou trois de ces établissements hors ligne; ce qui démontre péremptoirement qu'ils sont indispensables aux États-Unis, et que c'est bien à eux qu'est dû en partie cet immense mouvement de voyageurs qui sillonnent l'Union en tous sens.

L'hôtel qui a servi de type est le Trémont-House, à Boston.

Aujourd'hui, il est à coup sûr dépassé de beaucoup; mais son influence a été telle, sous ce rapport, qu'il y aurait au moins ingratitude à ne pas lui consacrer un souvenir.

Je sais bien que l'apparence n'est pas tout; et certes, si les grands hôtels américains n'avaient pour eux que le granit, le marbre ou la brique entassés sur un espace plus ou moins vaste, je ne crois pas que cela eût suffi.

C'est donc aussi et surtout par tous les détails intérieurs qu'ils méritent d'être signalés à l'attention, et qu'ils ont conquis la faveur universelle.

Quoi qu'il en soit, on reconnaîtra que ce majestueux aspect de l'extérieur implique tout de suite l'idée d'un confort et d'une administration montée sur un grand pied.

Et d'abord, à toutes les stations de chemin de fer, à l'heure d'arrivée de tous les steamers et steam-boats, chaque hôtel a son omnibus. C'est, ou une maison roulante traînée à six chevaux, ou une simple voiture à huit, dix ou douze places, et qui a mission de vous recueillir et de vous transporter à l'hôtel que vous avez choisi. Quand je dis que chaque hôtel a son omnibus, j'aurais dû dire qu'il en a deux, un pour les hommes, l'autre spécialement destiné à recevoir les femmes. La séparation entre les deux sexes, qui existe dans les chars des chemins de fer et sur les steam-boats, se continue dans les voitures et se retrouve dans les logements des hôtels eux-mêmes.

A l'arrivée des trains et des navires, et dans une enceinte réservée, se trouvent toujours deux ou trois domestiques appartenant à chacun des hôtels de la ville ; ils en portent le nom écrit en grosses lettres sur leur chapeau et sur une plaque accrochée à la poitrine. Il y a bien un peu de confusion, de cris, de luttes entre ces représentants officiels des hôtels, pour attirer l'attention des voyageurs. Il est difficile qu'il en soit autrement. Sous ce rapport, les choses se passent tant bien que mal, mais à peu près assez convenablement.

Quand vous avez fixé votre choix ou que la plus forte poigne et la voix la plus éloquemment persuasive vous a décidé, vous remettez aux mains d'un des domestiques le numéro de vos bagages, dont vous ne vous inquiétez plus.

Ainsi donc, dès le début de votre voyage, la prévoyance des hôtelliers vous a épargné le souci et la préoccupation de trouver un moyen de transport du débarcadère à l'hôtel; ensuite la présence des domestiques de l'hôtel vous épargne l'ennui d'attendre le débarquement de vos bagages, et de vous charger de leur transport.

Deux points très-essentiels; j'en appelle à tous les voyageurs.

De même qu'il y a deux omnibus affectés aux deux sexes, de même aussi deux fourgons distincts reçoivent les bagages, non point d'après leur sexe, mais d'après celui de leurs propriétaires. Cette division est la conséquence de la séparation qui existe dans les hôtels, où les femmes ont leur entrée toute spéciale et les hommes la leur. Les appartements y sont également complétement séparés, aussi bien que les salons de conversation et les salles à manger. Ni dans les corridors intérieurs, ni à l'*office* (bureau) de l'hôtel, les hommes et les femmes ne sont exposés à se rencontrer. Vous pouvez vivre quinze jours dans un hôtel aux États-Unis sans apercevoir un visage féminin. Vous ne soupçonneriez pas qu'il existe quelquefois cent femmes sous le même toit qui vous abrite.

Il y a donc en réalité deux hôtels dans chaque hôtel aux États-Unis. C'est un détail de mœurs auquel les Américains attachent un très-grand prix.

Cette distinction et cette séparation n'existent pas dans les *boarding-houses* (pensions bourgeoises), dont le nombre est assez considérable dans les grandes villes de l'Union. Là, au contraire, il y a confusion de sexes; la vie y est commune, non-seulement pour les pensionnaires, mais pour les visiteurs du dehors, car tout *boarding-house* un peu fashionable a son salon de réception, ses fêtes particulières, ses concerts intimes, ses petites intrigues privées. La vie y est, en général, plus agréable que dans les hôtels; il y a, comme on pense bien, des *boarding-houses* de toutes catégories. En parcourant du haut en bas l'échelle de ces établissements, on touche à tous les côtés de la vie; on passe de la réserve la plus honorable à la licence la plus entière; de l'élégance la plus exquise au débraillé le plus suspect; de la splendeur la plus dorée à la modestie la plus honnête.

C'est, sous beaucoup de rapports, quelque chose qui

tient de nos tables d'hôte de bas étage et de nos maisons de jeu clandestines, mais l'équivalent du côté honnête et honorable de ces établissements n'existe pas chez nous.

La première pièce que l'on trouve en entrant dans un hôtel est l'*office*.

C'est un grand vestibule sonore, plus ou moins décoré, et ouvrant directement sur la rue. Tout autour sont rangés des banquettes, des chaises, des fauteuils. Sur un des côtés, le plus souvent sur celui faisant face à la porte d'entrée, se tient, derrière une barricade grillée, l'administrateur de l'hôtel, et souvent le propriétaire lui-même, occupés à dresser les *bills* ou comptes des voyageurs.

De portier, il n'y en a point : c'est le chef de l'*office* qui en remplit les fonctions. Le plus souvent, c'est un *gentleman* parfaitement élevé, de bonnes façons, et qui ne se tient point pour déshonoré ou pour humilié de recevoir et de vous remettre votre clef, de répondre aux visiteurs si vous êtes chez vous ou sorti.

Toute l'administration, toute l'organisation de l'établissement roule sur cet homme et sur ses commis. Je me hâte de dire que les rapports entre lui et les voyageurs sont des plus affables. Il n'est pas de complaisance, d'attention, de prévenance dont il ne soit prodigue, non-seulement envers les habitants de l'hôtel, mais encore envers le public du dehors, qui, du matin au soir, et à certaines heures particulièrement, assiége l'*office*.

L'attrait principal de cette pièce, toujours gorgée de monde, est un registre déposé sur le bureau du *keeper*. Ce registre contient les noms et prénoms des voyageurs, leur destination, le lieu d'où ils viennent, leur position sociale, et pousse même l'indiscrétion jusqu'à faire savoir si vous êtes marié ou garçon. Ce registre révélateur est compulsé du matin au soir par les passants. Il est accessible à tous.

Pour les uns, c'est une étude assez curieuse à faire; pour les autres, c'est un renseignement en permanence. Il y a des gens dont c'est l'occupation de parcourir tous les hôtels et d'en aller feuilleter les registres, pour savoir si des personnes de telle ou telle profession ne sont pas arrivées. C'est une façon d'engager quelquefois des affaires.

On pourrait croire qu'il y a quelque danger pour certains individus à se dénoncer ainsi eux-mêmes sur ces registres des hôtels; mais il faut remarquer d'abord qu'en passant d'un État sur le territoire d'un autre, un malfaiteur se met à l'abri de toute atteinte, l'extradition n'existant pas dans le code de la confédération. Et puis, c'est une monomanie chez les Américains de laisser partout des traces de leur passage. Les dénonciations des registres d'hôtels ont donné lieu, cependant, à des aventures tragiques comme celle-ci :

Un jeune homme de la Nouvelle-Orléans s'était enfui avec la femme de son voisin. Dix mois se passèrent. Il prit un jour fantaisie au mari de faire un voyage dans le Nord. Le hasard le conduisit à prendre la voie du fleuve. Il remonta le Mississipi et l'Ohio. Arrivé à Pittsburg, il fit comme tout le monde ; il jeta les yeux sur le registre de l'hôtel où il était logé. Au troisième feuillet, il poussa tout à coup un cri de rage et de joie en même temps : il venait de lire le nom du ravisseur, se dirigeant, disait le registre, sur New-York. Il se rend dans cette ville avec la rapidité des steam-boats et des chemins de fer, y passe quinze jours à parcourir les hôtels et leurs registres, et y trouve les traces du voyageur. Il se remet en route, poursuivant sa recherche de ville en ville, de registre en registre, et arrive enfin à Nashville. Il entre dans le *bar-room* d'un hôtel et y aperçoit le fugitif occupé à humer un *jackson-punch*. Il tire de sa poche un pistolet, s'avance tranquillement vers lui et lui brûle la cervelle. Trente personnes assistaient à cette scène : le mari outragé leur débita nettement son histoire ; pas une ne songea à lui adresser le moindre reproche.

L'État du Tennessee, où s'est passée l'aventure que je viens de raconter, a été, pendant bien longtemps, le théâtre des plus atroces boucheries. Là, comme dans tout l'Ouest, il arrivait qu'à table, sur un simple mot un peu vif ou mal interprété, les coups de pistolet se croisaient, au détriment des voisins, qui payaient quelquefois pour les coupables.

On a conservé le souvenir d'un duel dont le général Jackson a été le héros. A cet homme étrange, trempé de fer, il fallait toujours des batailles, le bruit des armes, l'odeur de la poudre. Il avait les allures et les goûts d'un aventurier à côté de la raison d'un politique consommé. Apportant dans les relations de la vie privée les habitudes des wigwams, il semblait qu'il vît dans chaque homme qui lui déplaisait un Indien à brûler à bout portant.

Donc, des propos offensants avaient été échangés entre un colonel Benton et le général, et rendez-vous avait été pris pour une rencontre armée.

Jackson, obéissant à l'impétuosité de sa nature, avait commencé par déclarer que s'il rencontrait le colonel il lui casserait la tête.

Benton ayant eu connaissance de ces menaces et voulant éviter toute occasion qui pût amener une provocation pareille, évita de descendre dans le même hôtel où le général logeait à Nashville. Benton était accompagné de son frère. A peine averti de l'arrivée du colonel, Jackson se rend à son hôtel, accompagné de deux ou trois de ses amis, et en entrant dans la chambre où se trouvait son adversaire, il l'ajuste avec un pistolet, avant que Benton ait eu le temps de saisir son arme. Le frère du colonel riposte en envoyant une balle à Jackson; les coups de pistolet se succèdent alors des deux côtés avec acharnement. Les munitions étant à peu près épuisées et le temps de recharger les armes manquant, on en vint au poignard. Deux des amis du général se ruent sur le colonel et lui font cinq blessures. Ce fut, pendant près d'un quart d'heure, une atroce lutte dans laquelle Jackson fut assez grièvement blessé. Quant au frère de Benton, renversé par deux adversaires et criblé de coups, il allait succomber, lorsqu'un citoyen de Nashville, qui s'était mis de la partie, parvint à l'arracher à la mort au moment où il faisait un suprême effort pour décharger son pistolet en pleine poitrine sur l'un de ses adversaires. Et, chose étrange! la justice ne s'émut pas de cet incroyable attentat!

Cela ne ressemble-t-il pas un peu aux rudes épopées antiques, à un épisode de l'*Iliade* ou de l'*Odyssée?* Toute chose se ressent, en Amérique, de cette verdeur du premier âge des États. Pendant qu'ils se hâtent de marcher vers la civilisation, ces hommes au cœur de fer et au corps d'acier ne sont capables que d'entreprises gigantesques, exceptionnelles, hardies. La forêt est vaste, ce n'est pas la peine d'en abattre quelques arbres pour y construire un village : il faut la remplacer par une grande cité. Dans l'abîme qu'a produit l'extraction des racines d'un arbre centenaire, il faut jeter les fondations d'une maison éternelle, et non point les bases d'une cabane. Ce ne sont pas des barques légères qu'il faut pour naviguer sur ces fleuves immenses ; mais de ces colosses flottants qu'on appelle des steam-boats.

Eh bien ! je le dis en toute conviction : pour avoir le sentiment exact de ces rêves de géants, il faut passer nécessairement par des mœurs aussi rudes, aussi étranges que celles que je vous ai décrites. J'en prends à témoin le progrès rapide qui s'est accompli en Californie, au milieu de cette société où tous les bandits du monde s'étaient donné rendez-vous.

Au milieu de ce chaos d'où il s'agissait de tirer un monde en moins de dix années, placez une civilisation à l'eau de rose, des hommes aux habitudes paisibles et polies, vous assisterez incontestablement à une décadence. Il est entré dans les desseins de Dieu, qui a voulu faire des États-Unis une œuvre à part, de leur imposer ces orageuses jeunesses traversées de tempêtes et d'éclairs. Le calme est toujours revenu peu à peu et en son temps.

V

Cet appât du registre jeté au public, qui y mord très-bien, comme l'atteste le perpétuel défilé qui s'accomplit devant le grillage de l'*office*, tourne en même temps au profit du propriétaire de l'établissement et devient une spéculation très-lucrative. Voici comme :

Et d'abord, ainsi que je vous le montrerai au fur et à mesure, rien ne manque dans un hôtel aux États-Unis, à plus forte raison le *bar-room* ou café. Je dis à plus forte raison, parce que le *bar-room* joue un rôle considérable dans les habitudes et les relations sociales des Américains. Il n'est pas de pays au monde où il se fasse une aussi grande consommation de liqueurs qu'aux États-Unis.

Deux Américains ne peuvent pas se rencontrer, n'importe en quel lieu public, au théâtre, sur une promenade, dans l'*office* d'un hôtel, sans que l'un des deux offre à l'autre de venir boire quelque chose au *bar-room*, invitation qui, dans certaines localités, se formule sérieusement en ces termes :

— Voulez-vous me permettre de vous faire faire connaissance avec mon oncle?

Donc le *bar-room* se ressent naturellement de l'affluence de visiteurs que le registre attire dans l'hôtel; et après le vaste vestibule de l'*office*, la place où se tient le *bar-room* est celle où il y a le plus de monde toujours.

Il faut dire aussi que ces sortes de cafés ne présentent aucun inconvénient dans l'intérieur d'un hôtel, parce qu'il n'est pas d'usage qu'on s'y attable, ni pour boire, ni pour jouer, ni pour flâner. D'autres pièces de l'hôtel sont affectées à ces diverses occupations ou distractions.

A quoi servirait, d'ailleurs, de prolonger sa station dans le *bar-room*, peu garni de chaises généralement?

Veut-on causer?

On tourne le bouton d'une porte, et l'on trouve un, deux, trois, jusqu'à quatre salons de conversation, selon l'importance de l'hôtel, plus ou moins richement meublés.

Veut-on jouer?

Les tables sont dressées dans certaines pièces, les cartes sont prêtes.

Veut-on fumer?

La salle à fumer est là, et, au besoin, le vestibule est affecté à cet usage.

Veut-on lire les journaux? Il y a un vaste cabinet de lecture où se trouvent étalés, sur des pupitres dressés circulairement, tous les journaux des États-Unis, et Dieu sait quel en est le nombre! ceux du monde entier, toutes les revues possibles, littéraires, scientifiques, etc. Je crois qu'il ne sort pas d'une presse du globe un chiffon de papier imprimé, fût-il large et long comme la main, qu'on ne le rencontre sur les pupitres des grands hôtels aux États-Unis. Dans quelques-uns même ces cabinets de lecture sont enrichis d'une belle et bonne bibliothèque, composée d'ouvrages en toutes les langues.

Il va sans dire que les locataires de l'hôtel ont la jouissance gratuite de ces cabinets de lecture.

En un mot, les hôtels réunissent tous les avantages que l'on trouve, sur une échelle moindre le plus souvent, à Paris, dans les cercles et clubs.

Ainsi donc, les voyageurs, aux États-Unis, sont assurés de trouver concentrés dans les hôtels toutes ces distractions, toutes ces satisfactions, tous ces agréments que, chez nous, les étrangers sont obligés d'aller chercher dans quatre, cinq ou six établissements divers, et encore ne sont-ils pas toujours assurés de les rencontrer s'ils ne connaissent personne pour les présenter ou les patronner.

Rien ne manque, ainsi que je l'ai dit, dans les grands hôtels américains. Par suite d'une prévoyance minutieuse, mais logique, tous les magasins dépendant du *basement* ou rez-de-chaussée de l'hôtel, ou situés même dans ses caves ouvrant sur la rue, sont occupés par des marchands, ouvriers ou boutiquiers exerçant les professions et les métiers les plus nécessaires aux besoins quotidiens : tailleur, bottier, blanchisseuse, etc., etc., sont là groupés sous la main du voyageur, et surtout l'indispensable barbier!

Le barbier joue, aux États-Unis, un rôle important. De tous les états, celui de barbier est, à coup sûr, un des plus lucratifs; en tout cas cet industriel ne chôme jamais. Il est le seul qui, dans les localités où l'on pousse la rigoureuse observation du dimanche jusqu'à interdire de faire même la cuisine, soit autorisé à enfreindre cette loi, et à ne pas laisser reposer ses rasoirs. Sur les steamboats il y a toujours un barbier de service.

Je n'ai connu, aux États-Unis, que deux personnes qui se fissent la barbe elles-mêmes.

Dans certains pays espagnols de l'Amérique, le perruquier français jouit des mêmes immunités que le barbier aux États-Unis, et dans ces pays-là il est en si grand honneur, que la première question que l'on adresse à un Français est pour lui demander s'il est perruquier.

Est-ce un compliment qu'on veut lui faire? est-ce une satire qu'on risque sur son compte? Je n'ai pas pu le définir au milieu des vagues réponses qui m'ont été adressées à ce sujet, moitié excuses, moitié regrets.

Les *bar-rooms* et les vestibules d'hôtels varient beaucoup d'aspect, selon les heures de la journée et selon les circonstances ; ils remplacent généralement le *forum* des anciens. C'est là que se traitent beaucoup les affaires publiques.

Les *bar-rooms* sont de vastes salles, généralement longues, où, derrière un comptoir en marbre ou en bois, selon la richesse de l'établissement, se débitent des rafraîchissements, des boissons fortes, et, à certaines heures, des viandes froides et salées à prix fixe.

Dans le courant de la journée, les *bar-rooms,* sans être déserts, ne sont jamais entièrement remplis; c'est une incessante entrée et une perpétuelle sortie de groupes composés de deux ou trois personnes qui se font servir au comptoir, trinquent, avalent leur *julep de menthe,* leur *punch à la Jackson*, leur verre de bière, de wiskey ou de soda-water, et sortent immédiatement.

De ci de là on aperçoit bien quelque passant entrant seul dans un *bar-room*, mais il en sort au plus vite. Celui-là s'est borné, étant véritablement altéré, à boire un verre d'eau à la glace à une des fontaines placées à chaque extrémité du comptoir, et dont le robinet coule gratuitement.

Les *bar-rooms* ont un tout autre aspect aux heures du déjeuner et du *lunch*, où, pour 25 ou 50 cents, on consomme, debout ou sur de petits dressoirs, une tranche de viande froide accompagnée d'un verre de bière. A ces heures-là, il y a une affluence considérable.

Quant aux vestibules des hôtels garnis, que j'ai indiqués également comme un lieu de rendez-vous, la foule n'y est pas moins compacte aux mêmes heures de la journée et de la soirée que dans les *bar-rooms*.

Dans les temps ordinaires, voici quelle est la physionomie des *bar-rooms* et des vestibules d'hôtels.

Les premiers sont bruyants; on y cause haut et de tout, les groupes compactes sont debout et se renouvellent généralement de dix minutes en dix minutes; on s'y heurte à des gens de toute sorte, bien élevés ou grossiers, c'est un pêle-mêle complet ; on vous bouscule volontiers sans que vous ayez trop le droit de réclamer. En tous cas, vos réclamations seraient mal accueillies, et il est bien rare qu'un maladroit s'excuse de vous marcher sur le pied, de renverser du coude votre verre et son contenu.

La physionomie des vestibules d'hôtels est tout autre. L'orage des voix qu'on y entend est plutôt le résultat du grand nombre des causeurs assemblés que du ton élevé des conversations. Les visiteurs d'hôtels montrent, par la retenue de leur langage, qu'ils comprennent n'être pas là chez eux. Les uns causent par groupes, assis sur des chaises fournies sans rétribution par l'établissement; d'autres se placent aux croisées dans cette attitude si chère aux Américains et pourtant si incommode : les jambes allongées et le talon posé soit sur les barres de la croisée ou contre la muraille, le dos renversé sur une chaise, le cou ployé.

Cet encombrement dans les vestibules des hôtels a lieu pareillement aux heures intermédiaires des repas, qui sont une récréation dans la vie laborieuse des Américains, et le soir, de sept à onze heures.

Ces lieux sont les théâtres que choisissent naturellement les meneurs pour organiser, préparer, travailler les élections et les démonstrations pendant les jours de mouvements politiques. Les orateurs de clubs s'y transportent, et, entre deux punchs, lancent leur *speech* en faveur de tel candidat ou de telle mesure, et, comme dans la vie politique des Américains les élections sont presque une affaire quotidienne, il s'ensuit que *bar-rooms* et vestibules d'hôtels sont presque toujours à l'état d'agitation.

Il est rare de n'y pas voir, aux heures très-brèves de la *flânerie* américaine, deux ou trois courtiers de candidatures, promoteurs de propositions allant, venant, se démenant au milieu de la foule.

Tant qu'on en est encore à la préparation de ces candidatures, les *bar-rooms* offrent un aspect assez paisible ; mais quand approche le moment décisif, deux ou trois jours avant l'élection, par exemple, on y constate souvent des scènes tumultueuses, des rixes, des combats sérieux, et parfois l'on y entend jusqu'à des détonations d'armes à feu.

X

LES SUPERSTITIONS

Une chose frappe particulièrement en Amérique (aux États-Unis comme dans les colonies), lorsqu'on y étudie les détails de la vie : ce sont les rapprochements continuels qui s'opèrent entre les différentes races humaines peuplant ce sol immense. Il en résulte dans le caractère, dans les habitudes des plus avancées et des plus intelligentes de ces races, des allures que l'on est tout étonné de rencontrer chez elles.

Cela est remarquable surtout en ce que mille causes puissantes, relevant des mœurs et de la nature elle-même, semblent établir entre ces races des lignes infranchissables de démarcation. Mais ces rapprochements s'établissent, si je puis m'exprimer ainsi, par infiltration, à l'insu de ceux qui la subissent ; car, ouvertement, rien ne laisse voir que soit cela. — Tout prouverait même le contraire. Il y a là une loi mystérieuse d'attraction tout aussi inexplicable que celle en vertu de laquelle telle partie du globe, submergée aujourd'hui, devient tout à coup terre ferme, tandis que telle autre en pleine végétation disparait subitement sous l'envahissement des flots et devient liquide.

Je vais en donner des preuves dans ce que j'ai pu observer en Amérique.

Aux colonies, par exemple, on rencontre souvent chez les femmes que l'on devrait croire le mieux faites pour les éviter, certains accidents d'intelligence, certaines faiblesses, certaines aspérités d'esprit qui résistent même au rabot de l'éducation, et que l'expérience de la vie ne parvient pas à niveler.

Je prends une chose entre mille, celle qui frappe le plus vivement.

Je veux parler de l'étrange simplicité de cœur avec laquelle les femmes affichent les plus ridicules superstitions, au point de s'en faire comme une dévotion et de fausser même, par là, les véritables principes de la religion qu'elles professent avec une ardente ferveur. De même que le voyageur qui, pour la première fois, entrerait dans Paris par la rue Mouffetard et ne la dépasserait pas, se formerait une triste idée de cette capitale, ne soupçonnant point les trésors qu'elle renferme dans son sein; de même l'étranger qui aurait assez peu de chance pour entrer en première relation avec la plupart des femmes créoles par le côté des superstitions, si j'ose m'exprimer ainsi, ne prendrait de leur caractère et de leur intelligence qu'une médiocre opinion.

Il faut le dire, elles ont encore le privilége, tant elles ont été favorisées du ciel, de tirer de cette ombre même une lumière, et de trouver à cet abaissement une splendide compensation. On est, en effet, presque tenté de leur pardonner, à cause de l'inépuisable imagination qu'elles déploient dans l'accomplissement même de leur faute; à ce point qu'on serait porté à croire que c'est plutôt un trop-plein d'imagination qui s'écoule par cette voie.

J'admets que ce soit là, en effet, la raison; mais il y a une cause qui fait, en tout cas, que l'imagination s'égare ainsi, et prend cette direction que j'appellerai fatale. Cette cause est dans le contact continuel de la portion éclairée des femmes avec la classe privée de lumières, et de l'influence réelle et positive que celle-ci prend sur l'autre, dès le berceau, influence qui se fait sentir encore sur la jeune fille, et qui s'exerce même sur la mère de famille.

Si grandes que soient les distances qu'établissent aux colonies, entre les femmes blanches et celles des autres classes, l'éducation, la moralité et tous les principes qui constituent la famille; si marquées que soient les répugnances que les premières éprouvent pour les secondes dans les relations officielles de la vie, il n'en est pas moins vrai qu'il existe entre elles une intimité de caractère réelle et presque étrange. Dites à une femme blanche de prendre place au théâtre, dans une loge où se trouvera une femme de couleur, celle-ci fût-elle digne d'estime et de considération, elle vous arrachera au moins les yeux; de s'asseoir dans une loge voisine, elle vous toisera du haut en bas et vous demandera pour qui vous la prenez; et il y a quelques années, elle ne fût pas même entrée dans une salle de spectacle où se serait trouvée une mulâtresse.

Mais cette femme, si dédaigneuse et si altière en public, faisant taire ses mépris, traitant avec sa dignité d'épouse et de mère, étouffant les scrupules de sa vertu, passera, dans son intérieur, des journées pleines, non pas dans son salon, mais dans sa chambre à coucher, avec une fille de couleur qui sera ou aura été la maîtresse de son fils ou de son frère, quelquefois même de son mari.

Cela est presque général.

Or ces moments-là ne sont pas perdus pour l'esprit de

conquête opiniâtre que la race déchue exerce, à son insu même, sur la race dominatrice. Une autre preuve de cette condescendance, c'est qu'un jour de bal ou de fête populaire, il n'est pas rare de voir une fille de couleur, souvent même une domestique de la maison, venir emprunter à une femme blanche ou à sa maîtresse quelques bijoux pour se parer, et alors tout l'écrin de la dame est à son service, depuis les plus simples boucles d'oreilles jusqu'au collier de diamants ou de perles. C'est donc souvent ce que nous appellerions tout crûment, en France, une fille publique qui se couvre, en public, des parures d'une femme honnête.

II

Les femmes de nos Antilles n'étalent point, comme celles de la Havane, le luxe et la splendeur. Ce n'est point le goût qui leur en manque; mais l'état de leur fortune y est l'obstacle le plus sérieux. En aucun temps, cependant, et je remonte aux époques de la plus grande prospérité des colonies, elles n'ont eu la possibilité de jeter des sommes folles dans les ornements d'une voiture.

Leurs *véhicules*, si l'on peut appeler ainsi des chaises à porteurs et des hamacs organisés de la façon dont je vais parler, ont toujours été d'une simplicité extrême. De là même, il est résulté une véritable originalité que je ne puis passer sous silence. D'abord disons que, en ville, les femmes, comme le hommes, vont à pied presque toujours, ou à cheval.

A la Martinique, il n'a jamais existé, je crois, trois voitures à la fois, pour deux raisons :

La première, c'est que les villes sont trop restreintes pour nécessiter l'usage du carrosse, ou bâties sur des terrains tellement accidentés que les rues y sont impraticables. La seconde raison, c'est que les routes, en dehors des villes et dans tout le parcours de l'île, ne sont pas abordables pour les voitures, d'autant plus que les rivières sont très-nombreuses, et que sur ces rivières il n'existe pas de ponts. C'est le contraire dans certaines parties de la Guadeloupe et dans la plupart des colonies anglaises. Mais presque partout les femmes montent à cheval, et avec une certaine intrépidité : elles naissent pour ainsi dire écuyères dans ces pays.

Cependant, pour les longues routes, les femmes ne se servent pas du cheval à la Martinique, tant à cause de la fatigue que par précaution contre les trop grandes ardeurs du soleil. Elles se font porter en *hamac* par des nègres.

Ce *hamac* est une sorte de palanquin moins luxueux que le palanquin d'Asie, mais qui a son cachet d'originalité.

Il est suspendu à deux pieds environ de terre, et lié par ses extrémités à deux longs et forts bambous ou bois du pays, placés horizontalement et parallèlement.

De l'un à l'autre de ces bambous ou bâtons, écartés d'environ deux ou trois pieds, s'élève une sorte de dôme formé par des cerceaux placés de distance en distance dans toute la longueur, et sur lesquels on étend un grand drap blanc tombant de chaque côté, et enveloppant le hamac tout entier pour garantir la voyageuse des atteintes du soleil. Quand vient la pluie, on jette par-dessus le drap une toile cirée. L'intérieur du hamac est toujours garni d'un petit matelas et de deux ou trois oreillers. La créole qui voyage ainsi s'assied habituellement au milieu de cette espèce de palanquin, le dos appuyé sur les oreillers et les jambes pendantes en dehors; on relève alors un pan du drap du côté opposé au soleil. Quelquefois, nonchalamment accoudée, ramassée sur elle-même comme une boule de grâces, la femme s'endort au balancement régulier de son hamac.

Quatre nègres vigoureux, nus jusqu'à la ceinture, et la main armée d'un bâton noueux et solide, portent ce hamac et font ainsi sept, huit et même dix lieues. Deux *rechanges*, comme on appelle ceux de leurs camarades qui sont destinés à les relayer de temps en temps, les suivent, chargés toujours de quelque fardeau plus léger, comme, par exemple, de *paniers caraïbes* qui, dans ces pays, servent de malles. Tous les nègres ne sont pas également bons *porteurs* : on les choisit, on les forme à ce service ; c'est une spécialité. Il faut qu'ils puissent joindre a vitesse à la rectitude et à la mesure dans la course. Autant la cadence du pas imprime un mouvement doux et voluptueux au *hamac*, autant l'irrégularité de la marche rend ce mouvement désagréable et importun.

L'on rencontre souvent sur les routes deux ou trois de ces *véhicules* à la suite les uns des autres : l'un renferme la mère ; dans le second sont entassés deux ou trois enfants ; dans le troisième, il n'est pas rare de trouver quelque jeune esclave, favori de la maison, et à qui l'on ne refuse aucune des douceurs de la famille. Esclave lui-même, il est servi par des esclaves.

En avant, ou fermant la marche, la partie masculine de la famille caracole sur de beaux chevaux fringants ; c'est une véritable caravane.

Je viens de parler de la protection dont jouissent dans l'intérieur des familles certains jeunes esclaves. On ne peut se figurer jusqu'à quel point ces favoris sont soignés et *gâtés* par les femmes d'abord, puis peu à peu par chaque membre de la famille.

Nos sœurs et nos mères semblent ne faire aucune distinction entre eux et nous.

Le hasard, le caprice, et quelquefois l'origine de ces enfants leur vaut ce déluge de faveurs; et j'ai remarqué que dans les colonies anglaises, espagnoles, françaises, à la Louisiane, dans tous les pays à esclaves enfin, cette tendresse se trouve au même degré. Il en a été ainsi de tout temps.

La raison en est très-simple.

Il est rare que les mères créoles nourrissent elles-mêmes leurs enfants. Ce soin revient généralement à l'une des nombreuses *servantes* qui encombrent la maison; ou, si la nature leur permet d'accomplir ce devoir, elles n'abandonnent pas moins la garde presque exclusive des enfants à l'une de ces femmes. Ceci soit dit sans porter atteinte à la tendresse excessive et aveugle des mères créoles pour leurs enfants, car c'est là une de leurs vertus les plus belles; cela provient simplement de leurs habitudes de nonchalance. Il faut dire aussi, à la louange de celle des femmes de la maison sur qui tombe le choix, comme nourrice ou *gardienne*, qu'elle s'en montre toujours digne. Cette mission toute maternelle qui lui est confiée fait naître, en même temps, en elle des sentiments d'attachement et de dévouement que l'on rencontre plus tard à chaque pas dans la vie.

De cette intimité entre l'enfant et le nombreux domestique des maisons, naissent des relations qui ont parfois leur danger; mais, en tout cas, il en surgit toujours un attachement particulier pour un esclave, compagnon de jeux, de caresses ou de larmes.

L'annonce suivante, que j'ai trouvée dans un journal de la Nouvelle-Orléans, donnera, mieux que je ne pourrais le faire, la portée, la nature et la conséquence de ces sortes d'attachements et des faveurs dont jouissent ces petits esclaves élevés dans la maison.

« A VENDRE

« Un jeune nègre de dix-neuf ans, d'une jolie figure (on ne disait pas s'il aimait les confitures), faisant un peu de cuisine, ayant eu des principes de tailleur, excellent domestique pour l'intérieur d'une maison et pour les commissions, sans défaut quelconque. Sa maîtresse ne le vend que parce que l'ayant acheté tout enfant, elle en avait fait une sorte de femme de chambre, et qu'il est aujourd'hui trop âgé pour servir une femme. »

Ces gâteries donnent lieu souvent à des anomalies incroyables. J'ai connu une jeune fille de couleur esclave, que sa maîtresse éleva comme son propre enfant, qu'elle emmena avec elle en France, mit en pension, puis ramena en Amérique. Quand cette fille fut en âge de servir, elle la sevra brusquement de cette vie de douceur et de câlinerie dans laquelle elle l'avait élevée, la loua au dehors à tant par mois et ne recula pas, un jour, devant la nécessité de lui faire infliger la punition de vingt-cinq coups de fouets à la geôle, et de la main du fouetteur public. La maîtresse en pleura plus que l'esclave et demanda son pardon à celle-ci.

Il est advenu dernièrement qu'une jeune quarteronne, élevée, comme la précédente, dans l'intérieur de ses maîtres, et si jolie, et si blanche, et si parfaitement distinguée qu'on la prenait le plus souvent pour une des filles de la maison, il est advenu, dis-je, que cette esclave inspira un violent amour au fils de ses maîtres. Celui-ci, habitué à respecter cette esclave qu'il considérait comme digne d'un sérieux attachement, ne voulut pas faire d'elle sa maîtresse, et préféra s'enfuir du toit paternel avec la jeune quarteronne qu'il alla épouser dans un État voisin, ce qui fut facile, grâce à l'extrême blancheur de peau de cette fille.

Il y a donc à la fois, comme je le disais, dans ces contacts : excès de faiblesse, exagération de tendresse et danger souvent.

III

Comme toutes les races primitives, la race noire (1) et ses variétés ont pour caractère distinctif une inclination marquée vers la rêverie ; et, chez les plus incultes en apparence, l'imagination lancée dans cette voie, atteint aux proportions du mysticisme et de l'extase. Mais comme elle n'a ni frein, ni direction, ni guide, elle s'élève jusqu'à l'absurde avec une surprenante facilité, et, ce qui n'étonnera point, c'est que du milieu de ce chaos jaillit presque toujours une lueur poétique qui frappe naturellement et enflamme des esprits déjà amollis et préparés à cette perfide nourriture.

La sorcellerie, la divination, les superstitions les plus bizarres, la jonglerie, sont les produits habituels de ce déréglement de la *folle du logis*. Et ce qui est en vérité étrange, c'est que toutes ces croyances dominent positivement les plus simples idées de religion ; ainsi on les traite de *choses saintes et sacrées*. C'est une profanation de s'en moquer.

On a la foi la plus complète en des amulettes, ou *quaimboix*.

(1) J'ai étudié d'une manière plus complète, dans un autre ouvrage spécial (LES PEAUX NOIRES, *Scènes de la vie des esclaves*), le caractère et les mœurs de la race noire. J'y renvoie le lecteur au besoin.

On ne manque pas de se *quaimboiser* pour se mettre en voyage, pour se faire bien venir d'une maîtresse.

Cela me rappelle un jeune homme (car ces faiblesses atteignent quelquefois les hommes) qui, désespérant de vaincre les scrupules d'une femme trop vertueuse dont il était fort amoureux, brûlait des cierges à la Vierge pour qu'elle rendît l'inhumaine plus humaine! Un pareil sacrilége se commettait avec une naïveté qui lui enlevait toute sa monstruosité. Et ce qu'il y avait de plus singulier dans le fait, c'est que la jeune dame, ayant appris que l'amoureux avait recours à des maléfices, fut prise d'une terreur panique. Pour conjurer de pareilles menées, elle se *quaimboisa*, se fiant moins à sa vertu et à ses antipathies, dont elle était pourtant sûre, qu'à un innocent sortilége!

Les crimes les plus atroces se commettent sous l'empire de ces bizarres croyances. Ainsi, une négresse avait empoisonné sa maîtresse; cette action était inexplicable, et de la part de son auteur, et à l'égard de la victime qui était idolâtrée de tous ses esclaves. Interrogée sur la cause qui l'avait poussée à ce meurtre, la négresse répondit simplement et avec la confiance d'une conviction profonde: « Madame était la meilleure femme du monde. J'avais appris qu'on devait lui faire du mal. Je l'en ai avertie, en lui conseillant de se *quaimboiser*. Elle ne l'a pas voulu. Comme je savais que, si on réalisait contre elle les projets en question, elle serait très-malheureuse sur terre, j'ai mieux aimé l'empoisonner pour qu'elle allât au ciel, où elle doit être heureuse! Et puis, ajouta-t-elle, j'avais la conviction que ma maîtresse s'était *quaimboisée*, quoiqu'elle ne voulût pas le dire; eh bien! si mon poison n'avait pas mordu, les autres n'auraient pas réussi non plus. De toutes façons, j'ai donc bien fait d'agir ainsi. »

Au surplus, les superstitions les plus populaires, aux colonies, forment un sujet d'études trop curieux et trop varié pour que je ne me réserve pas d'y consacrer quelques lignes. Je ne puis, néanmoins, m'empêcher de vous rapporter le récit qui me fut fait un jour par une des plus spirituelles créoles que j'aie connues. Je n'ajoute pas un mot aux faits tels qu'ils me furent racontés. Si absurdes qu'ils soient, ils me semblent mériter place ici, comme trait caractéristique.

J'avais assisté, une nuit, à un formidable incendie qui avait dévoré sept ou huit maisons au Fort de France, qui s'appelait à cette époque le Fort-Royal, à la Martinique. Il y avait précisément dans la maison qui la première prit feu, une paire de tourterelles. Tant que dura l'incendie, l'une d'elles voltigea en tournoyant au sommet de la flamme. Le pauvre oiseau regardait consumer son nid et ses petits éclos le matin; le lendemain, on le retrouva sur les cendres, mourant, les ailes brûlées. Pendant que je contemplais cette tache blanche qui tournoyait autour de l'incendie comme une âme en peine, à mes côtés sanglotait la propriétaire de cette maison, et de temps à autre elle faisait une halte dans sa douleur pour s'écrier, en regardant comme moi la tourterelle désolée :

— Maudit oiseau! oiseau de malheur! tu tournes autour de ton ouvrage comme le génie de la destruction! Vilaine bête!

Et les sanglots de recommencer. J'avoue que je n'aurais jamais pensé qu'on pût fulminer à ce point contre une tourterelle, l'image de la candeur et de l'innocence, un pauvre oiseau si blanc qu'on eût dit qu'il venait de s'échapper du sein de Vénus!

— Oui, Monsieur, me dit cette brave femme, cette

tourterelle est véritablement la cause de tout le mal qui nous arrive! Vingt fois j'ai prédit à mon mari qu'il nous arriverait quelque calamité s'il gardait à la *case* (à la maison) ces bêtes abominables; mais mon mari n'est point créole, Monsieur, et il ne comprend pas que si les tourterelles ne portent pas malheur en France, il n'en est pas de même ici. Toute la journée, ces misérables oiseaux n'ont fait que roucouler; ils appelaient l'incendie, il est venu!

J'eus le tort ou plutôt la bonne chance de raconter un jour cette anecdote devant la dame dont je parlais plus haut. Je le répète à dessein, c'était une femme de beaucoup d'esprit et d'une intelligence très-cultivée.

— Et vous osez rire d'une pareille chose! me dit-elle d'un ton convaincu.

— Ma foi, oui, Madame.

— Vous ne croyez donc en rien?

— Si, Madame, en Dieu, d'abord, en votre beauté, en votre esprit; en un mot, en toutes les choses sérieuses, mais...

— Vous jouez avec le feu, Monsieur! Et si vous avez en moi cette confiance que vous dites, ne vous avisez jamais d'introduire sous votre toit de pareilles bêtes maudites; autant vaudrait que vous ouvrissiez la porte de votre maison à la mort, à la peste, à toutes les plaies d'Égypte. Écoutez ce que je vais vous raconter.

— Quelque conte de vieille femme?

— Galanterie de sceptique!

— Vous n'avez que trente ans, je puis bien vous dire cela.

— Ce n'est pas un conte, Monsieur; mais une histoire sérieuse, véritable et véridique, et à coup sûr, vraisemblable. Votre père a dû connaître, comme le mien, un riche habitant des hauteurs du *Macoubac* (1), qui, tout à coup, tomba dans une misère complète. D'abord la mort avait fait tant de ravages parmi les nègres de l'atelier, que le peu qui y échappa *partit marron* (2) dans les bois. Puis les savanes jaunirent, et les bestiaux n'ayant plus de pâturage, périrent tous en quelques jours; les cannes séchèrent sur pied, dévorées par des milliers d'insectes; les grains de café, avant d'être mûrs, jonchaient la terre, comme si l'on avait secoué l'arbre à dessein pour les faire choir, et quand on venait pour les ramasser, à peine tombés ils étaient pourris. C'était une véritable désolation ! Et comme la maison du malheureux semble toujours maudite, pas un seul ami n'en franchissait le seuil. Jamais la terre n'était humectée par une goutte de pluie, alors même qu'elle arrivait à propos pour les voisins, ou bien c'étaient d'affreux orages et des inondations à déraciner les arbres. Le malheureux ainsi frappé était un homme de courage ; il acheta de nouveaux nègres, remonta l'atelier, et repeupla ses savanes de magnifiques troupeaux. Pendant un temps, les choses allèrent assez bien ; quelques rares amis se hasardaient à s'abriter sous son toit toujours hospitalier. Mais, hélas ! toutes les calamités vinrent de nouveau fondre sur sa tête !

Il avait une femme jeune et belle qu'il adorait ; elle mourut d'une mort funeste, frappée au front par une balle invisible, sans qu'on entendît le bruit d'aucune arme à feu, sans qu'on sût de quelle main était parti le coup.

— Ne serait-ce pas quelque tourterelle qui aurait tiré le coup de pistolet ? m'écriai-je.

(1) C'est un quartier de l'île. Les priseurs le connaissent bien.

(2) *Partir marron*, c'est-à-dire s'enfuir.

— Vous êtes un *impie!* Taisez-vous, et laissez-moi achever. Il lui restait trois petits enfants qui périrent un à un en l'espace de trois mois. Une seule personne avait survécu dans la maison avec l'infortuné X..., c'était la *gardienne* de sa femme.

— Il y a des tourterelles là-dedans, ce n'est pas possible autrement.

— Certes, il y en a! et vous ne nierez plus bientôt qu'elles fussent la cause réelle de tant de malheurs! La vieille gardienne avait maintes fois supplié sa maîtresse de chasser ces abominables oiseaux; mais X... était comme vous, un esprit fort, se riant de ce qu'il appelait des idées de bonne femme. La gardienne, trop tard, hélas! prit une ferme résolution. Une nuit, elle se leva, alluma un grand feu au milieu de la savane et brûla les deux tourterelles, après leur avoir ingurgité quelques cuillerées de tafia.

— Qu'arriva-t-il alors?

— Il arriva que les nègres qui étaient *partis marrons* revinrent d'eux-mêmes sur l'habitation, que deux ou trois bœufs chétifs qui se traînaient comme des ombres reprirent toute leur vigueur, que les cannes et les cafés poussèrent, que les savanes fleurirent, que la vie enfin remplaça la destruction sur l'habitation. X... redevint l'un des plus riches colons de la Martinique, et...

— Il est fâcheux que vous ne puissiez ajouter que sa femme et ses enfants ressuscitèrent.

— Peu s'en fallut!

— Ah! bah!

— Un soir, à onze heures, à l'anniversaire de la mort de madame X..., la vieille gardienne vint réveiller son maître, le prit par la main et le conduisit sur la savane, à l'endroit même où les deux maudites tourterelles avaient été brûlées. Il faisait bien noir, bien noir. Tout à coup, un éclair jaillit du fond du ciel, on entendit un léger bruit comme celui d'un oiseau qui bat des ailes, et aussitôt madame X... et ses trois petits enfants apparurent comme de leur vivant et vinrent, à tour de rôle, baiser au front l'infortuné mari et père qui, agenouillé, priait Dieu en ce moment. Toutes les nuits depuis, ils retournaient ensemble, à la même heure, sur la savane. Le même éclair luisait au ciel, le même bruit d'ailes se faisait entendre, et la même douce apparition frappait leurs yeux. Maintenant, Monsieur, nierez-vous encore l'influence des tourterelles ?

— Et qui vous a appris cette histoire ? demandai-je.

— C'est ma gardienne ; je vais vous la faire répéter par elle, si vous le désirez.

Voilà de quelle nature sont les produits de l'influence que subit la population éclairée des femmes; voilà quelles ténèbres viennent se mêler aux lumières de leur intelligence si vive et si riche ! Après cela, grand Dieu ! chaque arbre a son fruit, chaque peuple son type ! C'est là un des côtés originaux des femmes créoles ; acceptons-le, et ne le leur reprochons pas trop, car elles trouvent encore moyen d'y développer cette grâce infinie qui s'évapore d'elles comme le parfum des fleurs ! Et puis enfin, celui qui s'implante dans un pays, y apportât-il tous les trésors de la civilisation, est obligé de subir les mœurs des peuples auxquels il vient se mêler. La race européenne s'est transportée dans le Nouveau-Monde, et y a tout pris aux habitants primitifs ; il a bien fallu qu'elle se soumît, malgré elle, à l'influence de certaines parties de leur caractère ! C'est là une loi de la nature à laquelle on ne peut échapper !

IV

On en trouve d'autres exemples bien frappants sur tous les points de l'Amérique. Il est incontestable que certains usages conservés dans quelques villes des États-Unis où l'on a eu besoin de beaucoup de temps et de longs efforts pour écarter la race indienne, se ressentent des traces morales que ces vaincus de la civilisation ont laissées derrière eux, et que leur présence incessante semble venir ranimer.

On a assez souvent parlé du stoïcisme avec lequel les sauvages envisagent la mort. Le culte qu'ils professent pour les trépassés, ainsi que les obligations cruelles qu'ils imposent aux familles des défunts, sont proverbiaux et populaires. Eh bien, à la Nouvelle-Orléans, par exemple, on retrouve, dans tout ce qui touche à la mort, un reflet des mœurs indiennes. Ainsi, une des choses qui saisissent l'étranger, dans cette grande et belle ville, c'est l'immense quantité de boutiques de cercueils qui pullulent à tous les coins des rues; cercueils tout confectionnés, de toutes dimensions, de toute espèce de bois, dont le riche et le pauvre peuvent s'approvisionner à toutes les heures du jour et de la nuit, quand bon lui semble. La première pensée qui s'empare de vous à la vue de ce genre de commerce, est une pensée de tristesse et de terreur, et la première question qu'on s'adresse est celle-ci :

— Meurt-on si vite dans ce pays, qu'il faille absolument s'y munir à l'avance de sa dernière couche ?

Mais non ! Tout cela est une affaire de mœurs. On se familiarise avec la mort, à la façon dont les sauvages le font, en en ayant perpétuellement les signes sous les yeux.

Vous avez ouï parler, vous avez lu dans les récits des voyageurs le douloureux supplice que s'infligent les mères indiennes en allant chaque matin faire couler sur la tombe de leurs enfants le lait de leur sein, et les cruelles obligations que leur impose leur religion. Dans les cérémonies funèbres, à la Nouvelle-Orléans, il existe un usage à peu près analogue, et qui équivaut aux plus dures épreuves de ce genre.

La première fois que j'assistai à cet horrible spectacle, je sentis fondre mon cœur. Un convoi passait devant ma porte ; un malheureux père, assis au fond d'une voiture, tenait sur ses genoux le cercueil de son enfant qui, la veille, était mort entre ses bras, et dont il était condamné à porter lui-même le cadavre à sa dernière demeure. Le front couché sur ce fardeau précieux qu'il retenait d'une main crispée, il arrosait de larmes et de baisers ces planches renfermant ce qu'il avait possédé peut-être de plus cher au monde ! Cet homme me fit l'effet d'un martyr. Je détournai les yeux pour ne point assister à son supplice, à cette agonie effroyable !

L'accomplissement d'un pieux devoir m'appelait au cimetière catholique de la Nouvelle-Orléans. J'étudiai donc les mœurs de cette nécropole, comme j'avais observé celles de la ville des vivants, et j'y retrouvai des points de ressemblance avec les mœurs des Indiens. Je fus frappé d'abord, avant de franchir le seuil de la porte, de l'épaisseur des murailles qui enveloppent ce royaume de la mort, car elles me parurent larges et profondes comme les murailles d'une place forte ; puis, quand j'eus pénétré dans les vastes et droites allées du cimetière, plantées d'arbres comme un jardin de plaisance, je fus également frappé de l'élévation de la plupart des tombes, qui, généralement simples, sévères et sans prétention monumentale, dépassent en hauteur et en capacité les proportions des plus vastes mausolées que nous possédions dans nos cimetières de France.

eus bientôt l'explication de ce double problème. D'abord les murailles ne sont si épaisses que parce qu'elles servent de tombes elles-mêmes. On y creuse des trous ou tiroirs de deux ou trois pieds carrés et dans lesquels on enfourne le cercueil ; aussi, dans le pays, nomme-t-on ces tiroirs des fours. Ils sont rangés symétriquement et étagés de la base au sommet du mur. L'ouverture en est scellée avec une plaque de marbre ou de pierre, sur laquelle sont gravés les noms, qualités et vertus des défunts. Quant à l'élévation et à la capacité des tombes, cette particularité est due à ceci que, au lieu de creuser des fosses, comme nous le pratiquons en France, on place, dans les tombes de famille, les morts les uns au-dessus des autres; chaque membre qui vient prendre son rang dans cette demeure commune exhausse d'autant le sommet du monument, qu'on déplace et replace comme le couvercle d'un vase. Chaque couche d'ossements, renfermée dans une bière isolée, est étiquetée aux prénoms de celui dont elle renferme les restes.

Toutes ces façons de procéder sont exactement conformes à celles adoptées par les Indiens ; comme eux encore, les vivants payent un tribut assidu de visites aux morts.

Les pèlerinages aux cimetières sont perpétuels, et le soin avec lequel on plante, on entretient le terrain qui entoure chaque tombe donne à ces immenses nécropoles l'aspect de véritables jardins.

Les femmes, particulièrement, exercent avec une austère piété ce culte aux mânes des trépassés, et le nombre qu'on en rencontre dans les cimetières, chaque jour, est prodigieux. On sent, à voir cette religion, que, si elles pouvaient le faire comme les Indiens, elles emporteraient les ossements de leurs pères en levant leurs tentes, ou conserveraient, selon l'habitude de quelques tribus, les crânes desséchés des défunts aimés, pour les baiser au lever et au coucher du soleil.

XI

MISS CATT ET LE ROYAL-FUSILIER

I

Rien ne porte à la rêverie comme l'oisiveté, quand elle ne produit rien de pire. L'oisiveté donc, l'absence de préoccupations, la privation de plaisirs, sont aussi des aliments au développement de ce côté mystique du caractère des femmes créoles dont j'ai essayé, dans le précédent chapitre, de faire ressortir toutes les faiblesses.

J'ai dit, ailleurs, que l'état précaire où se trouvaient, à cette heure, les fortunes coloniales, avait une grande influence sur l'esprit des femmes; j'ajoute, en ce moment, que c'est à cette quasi-misère qui, depuis quelques années, n'a fait que s'accroître, qu'il faut attribuer l'espèce d'isolement dans lequel elles vivent. Car c'est là un des traits de la nature de la femme, que quand elle ne peut briller autrement que par les grâces qu'elle a reçues du ciel, c'est-à-dire quand elle ne peut pas faire étalage de dentelles et de bijoux, de croire qu'elle doive se retirer du monde et des plaisirs. Aussi ces derniers sont-ils bien rares dans nos colonies françaises.

Dans les colonies anglaises, c'est bien pis encore; mais il faut l'attribuer à d'autres causes.

Ces colonies ont été, dans leur origine, peuplées par des gens d'une classe moins intelligente, moins aisée que celle qui s'établit dans nos Antilles françaises.

Quand, plus tard, le succès couronna les tentatives des premiers spéculateurs anglais, ils abandonnèrent les colonies et regagnèrent la mère patrie. Ils vendirent ou conservèrent leurs propriétés; les héritiers gardèrent l'habitude de jouir en Angleterre des produits de leurs domaines d'outre-mer, si bien que la population de ces îles n'est restée composée, pour la plupart, que de gens aux gages des grands seigneurs ou de pauvres diables qui allaient y chercher de nouveau fortune.

Il n'y a donc pas, à proprement dire, de société dans les colonies anglaises; les capitales de ces îles renferment un très-petit nombre d'habitants, et ceux qui peuplent les campagnes sont séparés par des distances telles qu'il ne leur est guère permis de se réunir.

On peut conclure de là que l'existence, pour les femmes, y est insupportable; elles vivent dans un véritable exil. Pour la plupart, à cause de leurs antécédents et de leur peu d'aptitude pour les plaisirs délicats, cet exil n'a rien de redoutable; mais j'ai bien souvent plaint de toute mon âme quelques rares jeunes femmes ou jeunes filles que j'ai rencontrées perdues au fond des bois ou sur la crête de quelque montagne, enfouies sur l'habitation dont leur père ou leur mari était le *géreur*. Celles-là étaient pleines de grâce, de beauté, d'esprit, d'intelligence. Elles avaient eu l'avantage, avantage cruel dans ce cas, de recevoir une éducation distinguée, d'avoir l'âme ouverte à toutes les sensations, l'esprit disposé à jouir de tous les plaisirs, qui sont la moitié de la vie des femmes ; eh bien, jamais un tel bonheur ne leur avait été réservé ! Jamais le bruit d'un orchestre de danse n'était arrivé à leur oreille et n'avait fait bondir sur un parquet leurs pieds frémissants ; jamais autour de la table hospitalière ne s'était assis un cercle d'amis ; jamais leur intelligence inactive n'avait eu l'occasion de déployer, dans quelques-unes de ces causeries attrayantes, tous les trésors qui l'emplissaient. Toujours solitaires, penchées sur quelques travaux d'aiguille ou absorbées par les détails de la maison, elles sentaient le temps s'écouler sans profit pour leur âme ni pour leur esprit. Hélas ! quand aucune épreuve de la vie n'a tourmenté assez un pauvre cœur pour le façonner à de telles solitudes et les lui faire désirer comme un refuge, je conçois combien une femme doit éprouver de regrets, de tristesses, et à combien de rêves elle doit se laisser aller ! Je m'apercevais bien aussi combien mes visites apportaient de joie dans les familles de la campagne et même dans certaines maisons des villes.

D'abord, c'était un hôte à recevoir et à qui faire fête; ensuite, et surtout, c'était un nouveau venu, c'est-à-dire un visage nouveau, un nouveau thème de conversation, une série nouvelle d'impressions !

Les Antilles françaises ont été généralement peuplées, dans l'origine, et successivement depuis, par des gens de race qui, souvent, n'arrivaient sur ces lointains rivages qu'avec l'épée au côté, la bourse vide et, quelquefois, un beau nom, mais qui y apportaient, avec l'habitude des plaisirs au milieu desquels ils avaient dépensé leur première jeunesse et, presque toujours, leur fortune, des traditions de luxe, la fièvre des amusements et les besoins intelligents. C'étaient moins des spéculateurs qui venaient là pour s'enrichir, que des exilés que leur mauvaise fortune poussait à mettre entre eux et leurs créanciers l'abîme de l'Océan! A ceux-là se joignaient les officiers que l'espoir de la guerre ou les besoins du service y appelaient, les administrateurs, les représentants de l'autorité royale, etc., tous gens qui consentaient ou se résignaient bien à abandonner la France, mais à la condition qu'ils emporteraient sous la semelle de leurs souliers à talons rouges un peu de la poussière de la patrie et qu'ils en retrouveraient tous les plaisirs sous ces nouveaux cieux, et ils n'y ont pas manqué.

Je m'attendais donc à ne plus trouver de théâtres, après celui de la Martinique, dans l'archipel. Aussi fus-je bien étonné, le lendemain de mon arrivée dans la jolie colonie de Saint-Vincent, de voir à la porte de l'auberge où j'étais logé, à Kingstown, une affiche monstre, imprimée sur papier jaune, en lettres hautes comme le bras, annonçant pour le lendemain une représentation au *Polytechnic Athenæum*, au profit des hospices de la colonie.

— Il y a donc un théâtre ici? demandai-je à miss Catt, mon hôtesse.

— Un splendide théâtre! me répondit-elle.

— Qui dit théâtre, dit troupe, bien entendu...

— Bien entendu, fit miss Catt.

— Et... est-elle bonne? ajoutai-je en hésitant.

— Ce sont les meilleures des trois Royaumes-Unis.

— Diable! vous êtes donc privilégiés, dans ce coin-ci du globe?

— Ce n'est pas qu'il y en ait beaucoup : deux cents au plus.

— Deux cents! m'écriai-je.

— Oui.

— Je ne vous comprends pas très-bien, ma chère miss Catt.

— Si vous voulez vous en assurer, vous n'avez qu'à prier votre ami M. Anthony de vous conduire cette après-midi au fort Charlotte.

— Au fort Charlotte? mais je comprends encore bien moins...

— Vous me demandez s'il y a un théâtre?

— Oui.

— S'il y a des *troupes?*

— Non.

— Quoi, alors?

— S'il y a une troupe.

— Moi, je vous réponds qu'il y a des *troupes.*

— Et vous m'avez même dit que c'étaient les meilleures des trois Royaumes-Unis.

— Je ne me dédis point.

Miss Catt avait habité la Martinique, et parlait assez bien le français; mais je commençais à craindre que le manque d'usage et d'exercice de cette langue fût cause d'un quiproquo. Je ne me doutais pas que la chère femme sût assez bien notre belle langue pour faire sur le mot *troupe* un jeu de mots qui n'était pas possible en anglais, idiome qu'elle m'avait supplié de ne lui point parler pendant toute la durée de mon séjour à Kingstown, afin, disait-elle, de se refaire la langue. Je fus donc obligé de poser ma question en d'autres termes.

— Miss Catt, nous ne nous entendons pas, lui dis-je. Il ne s'agit pas des troupes enfermées au fort Charlotte. Je vous demande si les acteurs du théâtre, dont je ne me suis pas arrêté en bas pour lire les noms, sont de bons comédiens. Cela est-il plus clair?

— Vous ne sauriez croire, au contraire, mon cher Monsieur, à quel point nous nous comprenons, reprit miss Catt; vous allez voir!

Ce disant, elle sortit, puis revint quelques instants après, tenant à la main une affiche pareille à celle que j'avais vue à la porte de son auberge. Elle coucha le papier bien soigneusement sur une table, puis, posant le doigt sur chacune des syllabes imprimées, comme on fait pour un enfant à qui l'on apprend à épeler, elle me força à lire, pour ainsi dire, lettre par lettre, l'immense affiche dont les premières lignes m'avaient frappé les yeux. J'y lus donc : « *Représentation au bénéfice des hospices de la colonie, donnée par les officiers, sous-officiers et soldats du 13e régiment de royal-fusilier*, etc. »

Miss Catt avait raison dans son calembour.

— Et les actrices? demandai-je à l'hôtesse en interrompant ma lecture, ce sont des cantinières, et autres *ejusdem farinæ*.

— Continuez, fit-elle en posant le doigt sur le papier.

Et je lus : « Les rôles de femmes seront remplis par le caporal John Mac-Inn, le tambour Robert et les soldats Daniel Brother, James, etc. »

Quand je fus arrivé au bout de la pancarte, je levai les yeux sur miss Catt; elle était fièrement campée devant moi, les bras croisés, la bouche souriante.

— Eh bien! me dit-elle, vous voyez que nous nous entendions. Mais ce qui vous surprendra ce soir, ce sera de les voir manœuvrer sur le théâtre, ces braves soldats; je vous recommande le jeune lieutenant d'artillerie B... Voilà une jolie femme, Monsieur!

— Et le théâtre, miss Catt, est probablement dans un des bastions du fort Charlotte?

— Que nenni! répliqua-t-elle en arrondissant le bras droit et en se posant fièrement. Il est dans le High-street, en face du temple des méthodistes, et à côté du cimetière de l'église catholique. Voulez-vous y aller?

— Où ça, au cimetière?

— Non, au théâtre.

— Parbleu! mais, d'après les renseignements que vous venez de me donner, je préférerais le visiter tout de suite.

— Avant la représentation? Cela n'est pas possible; vous le verrez demain dans tout son éclat. Voici un billet...

— Voici deux dollars, miss Catt. Indiquez-moi le chemin pour me rendre au High-street.

Je partis avec la ferme résolution de tâcher de visiter la salle, sans avoir besoin d'assister à la représentation. Je trouvai d'abord le cimetière catholique à droite de la large rue que je parcourais; à ma gauche, j'aperçus une grande maison en briques, c'était le temple; en face, j'aperçus un long bâtiment en bois, un peu fraîchement rapiécé, mais à la façon de l'habit d'Arlequin; bas de taille, si j'ose m'exprimer ainsi, et présentant le long de la rue son flanc crevé de trois ou quatre funèbres entrées. Sur un large écriteau de planche, accroché au niveau du toit, je lus : *Polytechnic Athenæum.* — C'était là.

L'entrée de cette salle donnait sur une cour fermée par une grande porte à jour; personne pour me l'ouvrir. Je questionnai les voisins, j'offris de l'argent pour qu'on m'introduisît. Nul, hélas! ne le pouvait : le gardien seul avait les clefs de la grande porte, et il était au fort Charlotte! J'examinai alors du haut en bas le flanc du bâtiment qui longeait la rue, j'essayai de plonger l'œil à travers une des croisées, je n'aperçus que des poutres en échafaud. Je sentis donc qu'il fallait me résigner à assister à la représentation du soir pour connaître le théâtre.

En rentrant à l'hôtellerie de miss Catt, je trouvai une

lettre; elle était de la gracieuse lady C***, la femme du gouverneur, qui m'invitait à, dîner et à aller au spectacle dans sa loge. A l'heure dite, j'entendis piaffer à ma porte un beau cheval américain que m'envoyait le gouverneur pour me rendre à son habitation, située à une lieue de la ville, où je dînai... à l'anglaise; après quoi nous nous rendîmes au théâtre.

La fameuse grande porte était ouverte enfin, et je pus examiner la façade du *Polytechnic Athenœum*, qui se réduisait à deux colonnes en bois soutenant un chapiteau entouré d'un léger entablement. Sur le frontispice était répétée l'enseigne que j'avais lue au dehors. Quatre soldats du royal-fusilier étaient à la porte; cinq ou six agents de police, la canne à la main, bâtonnaient, pour les chasser, les jeunes négrillons et les filles de la basse classe qui encombraient l'entrée. Deux quinquets accrochés aux deux colonnes éclairaient faiblement les trois marches qui séparaient le vestibule du sol. Dans ce vestibule était placé le bureau du contrôle, et sur quatre chaises étaient assis quatre sous-officiers du régiment faisant fonctions de contrôleurs. Aux deux angles s'ouvraient de petites portes aux gonds criards, conduisant à un couloir étroit. Au-dessus du bureau des contrôleurs était appendu un écriteau : « *On ne fume pas dans la salle.* »

Cet ordre pouvait bien être imposé aux bons citoyens, mais je ne m'aperçus pas qu'on le fît respecter par les quinquets de l'endroit.

Une fois entré dans le couloir étroit et sombre, nous fîmes quelques pas pour rencontrer un escalier assez moelleux à cause de la vermoulure des planches qui en formaient les marches.

J'arrivai enfin au rang des loges; mais point de couloir entre les murs et les boites qu'on décorait du nom pompeux de loges; en sorte que pour arriver à celle qui devait me recevoir, et qui, sous prétexte d'avant-scène, était située à l'extrémité, il nous fallut enjamber bon nombre de chaises et de tabourets, heurter bien des genoux, piler bien des pieds, déchirer bien des robes! Enfin nous arrivâmes. L'orchestre, composé de la musique du régiment, fit entendre une fanfare militaire pour saluer l'arrivée du chef de la colonie.

Je pus alors examiner en toute liberté cette salle dont miss Catt m'avait chanté les merveilles.

Pas l'ombre d'ornements, pas trace de décorations ni de peintures, ni de papiers, ni de velours, ni de soie! Dix ou douze quinquets suspendus autour des murailles, de simples chaises en paille dans les loges, voilà tout ce qui satisfaisait à ces deux besoins de premier ordre quand on va au théâtre : le besoin de voir, le besoin de s'asseoir.

La salle, longue et étroite, se composait d'un seul rang et d'un seul étage de loges, qui, au nombre de six, à droite et à gauche, douze en tout, occupaient les côtés de la salle, parallèlement, dans toute l'acception géométrique du mot. Au fond, et faisant face à la scène, s'avançait, jusqu'à jonction avec la dernière loge de chaque côté, un bataillon de bancs en forme d'amphithéâtre. Aux pieds de tout cela, perdu dans l'ombre et dans l'obscurité, un parterre, et au-dessus une sorte de galerie encadrant carrément les pénombres de la salle.

Dans les loges siégeaient les dames blanches les plus huppées ; sur les bancs de l'amphithéâtre, les femmes de couleur un peu aisées; au parterre et dans la galerie grouillait toute la lie de la ville, hommes et femmes, pêle-mêle.

Aux loges, c'était une froide dignité, un quant à soi glacial; à l'amphithéâtre, une certaine liberté de conversation et quelques rires; au parterre et à la galerie supérieure, un tumulte, des cris, un brouhaha dont le Petit-Lazari et les Funambules sont incapables de vous donner une idée.

La toile se leva et se baissa sur cinq pièces, les unes jouées par les simples soldats et les sous-officiers, les autres par les officiers seulement. Je n'oubliai pas la recommandation de miss Catt, et j'attendis avec impatience l'arrivée du jeune lieutenant B... Il était difficile, en effet, de rencontrer sous le costume féminin plus de naturel, de dignité, de distinction, d'aisance, de pureté de lignes. Un murmure d'étonnement et d'admiration circula dans la salle. Je ne voulais pas croire à ce déguisement, et je manifestai quelques doutes même à l'endroit du jeune lieutenant; mais une voisine m'affirma avec un tel accent de vérité que je commettais une grossière erreur, que je dus la croire sur parole. N'en eussiez-vous pas fait autant?

XII

LE CHAMPAGNE ET LE VOLCAN

J'ai assisté, à Saint-Vincent, aux constants et toujours gracieux efforts que faisait lady C***, la femme du gouverneur, pour ranimer le cadavre social de la colonie. Jeune, aimant le plaisir, se sentant exilée d'un pays au milieu duquel elle volait de fête en fête, lady C*** s'était comme trouvée frappée d'un ennui qu'elle essayait d'étouffer. Hélas! ses efforts étaient vains. Mainte fois le chef de la colonie voulut, pendant mon séjour, rassembler du monde pour des bals, de simples soirées, il n'attrapa, dans le vaste coup de filet qu'il jeta sur le monde de la colonie, que quelques femmes et un nombre assez considérable d'hommes! Ses dîners étaient si splendides, sa cave si bien assortie, que l'affluence de ces derniers n'avait rien qui dût me surprendre.

Sir John C*** avait bonne envie de me faire fête pendant mon séjour auprès de lui; il ne se passait pas de jour qu'il ne fît un nouvel effort pour me procurer une nouvelle distraction. C'est en sa compagnie que je fis le tour de la colonie. Un jour lady C*** me dit :

— Puisque nous ne pouvons parvenir à réunir à mon hôtel dix femmes, allons les chercher au milieu de leurs solitudes pour faire une ascension au cratère de l'île. Nous sommes sûrs de recruter toutes celles dont les habitations se trouveront sur notre route.

C'était là une partie qui me séduisait fort. Depuis le temps que je parcourais l'archipel des Antilles, j'avais regardé toujours d'un œil d'envie ces immenses cratères, et il ne m'avait pas encore été permis de m'élever jusqu'à ces hauteurs. Splendide spectacle que celui-là, et qu'on ne peut oublier quand une fois on s'en est repu!

C'est là, en effet, un des côtés admirables de cette navigation dans la mer des Antilles : par quelque point que vous arriviez, vous apercevez du milieu de la mer, à douze et quelquefois à quinze lieues de distance, toutes les terres sur lesquelles vous courez. Comme de vastes coupoles voilées par la brume, se dessine toujours au large, au centre de chaque île, une formidable montagne, dont les flancs semblent gonflés par le souffle puissant des volcans qui bouillonnent dans ses entrailles. On dirait des fantômes géants dont le corps immense trempe jusqu'à la ceinture dans l'azur des flots, et dont la tête se perd dans les nuages qui lui servent de couronne. Puis, à mesure que le navire approche, les formes se révèlent plus distinctes, moins lourdes, plus belles, mais toujours grandioses et imposantes. L'œil perçant enfin la brume qui les enveloppait comme une gaze légère, se repaît du magique spectacle d'une nature luxuriante. Les versants de ces montagnes dont la cime est comme brûlée, tout chargés d'une splendide végétation ou de bois épais, descendent jusqu'à la mer, mais s'arrêtent à distance, pour ainsi dire, afin de ne point donner à celle-ci de trop grandes familiarités, et lui offrant le bout des pieds seulement à caresser. Si bas que le regard peut descendre, il aperçoit encore une muraille de rochers contre laquelle viennent se briser les vagues, et en s'élevant il voit la crête des montagnes inondée par des flots de lumières. On pourrait les comparer à de gigantesques phares allumés en plein jour, et qui auraient pour foyer de lumière le soleil tout entier! J'avoue que, plein de ce souvenir, je fus saisi d'un indicible sentiment de mélancolie quand, par exemple, après une traversée de quinze jours sans apercevoir le moindre coin de terre, je distinguai à peine les horizons plats et bornés et les bords inondés du Mississipi. Si imposant que soit, dans son genre, l'aspect de ce grand fleuve, je ne fus pas maître d'une pénible émotion.

Chacune de ces hautes montagnes qui dominent les îles de l'archipel des Antilles renferme dans son sein un cratère, un de ces abîmes mystérieux dont l'œil humain n'a jamais cherché la profondeur et que la pensée elle-même ose à peine sonder. J'avais toujours, ai-je dit, regardé avec envie ces cratères, mais sans possibilité, sans espoir d'opérer une ascension.

La raison en est fort simple : il n'y en a pas un seul qui offre un chemin praticable. Pour y parvenir, il faudrait escalader ces murailles de lianes qui forment des écheveaux si terribles dans les forêts du Nouveau-Monde; ce serait là un travail d'Hercule. En second lieu, on ne saurait dire, dans la plupart des îles, si l'on aurait plus de lianes à briser que de serpents à combattre. Lianes et serpents y sont en nombre égal et se confondent.

On raconte qu'à Sainte-Lucie, deux marins anglais, accompagnés d'une femme du pays, avaient eu la fantaisie d'aller planter, au sommet le plus élevé des pitons, le drapeau de la Grande-Bretagne. Les deux marins n'arrivèrent pas à moitié chemin; la femme toucha presque au terme de cette ascension, dont elle avait voulu partager les périls; mais quand tout à coup on l'aperçut sortant du milieu d'une touffe d'arbres, tenant d'une main son drapeau, elle s'efforçait d'arracher de son corps les milliers de serpents qui l'avaient enveloppée dans leurs replis horribles et gluants. L'épisode de Laocoon n'était qu'une plaisanterie à côté des tortures de cette malheureuse. Du pont du bâtiment on assistait à l'épouvantable spectacle de cette lutte acharnée. Avant d'avoir pu faire un pas de plus, elle succomba victime des reptiles, et la main qui, après avoir si longtemps défendu le drapeau, l'avait enfin abandonné pour s'accrocher aux racines d'un arbre, s'en détacha subitement, et l'infortunée roula quelque temps sur le versant de la montagne pour disparaître dans quelque abîme, emportant dans sa chute douloureuse les redoutables serpents qui n'avaient point lâché leur proie.

A Sainte-Lucie, à la Martinique, où les serpents fourmillent, il n'est pas possible d'entreprendre de pareils voyages; j'avoue que l'intrépidité de quelques femmes créoles n'a pas reculé devant le danger, et que plusieurs d'entre elles, à la Martinique, ont, à ma connaissance, tenté de frayer la route. Ainsi que je l'ai déjà dit, leur courage est extraordinaire, ce qui contraste singulièrement avec la nonchalance habituelle de leur caractère; mais elles ont dû renoncer bientôt à une pareille entreprise, vaincues par la fatigue et l'imminence du péril.

Ce fut donc avec une véritable joie que j'accueillis la proposition de lady C*** de monter au cratère de Saint-Vincent. Là, il est vrai, la chose est plus aisée; il n'y a pas de serpents dans le pays, et il n'arrive pas dans l'île un seul étranger qu'on ne le conduise à ce spectacle étrange. Il y a, par conséquent, une espèce de route. Ces sortes d'entreprises sont toujours du goût des Anglaises, et, plus que dans aucune partie de l'Amérique, les créoles anglaises ont conservé beaucoup de l'allure et du caractère de leurs sœurs de la mère patrie. Aussi fîmes-nous sur notre passage, grâce surtout à l'intervention de lady C***, une forte recrue de jeunes et intrépides amazones. Nous arrivâmes au nombre de trente-deux personnes à Châteaubellaire, et nous allâmes prendre gîte sur les différentes habitations qui avoisinent ce bourg. Le lendemain, à cinq heures, nous nous trouvâmes tous réunis au lieu du rendez-vous et nous partîmes à cheval pour notre ascension. J'ai dit plus haut qu'il existait une *espèce* de route; l'expression est bien choisie. Après huit heures de marche à travers des bois épais, autour et au-dessus de précipices sans fond, noyés quelquefois dans des océans d'herbes qui nous dépassaient la tête d'un mètre au moins, obligés de nous en rapporter entièrement à la prudence et à l'instinct de nos chevaux, nous arrivâmes au premier cratère.

Les rires et les conversations qui avaient égayé notre pénible voyage cessèrent tout à coup quand nous nous trouvâmes rangés autour du bassin géant, dont le gouffre s'ouvrait sous nos pieds. Un même sentiment de respect, d'admiration, de terreur peut-être, avait pénétré à la fois dans tous les cœurs. Nos chevaux eux-mêmes, le col tendu, les narines ouvertes, les oreilles dressées, semblaient frappés comme nous d'un même étonnement. Tous les yeux plongèrent à la fois dans cet abîme de trois cents pieds, dont les bords étaient tapissés d'un fin gazon, parsemé de fleurs aux éclatantes couleurs, et au fond duquel un lac immense de soufre liquide bouillonnait, en certains endroits, comme une eau en ébullition; et de ces énormes boursouflures qui se formaient à la surface, s'élevaient des colonnes d'une épaisse fumée.

Le calme imposant de la nature, que n'interrompait plus même le chant des oiseaux n'ayant pas là un arbre pour se poser, rendait plus solennel encore le solennel silence qui régnait au milieu de nous. On ne se fût pas douté que, sur les trente-deux spectateurs assistant à cette scène grandiose, il y eût vingt-deux femmes! Jamais aussi aucun de nous n'avait osé rêver une solitude aussi complète, une séparation aussi entière d'avec le reste du monde. Tout ce qui révèle la vie ou la végétation, sauf le gazon des bords du cratère, semble expirer à cinq cents pieds au-dessous, et ne pouvoir atteindre au point où nous nous trouvions. Ce silence, qui durait depuis dix minutes environ, fut interrompu par un grand cri que poussa l'un de nous; ce cri s'engouffra dans l'immensité du cratère et se répéta dans un écho formidable qui avait décuplé au moins la force de la voix. Un frissonnement nous saisit tous. On eût dit que le génie infernal qui réside au fond de l'abîme, éclatant dans sa puissante colère, nous lançait quelque menace. Un de mes voisins fit rouler ensuite dans le lac une grosse pierre qui s'y enfonça péniblement. Il en résulta un bruit assez pareil à celui du grondement du tonnerre; les flots de soufre se mirent en ébullition, et la fumée, qui d'habitude monte lentement, jaillit pour ainsi dire et s'élança d'un jet.

— Ne réveillez donc pas le lion qui dort, murmura une jeune miss, et ne l'excitez pas; vous savez qu'il n'épargne pas quand il rugit.

— En attendant que le second cratère soit complétement dégagé des nuages qui le couronnent, et que nous puissions y monter, dit lady C***, permettez-moi de vous inviter à un *lunch* que je vous ai fait préparer. Dans une heure, les vapeurs auront entièrement disparu.

En effet, les brouillards qui nous enveloppaient au point où nous étions parvenus s'étaient peu à peu dissipés, et les rayons du soleil, qui arrivaient jusqu'à nous, commençaient à éclairer vaguement un horizon immense, mais terne encore. Il ne nous était pas possible, en ce moment, de jouir du spectacle sublime que notre voyage nous promettait. Nous n'avions d'ailleurs atteint encore qu'au niveau des épaules du géant, il nous fallait grimper jusqu'à sa tête, et nous asseoir sur son crâne, pour dominer l'étendue du ciel et de la mer qui devait se développer à nos yeux.

En attendant donc le bon plaisir des nuages, nous descendîmes le long du corps du géant jusqu'à un bouquet de bois qui nous offrit son ombre, et un beau tapis de verdure sur lequel une dizaine de domestiques, partis le matin, avaient préparé un splendide service. Une heure après, nous étions de nouveau à cheval, et nous recommencions notre ascension. Si, pour arriver au premier cratère, nous avions trouvé une route à peu près praticable, il n'en fut pas de même pour parvenir au point culminant de nos désirs. Le chemin est à pic, et le terrain, crevassé en mille endroits, n'est plus qu'un amas de roches noires et brûlées. Les chevaux, las et inquiets même, refusaient par moments de marcher, ou s'enfonçaient dans les crevasses jusqu'à mi-jambes. Enfin, ce ne fut qu'après deux heures d'efforts que nous atteignîmes le plateau étroit qui forme le tour du gouffre. Ce second bassin est plus resserré que le premier, et pour oser plonger le regard au fond, il faut se mettre à plat ventre et ramper avec précaution jusqu'au bord, en avançant la tête peu à peu.

Si pénible que soit le trajet, on ne saurait payer par trop de peines et de fatigues la magnificence du spectacle qui se déroule devant les yeux du voyageur, et emplit l'âme d'émotions jusqu'alors inconnues. La poitrine haletante, le cœur comprimé, je m'abîmai dans une contemplation religieuse. Rien ne gênait le regard à l'horizon, l'atmosphère était pure et limpide, et de cet observatoire placé à plus de quatre mille pieds au-dessus du niveau de la mer, je plongeai la vue dans une immensité incommensurable. Tout l'archipel des Antilles se déroulait à mes pieds, et comme autant d'anneaux d'une même chaîne, cette multitude d'îles décrivait un cercle magique.

Ce n'est pas que d'une telle hauteur la vue puisse varier ses panoramas, mais l'unique objet qui la frappe est tellement multiple dans sa simplicité, que l'âme et le regard se trouvent complétement absorbés. Quant au pays qui se développait sous moi, il me parut si petit à côté de l'immensité qui m'entourait, que j'en éprouvai un sentiment de pitié. C'était un tort que je me reproche, car l'île Saint-Vincent est une des plus jolies de l'archipel. La végétation y est luxuriante; la nature, si prodigue en ce climat, l'a traitée en enfant gâté. J'eus besoin de faire un effort vigoureux pour détacher ma pensée de la mer et pour la reporter sur les scènes qui m'environnaient. Peu à peu, en oubliant la comparaison, je trouvai un attrait irrésistible à contempler les formes pittoresques de cette immense chaîne de montagnes qui coupe l'île en deux parties, et dont le dôme du cratère est le point culminant. Mes yeux plongeaient avec délices dans ces océans de végétation, avec terreur dans les abîmes qui s'ouvraient aux flancs des montagnes, au pied desquelles, dans la partie nord, se développaient les plaines si belles qu'on appelle le pays des Caraïbes; et, comme des points noirs à peine perceptibles, apparaissaient les trois ou quatre petites villes qui sont les centres des populations de l'île.

Vers cinq heures de l'après-midi, nous songeâmes à redescendre; le voyage, pendant quelques instants, fut plus pénible encore que pour monter, car il fallait, littéralement, rouler sur les pierres du chemin qui conduit du second au premier cratère. Nous arrivâmes à Châteaubellaire à neuf heures du soir environ. Cette journée avait été une véritable fête pour les jeunes femmes qui faisaient partie de notre cavalcade. L'une d'elles m'avoua que c'était pour la première fois que, depuis onze ans, elle s'était trouvée réunie à un cercle d'étrangers.

En 1812, la soufrière, en faisant une éruption, jeta la désolation dans l'île; toutes les habitations un peu proches du volcan subirent des pertes considérables, et plusieurs d'entre elles furent complétement enterrées sous les couches de soufre que le gouffre avait vomies.

Une particularité assez bizarre, c'est qu'une rivière qui porte aujourd'hui le nom de *rivière Sèche* (*Dry-River*), fut complétement tarie au moment de l'éruption. Ce n'est guère, depuis cette époque, que par rares intervalles que l'eau y coule par un petit filet mince et jaune, ce qui contraste singulièrement avec les autres rivières de l'île, dont l'onde est limpide et transparente. Le lit du *Dry-River* est large d'environ 400 pieds; on dirait un vaste désert noir et dévasté comme si le feu y avait passé, et l'on peut en suivre les contours à une distance très-considérable; il finit par se perdre au milieu des bois qui font ceinture aux flancs de la montagne. L'on a vainement essayé de labourer ce terrain, c'est du soufre que la charrue remue; il n'y a pas là un pouce de terre végétale.

Kingstown, la capitale de l'île, est bien la plus triste ville de toutes les Antilles. L'aspect de la rade, au moment où l'on y arrive, a quelque chose de pittoresque, et séduit au premier abord; mais à peine a-t-on fait quelques pas sur le rivage que l'illusion disparaît complétement. Pour ne pas y mourir d'ennui, il faut absolument se résoudre à courir la campagne. Les environs de Kingstown sont très-beaux; je n'ai cessé de porter bien souvent mes pas vers *Calliaque*, magnifique baie qui se trouve au sud de la ville. A quelque distance de là se trouve une charmante crique qu'on nomme le carénage. C'est un véritable lac entouré d'une double rangée de cocotiers. La mer y est fort calme; c'est un rendez-vous fort recherché des baigneurs.

Ce qui me frappa beaucoup à Saint-Vincent, c'est l'habitude qu'ont prise les négresses, depuis l'abolition de l'esclavage, de se rendre au travail des champs en grande toilette. Rien n'est bizarre à voir comme ces figures noires, ornées de capotes de gaze ou de chapeaux à fleurs avec des robes à volants, en mousseline blanche brodée, et les mains gantées. Ce qui rend ce costume plus pittoresque, c'est que les jambes et les pieds sont nus. A cela près, on dirait voir quelques-unes des bergères de M. de Florian, jouant des idylles en action. C'est une façon de constater qu'elles sont libres et ont le droit, aussi bien que leurs anciennes maîtresses, de s'habiller avec luxe, même pour aller labourer des champs de cannes en plein soleil.

Les propriétaires ont un intérêt très-grand à entretenir chez les femmes ce goût du luxe ou plutôt du clinquant. C'est le stimulant le plus sûr qu'ils aient trouvé pour les maintenir au travail, par cette raison que dépensant un argent considérable en toilettes, pour avoir cet argent, elles sont obligées de se condamner au travail. Jusqu'au moment de l'abolition de l'esclavage, les femmes allaient aux champs à peu près nues, ou ne conservaient de vêtements que ce qui était strictement nécessaire pour ne point effaroucher la pudeur. Leur gorge et leurs épaules étaient complétement privées de la moindre chemise, et elles ramassaient leurs jupes en manière de caleçons, de façon qu'elles avaient la jambe et la cuisse également nues.

Toutes les négresses et un grand nombre de filles de couleur fument dans toutes les colonies anglaises, françaises et espagnoles; cela est général. Elles fument ou la pipe ou des cigares longs d'un pied et très-minces; c'est ce que l'on nomme dans le pays des *bouts*. Ce cigare, dans les colonies françaises seulement, est adopté par presque tous les colons de toute nuance. Le tabac en est très-fort, mais pur de mélange. Il faut une grande habitude pour en adopter définitivement l'usage. Quelqu'un disait avec raison un jour :

— On naît fumeur de cigares, on devient fumeur de *bouts*.

A la Havane, à Porto-Rico, et un peu dans la Louisiane, les femmes de toutes conditions fument, mais elles auraient horreur du *bout*. Dans les colonies françaises et anglaises, les femmes blanches s'abstiennent complétement de l'usage du tabac.

XIII

LA CALENDA

I

On danse et on chante dans le Nouveau-Monde tout comme dans l'Ancien. On y chante, parce que là, comme partout, Dieu a déposé au fond des âmes un fleuve de mélancolie, de bonheur et de rêves qui a besoin de s'épancher au dehors sous toutes les formes, palpables ou non. Or, la musique étant, de toutes ces formes, la plus naturelle à l'homme pour exhaler les parfums de la douleur, de la joie et de l'extase, on comprend aisément que sous un climat comme celui des Antilles par exemple, où le feu déborde par toutes les fissures de la terre et par toutes les ouvertures du ciel, où le moindre brin d'herbe qui frissonne dans les savanes, comme l'arbre dont la cime aspire aux nuages, sont des foyers de chaleur ; que sur un sol où l'on compte plus d'êtres souffrants que d'êtres heureux, où par conséquent la poésie court dans l'air et circule dans les veines comme le sang ; on comprend aisément, dis-je, que l'âme doive renvoyer au dehors ses sensations en notes cadencées par la voix.

Par les mêmes raisons, la danse est en grand honneur

et en grande pratique dans ces pays. La danse à l'état de nature, si je puis m'exprimer ainsi, est plus qu'un jeu, plus qu'un amusement ; mais ce n'est pas encore un art. C'est un moyen plus actif, plus physique, plus matériel de traduire des dispositions intérieures, mais elle a sa raison d'être.

C'est ainsi que plus les climats sont tièdes, ardents et dans des conditions poétiques, plus la danse a d'originalité, de mouvement, de caractère et de science, pour ainsi dire, dans sa simplicité, dans sa grossièreté même. C'est alors un langage, c'est une mimique dont chaque geste a un sens.

Maintenant, le tout est de savoir si l'on danse et si l'on chante en Amérique comme on le fait dans nos salons à nous.

S'il en était ainsi tout à fait, je ne prendrais pas la plume. Ces seuls mots déchirent le voile des récits que je compte vous faire. Quant à la question de l'art, je ne l'oublierai pas.

Dans presque toute l'Amérique, il y a eu et il y a encore deux sortes de populations, on peut dire deux couches d'âmes. Une première population, l'ancienne race des esclaves, vivant au beau milieu de la civilisation, mais plongée plus d'à moitié dans les épaisses ténèbres de la barbarie ; ayant conservé des goûts, des mœurs, des instincts, des sentiments à part ; étant, par conséquent, essentiellement originale.

Une seconde population, celle des propriétaires d'esclaves, la race des dominateurs, ayant des goûts raffinés, les mœurs de la civilisation, les instincts plutôt que la pratique des arts, et des sentiments refaits par l'éducation. Cette race, fille de notre vieille société d'Europe, ne ressent que de loin les progrès qu'y font les idées en toutes choses, il en résulte une civilisation bâtarde et arriérée qui tient, par un côté, au *primitif;* l'enveloppant de toutes parts sur le sol où elle vit, et qui est éclairée de l'autre par un contact affaibli avec le mouvement européen. Il en résulte un certain milieu qui pourrait passer encore pour être original.

L'une de ces races a souffert et souffre moralement; la poésie s'est donc réfugiée à l'état de germe chez elle; et si elle ne se traduit pas par des chefs-d'œuvre, elle écoule son exubérance sauvage par les deux moyens les plus naturels : la danse et la musique, la voix et le geste. Le nègre aime donc passionnément ces deux choses; il les aime et les exécute avec toute la fièvre de l'instinct, sans règle et sans frein. Il n'y faut chercher ni l'art, ni la composition. C'est l'inspiration, la nature, le caprice, le sentiment du moment, l'impression extérieure quelquefois, qui se révèlent ainsi inopinément, spontanément.

Toujours et partout, le nègre chante. Qu'on lacère son corps sous le fouet, il pousse d'abord un cri de douleur qui s'achève dans un chant triste, lugubre, qu'il improvise aussitôt. Point de paroles pour soutenir cet air, mais une seule syllabe qu'il module, allonge, abrége, cadence, selon les exigences du rhythme et du mouvement. Rien de menaçant dans ce chant; il n'y a ni colère, ni énergie dans la voix du chanteur : c'est le murmure d'une plainte qui s'exhale.

En voici la preuve :

Un jour je trouvai, caché dans un coin obscur de sa case, un jeune nègre qui venait d'être châtié. Il poussait une sorte de cri funèbre, dont le monosyllabe Aïe ! entrecoupé de sanglots, faisait les frais. J'écoutai longtemps sans saisir, au milieu de son chant, d'autres paroles que cette syllabe répétée à l'infini. Je m'approchai de lui :

— Pourquoi chantes-tu ainsi? lui demandai-je.

— Pour endormir le mal que m'ont fait les coups de fouet, répondit-il en passant légèrement la main sur ses bras endoloris et sur les parties meurtries de son corps.

— Ton chant n'a pas d'autre signification?

— Non.

— Tu n'en veux donc pas à ton maître?

— Je ne pense pas à lui dans ce moment. Ce n'est pas lui qui m'a fait mal, c'est le fouet qui m'a coupé les épaules.

— Mais quand ta douleur sera apaisée?

— Alors je verrai comment je pourrai me venger.

— Et qui t'a appris l'air que tu chantes?

— Personne; c'est la douleur qui me le fait trouver.

— Et pourquoi dis-tu toujours le même mot en chantant?

— Quand on souffre, dit-on autre chose que *aïe! aïe!* C'est le cri que je poussais chaque fois que le fouet écorchait mon dos. La joie seule est babillarde.

Je le quittai; il se prit à chanter de nouveau, et sa voix s'affaiblissait à mesure que sa douleur se calmait.

Vous le voyez, c'est la poésie du chant dans toute sa simplicité, dans toute sa nudité. Chanter, pour ce malheureux, ne signifiait pas autre chose que gémir. C'est en même temps, il faut le reconnaître, un hommage puissant rendu à la musique, représentée comme baume souverain pour les maux physiques. Mais il ne faut pas que j'oublie de vous dire que le jeune nègre tint parole. Deux jours après, une dizaine de bœufs et de mulets de l'habitation de son maître périrent par le poison. Et ce que je puis vous garantir, c'est que, pendant l'exécution de sa vengeance, il chanta quelque chant infernal, quelque invocation au génie du mal dans lequel ceux de sa race ont une foi pleine et entière.

L'art est pour si peu de chose dans l'usage que les nègrès font de la musique, qu'ils ont, en général, la voix fausse, dure, désagréable et très-peu mélodieuse. Peut-être n'est-ce, en somme, qu'une question d'éducation, car la fibre musicale du nègre est très-sensible; une mélodie douce et sentimentale l'attendrit aisément, et il arrive vers le son peu à peu, de si loin qu'il l'entend, comme le phalène accourt à la lumière.

Du reste, c'est une chose remarquable à signaler en passant, que, sous le climat des Antilles, les plus belles de nos fleurs n'ont pas de parfums, que nos oiseaux si éclatants de couleurs sont muets, que cette nature exubérante, d'où la poésie ruisselle, n'a pas enfanté un grand poëte qui l'ait chantée, qu'il ne s'est pas rencontré un peintre pour reproduire sur la toile les magies de notre ciel, pas un sculpteur pour pétrir dans le marbre les grâces admirables de nos femmes. Ne vous étonnez donc pas que, dans ces pays, l'homme n'ait point la voix mélodieuse jusqu'à la perfection.

Ce que je vous ai dit pour la douleur se manifeste également dans les élans de joie que ressent le nègre. Qu'il apprenne une nouvelle heureuse, il improvise aussitôt un chant; au travail, il en appelle à la musique pour soutenir ses forces ; mais, je vous le répète, dans la joie, dans la douleur comme au travail, c'est toujours une improvisation désordonnée que la mélodie, quelquefois, traverse de ses ailes diaprées. Vous croyez saisir au vol un commencement de phrase musicale ravisante; deux mesures plus loin, vous retombez au milieu du charivari le plus grotesque, sans que la moindre note vienne vous rappeler ce premier et rapide éclair. Parfois encore, d'autres étincelles, qui s'éteignent aussitôt qu'allumées, illuminent un moment ce brouhaha.

L'événement le plus simple de la vie donne au nègre matière à un chant; et c'est la satire surtout qui va bon train sur ses lèvres. Le nègre semble généralement dédaigner la langue parlée. Son patois, assez riche et assez pittoresque, ne lui suffit pas. Il n'en sait même pas tirer parti. Il a besoin de l'enfler par la musique pour lui donner une couleur et lui prêter un corps. Le nègre n'oserait jamais prononcer devant vous une des syllabes de sa satire, mais il la chante effrontément et sans vergogne. Il faut donc prendre garde, aux Antilles, à chacun de vos gestes, et pour ainsi dire à chacune de vos paroles; la satire chantée de la rue vous pleut dessus comme de la grêle, si vous y donnez prise. Vous n'apparaissez pas au coin d'un carrefour que cent voix ne s'élèvent pour fredonner sur vos talons et tout autour de vous le chant composé le matin ou la veille, et il vous accompagne chez vous, comme un affreux cauchemar.

J'ai été le témoin de plus d'un martyre de ce genre, entre autres de celui d'un jeune homme que certaines excentricités de sa vie avaient posé en dehors des habitudes de nos colonies. Ce furent d'abord ses toilettes, pièce par pièce, puis ses chevaux, puis chacune de ses actions qui comparurent à la barre de la satire, fournissant matière à des volumes de chansons qui l'accueillaient toutes les fois que son ombre se montrait dans la rue.

Je lui ai vu verser plus d'une larme de rage.

Je me propose de vous initier, un peu plus loin, à toutes les solennités musicales et dansantes dont ces pays sont le théâtre; vous faire assister à d'étranges spectacles qui ont un peu plus de pittoresque que les glaciales gaucheries d'un solo de pastourelle ou d'une chaîne anglaise dans nos salons. Permettez-moi donc de me borner, ici, à constater ces points :

Qu'on danse et qu'on chante aux colonies.

Que le chant n'y est point un art, mais un besoin puissant, non moins puissant que la langue parlée, puisqu'il sert à traduire la joie et la douleur de tous les instants, coulant des lèvres en même temps que les larmes des yeux, s'échappant de la poitrine en même temps que les cris de bonheur ; puisque enfin ce qui se dit en France se chante là-bas, et même très-faux quelquefois.

Ce que je dis du chant, je ne le dis pas moins de la danse ; vous verrez d'ailleurs l'influence magique qu'exerce sur un nègre l'annonce d'un *calenda!*

II

L'imagination la plus féconde et la plus échauffée n'a jamais rien rêvé de plus pittoresque, de plus fantastique même, que les scènes bizarres que je vais essayer de vous raconter.

Le dimanche gras, dès le lever du soleil, la ville tout entière s'emplit soudainement de mille cris perçants qui se croisent et retentissent à chaque coin de rue, dans chaque maison, à chaque croisée. Il n'y a pas, à ce moment, une voix de nègre qui soit muette et qui ne se mêle à ce chant infernal. De tous côtés, de longs cortéges bigarrés de femmes et d'hommes se mettent en mouvement pour se réunir à un rendez-vous général arrêté à l'avance. Les femmes, dans leur beau costume, si pittoresque et si original ; les hommes, grotesquement habillés, les uns à moitié nus avec un chapeau rond sur la tête, les autres en habits noirs sans chemise sur le corps, etc.

C'est le cas de dire combien l'art trouve souvent dans le désordre ses plus puissants effets. Chacun de ces cortéges, qu'un peintre serait heureux de rencontrer sous son pinceau, représente le pêle-mêle le plus burlesque et le plus complet qu'il soit possible d'imaginer; sans que le regard puisse rien répudier de ce qu'il voit. On n'en pourrait dire autant des oreilles, qui subissent une véritable torture, musicalement parlant.

Ces cris, ces hurlements qui épouvantent même les oiseaux dans les airs, sont tout simplement des chansons de circonstance, toujours nouvelles à chaque carnaval, et qui sont préparées de longue main, répandues, popularisées. Mais il arrive souvent que c'est peine perdue; car l'imprévu et l'inattendu ont toujours eu un charme puissant pour les races méridionales. Aussi il arrive fréquemment qu'au milieu de ces chants, un improvisateur jette tout à coup quelques paroles d'à-propos, habillées d'un air connu déjà ou improvisé aussi; et tout aussitôt, paroles et air circulent avec la rapidité de l'électricité, passent de voix en voix, de lèvre en lèvre, gagnent tous les rangs et deviennent le chœur dominant du moment. Pour peu que l'improvisateur ait été bien inspiré par un souvenir comique, ou triste même, ayant laissé quelques traces dans les esprits, son improvisation fait fortune et a les honneurs des trois jours gras.

Au dernier carnaval que je passai aux Antilles, je me souviens d'avoir, tout à coup, entendu une de ces improvisations se répandre dans la foule avec l'impétuosité de l'incendie qui dévore. Vous ne croiriez jamais que les simples mots que je vais vous dire, et qui vous paraîtront bien pâles peut-être et bien grotesques, aient pu, comme par enchantement, conquérir les sympathies soudaines de toute une population en joie. Voici, en effet, qu'au milieu d'un de ces chœurs hurlants, une voix criant plus haut que toutes les autres, et avec une persistance peu harmonieuse, fit entendre, longtemps seule d'abord, ce paroles que bientôt après la foule entière chanta :

Ça va di
Papa Jean?
Canari cassé
Bouillon renversé.

Ce qui signifie en français : *Que va dire le père Jean? Le canari a été cassé et le bouillon est renversé.*

Ces quatre vers (si on peut donner ce nom à ces quatre lignes de patois) suffisaient à peu près à la mélodie et en firent les frais; plus une infinité de *Ta la la la,* qui achevaient et complétaient la phrase musicale.

C'est bien peu de chose, me direz-vous. Mais ces quelques paroles rappelaient un petit drame tout récen qui avait ému quelque peu la ville, et il n'en fallait pas davantage pour assurer à l'improvisation la fortune qui lui échut. Dans des pays où l'imagination va un train d'enfer, les accessoires sont un luxe inutile. Il suffit d'indiquer un fait pour que les développements se présentent aussitôt à l'esprit. C'était ici le cas, comme vous alle le voir.

Ce *papa Jean* était un cuisinier en grande réputation, et qui, aux jours de gala, était fort recherché par toutes les maisons riches. Quelques jours auparavant, il avait reçu la commande d'un grand dîner auquel devaient assister le gouverneur et les principales autorités de la colonie. Au nombre des invités se trouvait un riche négociant dont le cuisinier était le rival, quelquefois heureux, de papa Jean. En sorte que papa Jean en avait appelé à toutes les ressources de la science culinaire pour perdre son antagoniste dans l'esprit, ou pour mieux dire dans l'estomac du négociant. Il avait surtout rêvé, combiné et préparé certaine sauce nouvelle, sur laquelle il fondait les plus grandes espérances de succès et de gloire.

Jean avait, parmi les choristes de sa cuisine, un jeune marmiton du plus bel avenir et du plus beau noir qu'il soit possible d'imaginer, et qu'il affectionnait singulièrement. Jean se faisait vieux, et éprouvait par instants le besoin de fuir la chaleur de ses fourneaux; en son absence, il en confiait la direction au jeune marmiton en question. C'est ce qui arriva ce jour-là. Mais à quoi tient la gloire, hélas! et comme c'est aux plus beaux moments qu'elle nous échappe toujours! Le marmiton eut la maladresse fatale, une demi-heure avant le dîner, de renverser la casserole dans laquelle bouillaient tant d'espérances! Jean, en rentrant, poussa un cri horrible, et saisissant son acolyte par la gorge, il le coiffa de sa casserole, au fond de laquelle restait encore assez de liquide bouillant, et en brûla la figure du pauvre enfant, qui, quelques jours après, mourut au milieu de souffrances atroces.

Cette lugubre aventure fit beaucoup de bruit par la ville ; et l'on comprend que le seul nom de papa Jean et les quelques mots rappelant le drame dont il avait été le héros, durent avoir un si grand succès.

Revenons aux divers cortéges que nous avons laissés en route, et suivons-les. Je m'empresse de constater que le désaccord le plus parfait règne entre toutes ces voix, dont le but est de crier le plus fort possible. Il ne faut pas songer à rencontrer là ni ensemble, ni mesure, ni mouvement. Pourvu qu'un nègre chante, peu lui importe que ce soit ou non à l'unisson de son voisin. Et c'est bien par le plus grand des hasards que, de ci de là, vous saisissez au milieu de ce charivari un peu de ce qui constitue la musique.

Les instruments qui accompagnent ces hurlements ne sont pas moins dignes du chant. Ce sont, avant tout, les deux mains que l'on frappe continuellement l'une dans l'autre, en élevant les bras au-dessus de la tête; un tambour sur lequel on bat avec la main une sorte de roulement uniforme, qui se compose d'abord de deux coups lents, puis de six ou huit petits coups *piano,* vifs et saccadés, suivis de quatre autres coups moins accélérés. C'est d'une monotonie désespérante. La peau de mouton avec laquelle est fait ce tambour est tendue sur l'ouverture d'une petite barrique, et afin de donner plus de sonorité, de vibration à la peau, on y applique transversalement deux cordes à boyaux, dans lesquelles on enfile des tuyaux de plumes. Ce tambour rend, en effet, un son très-éclatant. Les autres instruments sont le *rara,* assemblage de morceaux de bois tournant l'un sur l'autre, et produisant une sorte de roulement sec et âcre, qui lui a valu son nom; le *chacha,* qui est tout simplement une grosse graine du pays nommée *calebasse,* dont on a creusé l'intérieur; après l'avoir remplie de petits cailloux et autres matières dures, on l'emmanche au bout d'un bâton de la longueur du bras. En agitant ce bâton, les cailloux frappent contre les parois de la *calebasse,* et produisent un son vif et perçant.

Vous pouvez juger comme de pareils instruments sont faits pour mettre l'harmonie dans ce vacarme de voix!

Chaque cortége est une sorte de société ou confrérie qui a son nom particulier et sa reine, laquelle marche en tête, agitant son *chacha,* comme un tambour-major brandit sa canne. La comparaison peut paraître d'autant plus juste que, habituellement la royauté est donnée à la plus grande, à la plus forte femme de la confrérie. A mesure que le cortége s'avance, il ramasse sur ses pas, dans chaque rue qu'il traverse, une meute de petits nègres et d'enfants qui se jettent à la queue, battant des mains, jouant du *rara*, et surtout chantant! C'est une ivresse!

Arrivés au rendez-vous général, tous les cortéges épars se réunissent en un seul groupe qui se met en marche pour parcourir de nouveau les principales rues de la ville.

En tête, sur une sorte de palanquin porté par quatre nègres, est posé un mannequin habillé en femme, et couché sur une paillasse. Autour du palanquin sont réunies des sages-femmes, des gardes-malades, des médecins (ce sont des déguisements, bien entendu); les porteurs affectent une gravité et des précautions inouïes pour protéger le précieux fardeau dont ils sont chargés. Ce mannequin, qu'on nomme *Bouaboua*, est l'équivalent ou la parodie du bœufs gras de Paris. Le *Bouaboua* représente une femme en couches.

Le cortége immense, reines en tête, se met en mouvement au bruit du battement des mains, des tambours, des *raras*, des *chachas* et des cris de la population. Ici la nature des chants se modifie; la tradition remplace l'improvisation, et l'accord le plus parfait règne dans les intentions, sinon entre les voix et entre les instruments. Le *Bouaboua* est traditionnel, il a donc son chant à lui appartenant; il se compose de deux lignes (je ne dis plus vers); les voici :

Bouaboua malade, accouché,
Comment yo crié li, Élisé!

Ce qui signifie tout naïvement : BOUABOUA *est malade et en couches ; comment l'appelle-t-on ? Élisé.*

Depuis le matin jusqu'au coucher du soleil, ces deux mêmes lignes se chantent sur le même air, et on peut le dire, par toute la population. Le soir, on dépose *Bouaboua* dans la maison d'une des reines, on lui souhaite une bonne nuit, et chacun s'en retourne chez soi. Ainsi se passent les choses le dimanche et le lundi ; mais le mardi soir, la cérémonie prend une nouvelle face.

Au lieu de ramener le *Bouaboua* à son domicile, le cortége se rend sur l'une des vastes savanes qui se trouvent au milieu de la ville ; là on allume un bûcher, et l'on précipite *Bouaboua* dans les flammes. Les voix, épuisées par trois jours de cris et de hurlements, retrouvent de nouvelles forces pour mugir des chants ; les instruments redoublent leur tintamarre, et les danses commencent.

C'est un spectacle étrange et saisissant à la fois que celui-là. Les flammes du bûcher et les lueurs des torches donnent à ces groupes noirs quelque chose d'infernal. On ne peut s'imaginer l'énergie de la joie de ces gens-là ! Un cercle immense se forme bientôt ; les joueurs de tambour, assis sur leurs petites barriques, préludent au *bamboula*, à la *calenda*, ou au *bel air*, trois sortes de danses qui électrisent les nègres, et dont n'approche aucun des pas les plus énergiques que vous ayez pu voir danser sur les théâtres de Paris.

Il ne faut pas que vous preniez la promenade du *Bouaboua* pour une simple promenade grotesque.

Le *Bouaboua* a une origine qui remonte aux Caraïbes, premiers propriétaires du sol de nos Antilles. Lorsque les Français s'emparèrent de ces contrées, ils y introduisirent toutes les folies carnavalesques de la vieille Europe. Les Caraïbes, essentiellement religieux, furent scandalisés et indignés des désordres qui en étaient la suite. Pour leur donner satisfaction, on inventa le *Bouaboua*, qui était supposé se promener par la ville pour en ramasser toutes les impuretés qu'on livrait ensuite aux flammes.

D'abord le *Bouaboua* ne se promenait que le jour des Cendres, pour remplacer cette cérémonie dont les Caraïbes ne comprenaient pas l'importance; puis peu à peu les choses se modifièrent, et l'on fit du *Bouaboua* une cause de plaisirs, un prétexte de fête, et, si on le brûle encore, c'est uniquement parce qu'il fournit l'occasion de danser et de chanter.

III

En ce temps-là, il y avait des esclaves encore dans nos colonies françaises. Andriette était donc esclave. Qu'est-ce qu'Andriette? allez-vous me demander. Je vous réponds:

C'était une jeune négresse du plus beau vernis qui se puisse imaginer. Elle avait quatorze ans; elle était grande et droite comme un roseau dont elle avait toutes les qualités de souplesse, sans en avoir les défauts de maigreur. Car Andriette, au contraire, était remarquable, comme la plupart de ses compagnes, par l'ampleur de ses épaules, par la rare perfection de tous ses membres, par l'élégance fine et vigoureuse de sa taille cambrée, par l'accentuation de ses hanches, empreintes d'un léger balancement très-harmonieux, et qui est un signe caractéristique des femmes de cette race. Andriette était, en outre, fort jolie; ses lèvres, quoique épaisses, avaient une certaine fraîcheur virginale que rehaussait l'éclatante blancheur de ses dents; son nez, comme il arrive quelquefois aux nègres, était fin, allongé, et l'aile de la narine ouverte et transparente; ses yeux étaient grands, son regard superbe, doux et coquet; le galbe du visage était régulièrement dessiné. A part ses cheveux crépus, Andriette était de la tête aux pieds un chef-d'œuvre. Le costume si pittoresque et si original des femmes du pays ajoutait un attrait de plus aux grâces de cette fille et aidait à faire ressortir la pureté de ses formes.

Cette toilette ne valait certainement pas moins de quinze cents à deux mille francs. Et que coûtaient donc les toilettes des maîtres, si celles des esclaves montaient à ce prix? me demanderez-vous. Elles n'en valaient pas, répondrai-je, la vingtième partie.

Andriette appartenait à la femme d'un de mes intimes amis. Elle était née dans la maison; elle y avait été élevée au milieu des enfants de son maître; non moins gâtée, non moins choyée qu'eux. A voir les soins et l'inquiète surveillance dont sa maîtresse l'entourait, à l'égal de ses propres filles, on pouvait croire qu'elle redoutait, pour l'esclave comme pour celles-ci, les piéges et les séductions du monde, toute réserve faite de la sphère où elles devaient se mouvoir.

Mais Andriette avait, à une fête, entrevu les énergiques et entraînantes délices de la *calenda*, du *bel air* et du *bamboula;* elle en avait rêvé toutes les nuits; et dans le silence et l'obscurité de la retraite, à l'abri des regards de sa maîtresse, elle avait essayé d'assouplir son corps aux contorsions lascives et sauvages, sa voix aux cris infernaux et terribles. Andriette était possédée du démon, elle n'attendait qu'une nouvelle fête pour se jeter corps et âme dans le tourbillon.

L'occasion se présenta; il s'agissait seulement d'en profiter.

Je vis donc arriver un matin chez moi la jeune esclave. Elle m'apportait, en manière d'ouverture et de flatterie, un bol de *riz à la cocotte*, sorte de plat sucré qui est considéré comme un symbole de sympathie et un gage de bonne amitié. Cela s'envoie au milieu du jour, de maison en maison, d'homme à femme, d'esclave à maître, de noir à blanc, et réciproquement. On peut tirer d'un tel cadeau toutes le conséquences possibles. Andriette posa donc son offrande sur une table de ma chambre, en disant :

— Maître, c'est moi qui l'ai fait pour vous.

Puis je vis à l'embarras de ses mouvements, au tremblement de ses membres, à l'émotion de sa voix, qu'elle avait quelque chose de grave et d'important à me demander.

— Goûtez donc de mon *riz à la cocotte*, me dit-elle, pour voir s'il est bon.

— Il est excellent, Andriette.

Andriette n'était pas pour rien de sa race; elle était par conséquent assez superstitieuse pour tirer un favorable augure de ma réponse.

— Maître, me dit-elle après un moment d'hésitation, pardonnez-moi si j'ose vous demander une grâce.

— Parle, mon enfant.

— J'ai bien envie d'aller demain danser sur la savane du Fort, où il y a un grand *bamboula*, vous savez?

— Et c'est à moi que tu viens demander une telle permission ? Adresse-toi à ta maîtresse.

— Elle m'a refusé.

— Tu désires alors que j'intervienne ?

— Oui, bon maître, c'est cela; et puis il y aura encore une autre personne à qui il faudra demander la permission.

— Quelle est cette autre personne, Andriette ?

— Vous connaissez, fit la jeune négresse en souriant, le mulâtre Arc-en-Ciel, le tailleur, qui est établi rue du Petit-Versailles?

— Parbleu! il a fait avec moi la traversée du Havre ici, sur le même bâtiment.

— Eh bien! maître, Arc-en-Ciel doit se marier avec moi; il attend pour cela qu'il ait amassé assez d'argent pour me racheter. Mais il ne veut pas que j'aille au *bamboula;* il me l'a défendu, quand même Madame me le permettrait. Ce sont des idées qu'il a rapportées de France; il prétend qu'il est plus mon maître que Madame n'est ma maîtresse.

— Arc-en-Ciel peut avoir raison; mais je remplirai la double mission, Andriette, tu peux y compter.

— Demain, maître, je reviendrai pour savoir votre réponse.

— Tu as donc bien envie de danser le *bamboula,* Andriette?

— Si j'en ai envie, maître! Depuis l'autre jour que j'ai vu la reine du Bel-Air, je ne rêve plus que cela! J'ai été lui demander à entrer dans sa société, et elle me l'a promis.

Sans que je le lui demandasse, la jeune négresse se prit à fredonner un air de danse; elle imprima un mouvement gracieux à ses hanches, plaça ses poings sur ses côtés, et me donna un échantillon de son savoir-faire. Son visage était illuminé, ses yeux lançaient du feu, tous ses muscles étaient roidis; elle était comme enivrée de cette espérance d'un premier bonheur prochain! Elle sortit après m'avoir baisé les mains et en me promettant encore du *riz à la cocotte* pour le lendemain.

Voici le résultat de la double mission dont m'avait chargé Andriette.

Sa maîtresse répondit :

— Je ne veux pas qu'Andriette aille danser ; si elle va à la savane, je lui fais donner vingt-neuf coups de fouet à la geôle.

Je me le tins pour dit, et je n'insistai pas.

Arc-en-Ciel s'exprima en ces termes :

— Si Andriette va à la savane, je ne la rachèterai pas, je ne me marierai pas avec elle, je vous le jure, Monsieur.

Je fis part de cette double réponse à la jeune négresse. Des larmes de regrets mouillèrent d'abord sa paupière ; puis relevant fièrement la tête :

— J'irai tout de même, murmura-t-elle.

Vainement j'essayai de lui faire comprendre que d'une part il s'agissait pour elle d'un cruel châtiment, et de l'humiliation d'être attachée sur une échelle pour être fouettée de la main du bourreau ; que d'un autre côté il y allait de sa liberté, de son bonheur, de son avenir. Andriette n'écouta rien, et sortit en répétant d'un air résolu, puis en fredonnant sur l'air du *bamboula* :

— J'irai, j'irai tout de même, j'irai danser ; il n'y a pas de coups de fouet, il n'y a pas d'amoureux qui puissent m'en empêcher !

Le soir venu, en entendant le bruit confus et tumultueux des tambours, des chants, des *chachas* et des *raras*, je m'apprêtai à monter à cheval pour me rendre à la savane, et y voir arriver dans leur étrange désordre les divers cortéges. Andriette entra chez moi, palpitante d'émotion, le regard fier et animé, le corps tremblant de joie et d'exaltation, et dans tout le luxe du costume des jeunes filles du pays ; elle avait de plus, en ce moment-là, un *chacha* à la main.

— Eh bien ! me dit-elle, vous voyez que je tiens parole, maître. Me voilà prête, et si vous voulez attendre une minute, vous allez voir passer par ici la société du Bel-Air; je vais me mettre à côté de la reine.

J'étais en retard, je me rendis au galop de mon cheval sur la savane du Fort, qui s'étend à l'une des extrémités de la ville de Saint-Pierre, à la Martinique, et moi j'habitais à l'autre extrémité. L'appareil de ces fêtes bizarres n'était plus chez moi qu'un souvenir d'enfance; je tenais à en faire une étude spéciale, et en observer avec fruit la partie pittoresque. Je me plaçai donc de manière à avoir en face de moi toute l'étendue de la savane, et, au bout de quelques instants, je vis déboucher de tous les côtés, et presque simultanément, une dizaine de sociétés, reines en tête, au bruit des tambours, agitant les *chachas* et les *raras*, et battant des mains pour accompagner les chants. Une longue queue de curieux suivait ces sociétés. Chacune d'elles vint prendre sa place sur la savane.

Instinctivement les curieux formèrent un immense cercle autour de chaque groupe; en quelques minutes les *musiciens* furent à leur poste, et la fête commença, presque en même temps, sur tous les points. Ici, c'était le *bamboula*, plus loin la *calenda*, en un autre groupe c'était le *bel-air* qu'on dansait.

Ces trois danses, quoique semblables sur un point, diffèrent dans quelques détails. Mon premier souci, une fois sur la savane, fut de chercher et de trouver Andriette. Je l'aperçus au milieu d'une *calenda*; je me fis jour à travers le cercle de curieux, et j'arrivai au premier rang. Je vais donc vous définir la *calenda*. D'abord, il faut que je vous dise comment sont disposés ces groupes de danseurs. Je prends celui où l'héroïne de ce chapitre jouait à la fois son avenir et sa liberté. A l'un des pôles (si je puis m'exprimer ainsi) de cette vaste circonférence se tenait l'*orchestre*, c'est-à-dire deux nègres assis à cheval sur deux petites barriques arrangées en façon de tambours, de la manière que je vous ai décrite déjà. Ils étaient nus jusqu'à la ceinture, et leur corps ruisselait de sueur. Ils frappaient sur les tambours avec le plat des deux mains, tantôt à coups très-précipités, tantôt à coups lents et saccadés ; les *chachas* et les *raras* étaient dispersés tout autour du cercle, ainsi que des groupes de chanteurs qui ont pour mission spéciale d'accompagner les tambours. Ce qu'il importe de signaler, surtout, c'est que tous ces musiciens *tambouiers* (comme on appelle les batteurs de tambours), chanteurs et autres, prennent à ces plaisirs une part aussi active que les danseurs eux-mêmes.

La *calenda* est un petit drame qui se joue entre deux danseurs. Je vis Andriette sortir tout d'un coup du groupe, et venir se placer devant les tambours, où elle se livra à une foule de contorsions dont toute la partie supérieure du corps fit seule les frais pendant un instant. La tête d'abord, les épaules ensuite, puis les bras, puis le torse, progressivement ; comme un incendie qui dévore, le mouvement gagnait en descendant, les hanches s'agitèrent à leur tour, enfin les pieds quittèrent la terre, et tout le corps se tordit, comme un serpent, en mille replis, et avec une souplesse et un certain art combiné d'effets que je mets aucune danseuse, fût-elle Taglioni, au défi d'atteindre. Dès que la jeune négresse se fut mise en mouvement, tournant autour du cercle avec ses agaçantes évolutions, un nègre quitta les rangs et vint en face des tambours répéter les mêmes gestes qu'avait faits Andriette, puis il se mit à sa poursuite, et alors une lutte de pas, de contorsions, d'ondulations s'engagea entre eux.

Je vous déclare que le sérieux enthousiasme avec lequel les nègres se livrent à ces fantastiques caprices de hanches, de bras et d'épaules, font de ces danses un art dont on écarte toute mauvaise pensée. On comprend cependant la sévère inquiétude d'Arc-en-Ciel à l'endroit de sa fiancée. Deux personnages dansent de la sorte, environ une demi-heure, sans se reposer; deux autres leur succèdent, ainsi de suite. Ce que je ne saurais rendre, c'est l'animation de ces groupes, le bonheur, l'extase, l'enthousiasme, l'ardeur que chacun apporte dans l'exécution de ces danses. Le *bamboula* est à peu près la même chose que la *calenda*, moins quelques nuances dont la subtilité vous échapperait peut-être. Quant au *bel-air*, il a quelque chose de moins original que les deux autres; c'est une danse plus générale, plus confuse, moins accentuée, moins caractéristique.

Il ne me reste plus qu'à vous dire le dénoûment de l'épisode d'Andriette. Au plus fort de son bonheur, un homme rompit le cercle, entra comme un furieux au milieu de la danse, saisit la jeune négresse par les bras, et, pendant que d'une main il la serrait comme entre des tenailles, de l'autre il la dépouilla en un clin d'œil de ses colliers, de ses pendants d'oreilles, de ses boutons, et pour dernier outrage, le plus sanglant qu'on puisse faire à une femme de cette race, il lui enleva le madras de sa tête et le foula aux pieds. Cet homme était Arc-en-Ciel, qui disparut après cette exécution.

L'expiation commençait pour la pauvre Andriette; honteuse, confuse, haletante d'émotion, elle s'enfuit et gagna la maison du maître, où je crus devoir intervenir pour obtenir une grâce qu'on me refusa impitoyablement! Andriette reçut des mains du bourreau les vingt-neuf coups de fouet qui lui avaient été promis. Mais elle *partit marron*, c'est-à-dire prit la fuite, le lendemain, et ce ne fut qu'au bout de trois semaines que l'on retrouva son cadavre dans les bois de la montagne Pelée. Andriette, piquée en huit ou dix endroits par les serpents, avait succombé à la douleur, au poison de ces morsures, et peut-être à la faim !

Vous prédiriez à toutes les jeunes négresses le sort d'Andriette pour les empêcher d'aller danser la *calenda*, que vous ne les arrêteriez pas sur la pente fatale.

XIV

QUELQUES TRAITS DE MŒURS AMÉRICAINES

I

Les années bissextiles accordent aux femmes, dans certaines parties de l'Amérique, de singuliers priviléges. L'anecdote suivante, que nous empruntons à un journal de New-York, en fournira la preuve :

M. D***, avocat distingué du barreau de New-York, vit entrer un jour dans son cabinet un jeune homme inconnu, mais dont la contenance agitée témoignait assez qu'il s'agissait d'une affaire importante. Après avoir décliné ses nom et prénoms, et comment il était venu passer l'hiver dans un des hôtels fashionables de la ville, il en vint au motif direct de sa visite.

— Monsieur, dit-il à l'avocat, depuis trois mois que je suis à New-York, j'ai fait d'assez nombreuses connaissances, entre autres de miss S***, qui arriva à l'hôtel avec sa famille, quelques jours après le 1er janvier. Vous pouvez croire à ma parole, Monsieur, et je vous jure que si j'ai été attentif et empressé auprès de miss S***; si je lui ai adressé quelques compliments un peu vifs, jamais du moins, jamais je n'ai pris avec elle aucune privauté malséante.

L'avocat regarda son nouveau client de la tête aux pieds, en connaisseur, et parut convaincu de sa véracité.

— Eh bien? lui dit-il.

— Eh bien! Monsieur, la réserve de mes manières ne m'a pas mis à l'abri d'une conspiration dirigée contre moi. Elle me demande de l'épouser!

— Oh! oh! fit l'avocat, c'est grave. Pourtant, vous affirmez que jamais...

— Jamais, Monsieur, je ne l'avais vue de ma vie qu'au salon et devant témoins. J'ignore même le numéro de sa chambre.

— Fort bien; mais, au dehors, pas de rendez-vous?

— Je n'aurais jamais osé le lui proposer.

— Pas de rencontre fortuite?

— Seulement sur Broadway et en plein jour.

— Et pas de partie de traîneau?

— Une seule. Nous étions cent, et j'étais dans un autre traîneau que le sien.

— C'est fort innocent. Jamais donc de tête-à-tête où que ce soit?

— Jamais.

— Mais, cependant, il faut bien une raison, un prétexte, une apparence, pour exiger une réparation par le mariage. Ne seriez-vous pas somnambule, et tout en dormant... sans avoir conscience de vos mouvements... ne vous seriez-vous pas promené... la nuit... que sais-je, moi?

— Vingt témoins l'affirmeraient, Monsieur, que je n'en croirais pas un mot. J'ai toujours dormi comme une souche, et je me réveille d'ordinaire sur le côté où je me suis couché.

— Et elle vous somme de l'épouser?

— Sommer n'est pas le mot; elle y met une certaine

délicatesse, pour commencer. Elle ne m'a encore que demandé ma main, mais en ajoutant : « Vous savez ce que vous coûtera un refus. »

Les explications continuèrent ainsi quelque temps. Tout à coup l'avocat se lève et s'écrie :

— Ah! j'y suis! L'année est bissextile. Mon Dieu! Monsieur, il faut vous exécuter.

— M'exécuter! s'écrie le client en se levant à son tour. Le ciel me damne si j'en fais rien! Nous plaiderons, Monsieur; nous plaiderons jusqu'à extinction : complot, faux témoignage, tout ce que vous voudrez. Mais l'épouser... jamais! jamais!

— Eh bien! rachetez-vous par un cadeau.

— Cent malédictions, et rien de plus. Me laisser rançonner serait m'avouer coupable, et si quelqu'un l'est, ce n'est pas moi. Permettez-moi d'ajouter que je ne vois là absolument rien de risible.

L'avocat riait en effet de tout son cœur. Il eut beaucoup de peine à faire comprendre à son jeune client qu'il ne s'agissait que d'une plaisanterie, dérivée des priviléges conférés aux femmes par l'année bissextile, et que le moindre bijou était ce que lui coûterait un refus. Le jeune homme, pleinement rassuré, acheta une bague, qu'il s'empressa d'offrir le soir même à miss S***, comme rachat. Le lendemain il est parti, redoutant les indiscrétions de l'avocat, et le ridicule dont sa fausse démarche pouvait le couvrir.

Cette anecdote prouve la très-grande liberté qui existe dans les habitudes des femmes, même des jeunes filles, dans certaines villes des États-Unis. Je ne voudrais pas affirmer que ce soit tout au mieux sous ce rapport. Je ne suis pas le seul à penser de la sorte. J'invoque à l'appui de mon sentiment, à cet égard, les réflexions suivantes d'un journal de New-York ; je ne puis que cautionner des faits qui sont rapportés dans cet article :

« Il est impossible, dit ce journal, de dissimuler combien la démoralisation a fait de rapides progrès dans toutes les classes de la société américaine depuis quelques années. A une époque, il ne faut pas être bien vieux pour se le rappeler, l'on attachait un prix réel et un légitime orgueil aux qualités essentielles des femmes mariées. En conformité avec les traditions anglaises, les plaisirs et la liberté étaient l'apanage exclusif des jeunes filles, qui n'en abusaient généralement pas, j'entends dans la bonne compagnie. Toutes étaient élevées dans ce double but : de jouir des agréments de la société avant le mariage, et de consacrer ensuite leur vie aux devoirs et aux jouissances de la famille. On exagérait même, en ce point, la distinction entre le monde et le ménage, distinction à laquelle on donnait toutes les apparences de l'incompatibilité. C'était, sans doute, pousser les exigences trop loin, et priver la société des choses les plus utiles à son développement normal. L'une après l'autre, les plus charmantes jeunes femmes, celles qui brillaient le plus dans les fêtes de toutes sortes, disparaissaient du théâtre de leurs succès, au lendemain du mariage, vouées désormais exclusivement aux soins du *home* et de la *nursery*. On s'en plaignait alors, non sans quelque raison ; mais on n'a plus lieu de s'en plaindre aujourd'hui.

«Nous donnons dans l'excès contraire, et désormais les jeunes femmes de New-York, je dis du meilleur monde, ne semblent guère comprendre de la vie que ses plaisirs et ses vanités, après comme avant le mariage. Quant à ses épreuves, rien ne les y prépare, et l'éducation leur manque, en général, pour devenir à la fois des femmes distinguées dans le monde, des épouses sensées et des mères dévouées dans leur intérieur. En réalité, le plus grand nombre sont mal élevées ou ne sont point élevées du tout. Savoir s'habiller, danser et *flirter*, voilà le fond de leur instruction; briller et s'amuser autant que possible, voilà leur seule occupation. Que voulez-vous? On ne leur enseigne point autre chose depuis l'enfance.

« Il est assez de mode, parmi la société américaine, de tourner en ridicule la stricte réserve dans laquelle sont élevées et gardées les jeunes filles, en France, avant leur mariage. Mais, tout bien considéré, il me paraît plus que douteux que le système suivi à New-York soit en rien préférable, ou produise aucun résultat meilleur.

« Un spectateur désintéressé, de quelque pays qu'il vienne assister à nos fêtes, ne manquera pas d'être surpris, sinon choqué, de l'extrême laisser-aller qui caractérise l'attitude des jeunes filles vis-à-vis des hommes, et de la familiarité équivoque avec laquelle beaucoup semblent trouver naturel qu'on les traite. Il y a en cela pis qu'un manque de distinction; il y a manque de délicatesse, pour ne pas dire manque de pudeur.

«Faut-il être bien sévère pour trouver du plus mauvais goût, en bonne compagnie, le pêle-mêle dans lequel danseurs et danseuses, sous prétexte de se reposer sans doute, aiment souvent à aller s'étendre sur les marches des escaliers? J'ai vu, parfois, chaque degré porter son couple et produire, en réalité comme en perspective, un enchevêtrement de têtes, de bras, de jambes, de mains, de genoux, etc., etc., infiniment plus pittoresque que convenable. Qu'une dame dût monter à l'étage supérieur pour se préparer à quitter la fête; ne croyez pas que ces messieurs et ces demoiselles songeassent à se lever pour faciliter la circulation. Il leur semblait préférable de s'effacer et de se coucher au contraire davantage, de façon que les partants et surtout les *partantes* eussent à passer beaucoup plus sur eux qu'à côté d'eux. »

Toute la société des jeunes filles américaines et des jeunes femmes est représentée sur nature dans ce croquis ressemblant. Je laisse aux contempteurs de quelques-uns de nos ridicules européens, que je me fais garde d'excuser, le soin de juger ceux-ci.

Comme contradiction avec ces étranges dehors dans les mœurs, on peut dépeindre la société américaine en quelques lignes : elle est guindée au milieu même de l'extrême licence. Elle se montre sévère à qui paraît faire fi du qu'en dira-t-on. Il n'y a pas de pays où l'on pratique la débauche sur une plus large échelle et où le monde soit moins indulgent pour ceux qui ont le tort ou la maladresse de se laisser surprendre.

Beaucoup des travers et des inconvénients de la société américaine viennent d'un fond de vanité extrême qui domine dans le pays. Ce n'est pas moi seul qui le dis; les Américains sincères l'avouent eux-mêmes et en rient de bon cœur.

Cette vanité excessive engendre, dans toutes les classes de la société, chez les femmes comme chez les hommes, un sentiment d'indépendance exagérée, et en même temps une méconnaissance assez générale des devoirs. A propos d'un crime épouvantable commis à New-York, l'an passé, *le Courrier des États-Unis*, qui étudie avec soin et de près certains côtés de la vie américaine dans le centre le plus fertile en événements, faisait les réflexions suivantes, très-justes au fond :

« L'impatience de l'autorité paternelle et la soif de satisfaire sans entrave des habitudes déréglées, ont armé la main de l'assassin.

« Il jaillit de là une lugubre lumière sur l'état moral

d'une certaine jeunesse à New-York; mais cette lumière n'a rien de nouveau pour nous. Il suffit de ne point passer les oreilles et les yeux fermés au milieu de la foule qui encombre, le soir, les trottoirs et les buvettes, pour savoir quelle est la vie, quelles sont les aspirations, les principes et les sentiments de la génération qui grandit autour de nous. Élevée au milieu d'une époque de transition entre la simplicité austère de l'ancienne vie américaine et le développement hâtif d'une civilisation plus brillante; la jeunesse qui touche aujourd'hui à l'âge d'homme a pris les défauts des deux systèmes, sans en acquérir les qualités. Elle se trouve en présence de tentations contre lesquelles ne l'a point armée à l'avance cette saine et robuste éducation de famille, qui est la sauvegarde de la jeunesse européenne. Entrée trop tôt et trop librement dans la vie, elle est loin, en outre, de puiser autour d'elle des enseignements qui puissent modérer ses entraînements naturels : l'amour de l'argent, le mépris de toute loi comme de toute discipline, la corruption publique à l'ordre du jour, le besoin de briller mis au-dessus de tout, telle est la perspective qui s'ouvre devant elle, de quelque côté qu'elle porte les yeux. Où donc est la lumière pour l'éclairer, le frein pour la retenir?

« La plupart de nos confrères ont saisi ce thème avec leur empressement habituel, pour broder à l'envi des homélies de circonstance. Nous n'avons nullement l'intention de suivre cet exemple. Le drame de la Trentième rue n'est en aucune manière une révélation ; c'est une conséquence extrême et monstrueuse d'un état moral parfaitement notoire. En faire un sujet de polémique au pas de course, ne saurait remédier au mal. Il faudrait pour cela une grande réforme sociale, entreprise et poursuivie dans un effet commun; ce ne sont pas quelques réflexions jetées en passant, pour vraies qu'elles soient, qui en donneront le signal. »

Les réformes sociales! C'est à quoi tout le monde songe et songe trop aux États-Unis, surtout les femmes. Après les libres penseurs, l'Amérique du Nord a eu récemment les libres *amoureuses*. En quelques lignes on peut donne une idée de cette nouvelle secte :

Une convention de réformistes s'était réunie à Rutland (Vermont), le 25 août de l'année dernière. L'assemblée se composait d'un millier de personnes : abolitionnistes, spiritualistes, amoureux libres (free lovers), y étaient représentés. On a proposé de nombreuses résolutions, tendant à glorifier le spiritualisme, ou à proscrire l'esclavage, le mariage, la maternité, la Bible, etc. Mesdames Ernestine, L. Rose, H.-G. Writh et autres célébrités dans le monde des libertés, ont prononcé des speechs quelque peu orageux. La séance allait être levée, lorsque la courageuse madame Julia Branch, de New-York, a proposé la résolution suivante :

« Résolu que l'esclavage et la dégradation de la femme a pour cause l'institution du mariage. C'est le contrat de mariage qui lui fait perdre l'administration de sa propriété, de sa personne, de son travail, le contrôle de ses affections, de ses enfants, de sa liberté et jusqu'à son nom. »

Cette proposition a été singulièrement appuyée et votée avec enthousiasme. Les discours ont démontré que c'est l'institution du mariage qui plonge la femme dans l'abjection de l'esclavage moral et mental. « Elle doit réclamer (she must demand) la liberté, le droit de recevoir des gages égaux à ceux alloués aux hommes; le droit d'avoir des enfants quand cela lui plaît et avec qui bon lui semble, etc., etc. »

J'arrête là mes citations; sans le vouloir, nous irions peut-être au delà des désirs de nos lectrices les plus curieuses. Ce qui précède nous paraît suffire pour les rassurer sur l'avenir des libertés de la femme en Amérique.

De pareils dévergondages d'esprit n'empêchent pas la simplicité et la naïveté de fleurir dans certaines classes de femmes, en Amérique; j'en veux donner pour preuve la lettre suivante, adressée par une femme de l'Etat du Maine à son mari, qui était allé en Californie chercher fortune :

« Comme il y a longtemps que tu es parti pour la Californie, j'ai pensé que tu ne serais pas fâché de savoir comment vont les affaires ici. Et d'abord la santé est au mieux. Nos deux derniers viennent d'avoir la petite vérole. Amanda a eu la fièvre typhoïde, et Betsy la rougeole. Samuel a reçu, il y a huit jours, un coup de pied de vache, et Pierre s'est coupé trois doigts avec une hache. Il peut dire qu'il a bien de la chance de ne pas s'être coupé les autres. A cela près, tout va bien. Ne t'inquiète pas de nous. J'oubliais de te dire que Sarah est partie la semaine dernière avec un *peddlar*. Pauvre chère enfant! il y a dix-huit ans qu'elle cherchait un mari, et elle n'a pas voulu coiffer sainte Catherine. Elle aurait pu s'éviter la peine de fuir en secret : je l'aurais volontiers laissée partir avec ma bénédiction. Elle avait un grand appétit, et, depuis son départ, les pommes de terre et les haricots nè vont plus si vite. Sa voracité était d'un mauvais exemple dans la famille. Hier, la vache ne s'est-elle pas mise en tête de partir aussi? Et c'est bien heureux, car l'écurie a brûlé le soir même. J'espérais que le feu prendrait aussi à notre maison qui est vieille et incommode, ou que le vent la renverserait; mais comme elle est ouverte de tous côtés le vent n'a pas de prise; il passe et ne s'arrête pas chez nous. Les gamins du village ont fait invasion dans le verger et ont dépouillé tous les arbres; mais j'en suis bien aise, nos enfants ne se feront pas de mal et ne se donneront pas d'indigestion avec les fruits. C'est, pour le moment, tout ce qu'il y a de neuf et d'intéressant à te dire. Dans l'espoir que tu t'amuses autant que nous là-bas, en Californie, je reste.

« Ta fidèle compagne.

« Marie Anne. »

Voilà de la philosophie ou je ne m'y connais pas!

II

On trouvera dans le trait suivant la preuve de la puissance de certains préjugés aux États-Unis, et surtout du préjugé, que j'ai signalé dans quelques passages de ce livre, contre la classe des gens de couleur.

J'avais toujours pensé qu'il n'y avait pas au monde un seul être sachant lire qui n'eût lu les livres d'Alexandre Dumas. J'ai rencontré, cependant, à la Nouvelle-Orléans, une jeune femme fort distinguée d'esprit, fort spirituelle, fort intelligente, qui n'a jamais ouvert un seul des livres de l'illustre écrivain, ni assisté à la représentation d'aucune pièce de lui. Ce n'était pas faute d'y être tentée; mais cette résolution de sa part vient de ce que Dumas a le tort, à ses yeux, d'être un mulâtre.

Je la surpris, un jour, à la représentation de *l'Invitation à la valse*. Ses petites mains applaudissaient beaucoup et ses jolies lèvres souriaient à plaisir. Je crus rêver; mais je compris qu'elle était tombée dans un piége. Sur l'affiche du théâtre on avait omis d'indiquer de qui était *l'Invitation à la valse.*

Quand j'eus appris à cette jeune femme que c'était de l'Alexandre Dumas qu'elle venait d'applaudir, elle pâlit de rage; puis, prenant bravement son parti, elle me dit en souriant : « Eh bien ! cela n'est pas trop mal pour un nègre ! »

— Voilà, illustre maître, où en sont les préjugés contre vous, aux États-Unis ; ce qui n'empêche pas que vos ouvrages y soient dévorés par toute la race blanche !

Pendant que nous y sommes, je puis dire à M. Alexandre Dumas, au cas où il l'ignorerait, que, aux yeux de la loi louisianaise, il est considéré comme blanc, attendu que sa mère était une femme blanche, bien que le général, son père, fût un homme de couleur. En Louisiane donc, Dumas jouirait de tous ses droits de citoyen, ce qui ne veut pas dire qu'il vaincrait, malgré son immense talent, le préjugé social.

III.

D'un bout à l'autre des États-Unis, le préjugé contre la classe de couleur est intraitable. Les gens de couleur sont proscrits de la vie politique ; ils ne votent point, ils ne comptent que comme fraction dans la statistique sous le rapport des contingents électoraux. Ils sont exclus des théâtres, des églises, de tous les lieux publics, du moins ils y ont des places spéciales. Ils ne peuvent monter dans l'intérieur des omnibus ; à bord des steam-boats et sur les chemins de fer, ils sont bannis impitoyablement des premières places. Enfin, l'an dernier, le secrétaire d'État, à Washington, refusait de délivrer un passe-port à un homme de couleur, basant, dans une dépêche officielle, son refus sur ce que : « Un passe-port équivaut à un certificat des droits de citoyen, et que les hommes de couleur n'ont jamais été et ne sont pas considérés comme citoyens, etc., etc. »

Voici une anecdote qui va démontrer combien est puissant ce préjugé, non-seulement aux États-Unis, mais dans toute l'Amérique, contre les gens qui n'ont pas la peau blanche :

Le *Pernambucana,* navire appartenant à la Compagnie Brésilienne des bateaux à vapeur, avait fait naufrage près de Sainte-Catherine. Un matelot nègre, nommé Simao, réussit à gagner la côte à la nage. Quarante passagers avaient été noyés. Mais Simao apprit qu'il en restait encore quelques-uns à bord, et il résolut de se dévouer, s'il le fallait, pour essayer de les sauver. Douze fois ce vaillant héros se jeta à la nage au milieu des brisants furieux de la côte ; douze fois il atteignit le navire naufragé et il en ramena heureusement à terre douze êtres humains qui semblaient voués à la destruction ; parmi eux se trouvaient une mère et six enfants !... Épuisé par ces efforts presque surhumains, Simao était étendu sur le sable du rivage, lorsque les cris d'un pauvre passager aveugle, implorant du secours, vint frapper ses oreilles. Il se relève, plonge une treizième fois dans l'abîme en fureur, atteint le navire, et en rapporte le pauvre aveugle, qu'il dépose en sûreté sur la rive.

Quand les naufragés arrivèrent à Rio-Janeiro, une souscription, destinée à témoigner à Simao l'admiration des Brésiliens, fut ouverte à la bourse ; l'empereur du Brésil y contribua pour une somme importante, et le total s'éleva en deux jours à près de 25,000 fr.. Les principaux promoteurs de la souscription amenèrent Simao à la bourse pour lui remettre cette somme, témoignage de la reconnaissance et de l'admiration publiques. Mais le directeur de la bourse déclara qu'un *nègre* ne pouvait être introduit dans la *sala*, et, en dépit de toutes les remontrances, il ordonna son expulsion immédiate.

IV.

La position qui est faite aux femmes dans le Nouveau-Monde est si facilement belle, que c'est le pays de Cocagne pour les aventurières.

Alexandre Dumas, sans s'en douter, a tendu la main, naguère, et offert sa plume à une femme dont il ne connaissait pas la vie mystérieuse. C'est un chapitre qui manquait au roman des aventures de cette dame, je le transcris ici sous forme d'un article que j'emprunte à un journal californien, à qui j'en laisse la responsabilité.

Voici l'article en question :

Les journaux de l'Est, reproduits par la presse de San-Francisco, ont publié une singulière histoire, dont l'héroïne, disent-ils, est une Française qui aurait séjourné pendant près d'une année à San-Francisco, et y aurait pratiqué avec succès quelques-unes des escroqueries pour lesquelles la police la poursuit aujourd'hui à New-York. Voici le récit qu'ils en font :

Deux agents de la police de sûreté de Philadelphie, disent-ils, sont maintenant à New-York à la poursuite d'une femme française, qui se faisait appeler à Philadelphie Émilie de Gagino, mais dont les noms d'emprunt rempliraient un volume. Cette intrigante, en compagnie d'un homme dont on ne dit pas la nationalité, a pratiqué dernièrement de magnifiques escroqueries aux dépens de quelques habitants crédules de Philadelphie. Elle était arrivée dans cette ville après une série d'opérations du même genre, pratiquées avec un égal succès dans toutes les principales villes du Sud, aussi bien qu'en Californie, à Mexico et au Texas.

L'offre d'une belle récompense pour son arrestation et celle de son compagnon a stimulé le zèle de la police de New-York, et plusieurs de ses agents se sont joints à la poursuite. Mais c'est à la *dame* qu'on *s'intéresse* principalement, attendu que la majeure partie des escroqueries ont été consommées grâce à son habileté. On a suivi ses traces récentes à la Nouvelle-Orléans, à Mobille, à Natchez et à Baltimore. Elle fait grande dépense, et le total du butin qu'elle a soutiré au public doit être considérable.

En Californie, elle a pratiqué avec succès plusieurs escroqueries, notamment à San-Francisco. D'après les journaux de l'Est, on croit qu'elle est restée en Californie environ une année. On cite M. William Franklin, l'un des plus gros marchands de bois à San-Francisco, comme l'une de ses principales victimes. Il lui aurait remis 5,000 dollars en bel et bon or en échange de traites sans valeur. En opérant ainsi à l'aide de traites, elle se ménageait le temps de se dérober aux poursuites de ses dupes et à une arrestation. Lorsque la fraude était découverte la *dame* était déjà loin.

D'autres détails font connaître la nationalité de l'individu qui accompagne cette habile intrigante. On dit que c'est un Français. A Philadelphie, où ces escrocs sont restés onze mois, installés dans la maison et au milieu de la famille de M. G.-U. Hutte, grâce à de fausses lettres d'introduction, cet homme passait pour son domestique et portait le nom de Martin.

Au Texas, en 1855, chez leur dupe, l'honorable David

Y. Porter, à Belleville, le digne couple avait pris le nom de Constance. Martin passait là pour le mari ; c'était alors M. Eugène G. Constance, ancien militaire.

On sait que cet individu a été employé autrefois dans la fabrique de cuirs de Karmena et Comp., n° 40, rue Courtland.

Quant à l'héroïne principale, c'est une femme d'environ quarante à quarante-cinq ans, aux manières dignes et distinguées. Elle parle et écrit facilement le français, l'espagnol, l'italien, l'allemand et l'anglais. Elle est très-bonne musicienne, joue de la harpe, du piano et chante à merveille. Elle est toujours richement vêtue et couverte de bijoux ; parle volontiers de sa naissance (elle dit appartenir à une ancienne et noble famille), de ses propriétés, etc. Aussi, sans être jolie, elle trouve dans les ressources de sa fertile imagination, à l'aide d'une simplicité apparente de conversation qu'elle sait toujours rendre variée et intéressante, de puissants auxiliaires pour faire des dupes. Il paraît qu'elle en a fait bon nombre.

On suppose que ces deux escrocs, après avoir ainsi largement exploité l'Amérique, se sont embarqués pour l'Europe.

Le fond de ces histoires n'est que trop vrai. Mais nous pouvons les compléter et rectifier en même temps quelques-unes des assertions de la presse américaine. Cette femme n'est pas Française, elle est native de Belgique, et d'une famille noble. Son premier exploit a été d'abandonner ses parents pour se marier avec un gendarme. Elle a toujours eu un grand penchant pour l'escroquerie, qu'elle pratique depuis de longues années dans tous les pays où elle passe, en donnant des traites sur *son banquier* à la place d'espèces qu'elle encaisse. Naturellement son banquier a toujours été introuvable.

Récemment elle était associée avec un chevalier d'industrie se disant Italien, qu'elle présentait comme son mari, probablement le même qui est cité plus haut, et qui joue le rôle de compère. Elle avait l'habitude de se faire délivrer de nombreuses lettres de recommandation, à l'aide desquelles elle se faisait recevoir dans les familles les plus honorables, et les trompait ensuite avec beaucoup d'art. Elle fréquentait spécialement les agents diplomatiques, les journalistes et les banquiers. A l'aide de l'influence des premiers elle se faisait présenter aux gens riches, et les mettait à contribution avec son moyen favori.

Elle était parvenue à faire accepter par un grand journal de Paris l'histoire de ses aventures en Californie et au Mexique, lesquelles furent rédigées sous sa dictée par Alexandre Dumas lui-même, et signées de son nom.

En passant par Mexico, la prétendue dame de Gagino s'est fait délivrer, par le gouvernement mexicain, une concession de terre de plusieurs lieues carrées dans l'isthme de Tehuantepec pour *s'y livrer à la culture.*

« Sous l'air ingénu de cette aventurière, le célèbre romancier, dit le journal de San-Francisco, ne se doutait guère qu'il avait affaire à l'une des plus rouées coquines qui aient jamais existé. »

C'est un long et curieux chapitre à écrire, d'ailleurs, que celui des aventuriers et des aventurières aux États-Unis, chapitre dans lequel la bonté et la coquetterie des femmes de ce pays jouent un grand rôle.

Je me réserve de traiter le sujet à part dans un livre spécial.

FIN.

TABLE DES MATIÈRES

FIN DE LA TABLE.

F. Aureau. — Imprimerie de Lagny.

Paris. — Imprimerie PH. Bosc, 3, rue Auber

www.ingramcontent.com/pod-product-compliance
Ingram Content Group UK Ltd.
Pitfield, Milton Keynes, MK11 3LW, UK
UKHW020107200726
13856UKWH00002B/424